공정한 경제로 가는 길

이 도서의 국립중앙도서관 출판예정도서목록(CIP)은 서지정보유통지원시스템 홈페이지
(http://seoji.nl.go.kr)와 국가자료공동목록시스템(http://www.nl.go.kr/kolisnet)에서
이용하실 수 있습니다. CIP제어번호: CIP2018041242

공정한 경제로 가는 길

서울사회경제연구소 엮음

황선웅·주상영·박규호·장지상·정준호
김진방·이병희·전강수·강병구 지음

한울
아카데미

머리말

    우리 연구소는 25년 전 사단법인으로 출범한 이래 뜻이 맞는 여러 경제학자들이 모여 학현 변형윤 선생님을 모시고 월례토론회, 워크숍, 심포지엄, 연구총서, 이슈와 정책의 발간 등을 통해서 경제 민주화를 위한 실천적인 연구활동을 추진해왔다. 그 활동의 일환으로 지난 5월 프란치스코 회관에서 "공정한 경제로 가는 길"이라는 주제로 창립 25주년 기념 심포지엄을 개최하였다. 경제 민주화를 여러 가지로 설명할 수 있겠지만, 요약하면 "더불어 잘 사는 경제"를 이루자는 것이다. 공정성은 더불어 잘사는 경제를 이루기 위한 기반이 되는 질서다. 그러므로 연구소 창립 4반세기를 기념하여 공정경제를 주제로 심포지엄을 개최한 것은 자연스럽고 당연한 일이다. 더욱이 지난 5월은 촛불시위의 정신을 이어받은 문재인 정부의 출범 1년을 맞은 시점이므로, 자연스럽게 문재인 정부의 경제정책 방향을 평가하는 의미도 지니고 있었다. 이 책은 심포지엄에서 발표된 논문 다섯 개와 이를 보완하는 두 개의 논문을 합한 것이다. 책의 제목은 심포지엄의 주제를 따라 그대로 "공정한 경제로 가는 길"이라고 붙이기로 하였다.

    이 책에 실린 일곱 개의 논문은 모두 공정한 경제를 다루고 있지만, 분석의 대상과 내용에 따라 둘로 구분할 수 있다. 제1부는 공정성과 성장의 관계를 다룬다. 제2부는 공정성과 분배의 관계를 다룬다.

공정성과 성장의 관계를 다룬 제1부는 소득불평등과 성장의 관계를 분석한 황선웅의 글, 소득주도성장론의 비판론을 재비판한 주상영의 글, 중소기업의 혁신생태계를 분석한 박규호·장지상·정준호의 글, 마지막으로 공정거래를 분석한 김진방의 글 등 네 개의 글로 구성되어 있다.

　　제1부 첫 번째 글에서 황선웅은 임금 몫과 이윤 몫으로 표현된 소득불평등이 총수요와 총공급에 미치는 영향을 다각도로 분석한다. 총수요에 관한 43개의 국제 연구에 대한 메타분석에서 임금주도를 보인 나라가 27개국, 이윤주도를 보인 나라가 16개였다. 한국 경제에 관한 21개 실증연구에서도 임금 몫의 증가가 대부분 소비에 강한 양의 효과를 보인 반면, 투자나 순수출에서는 약한 음의 효과를 보이거나 유의한 효과를 보이지 않고 있음을 밝힌다. 총공급 면에서도 여러 제품혁신 연구(28개국 54개 제품)에서 임금 몫의 증가가 시장 기반을 확충하여 신제품 혁신을 유도하는 경향이 있다는 점, 경제발전 초기와는 달리 후기에는 소득 불평등이 인적자본의 축적과 상향 이동을 어렵게 하여 성장에 저해 요인이 되는 경향이 있다는 점, 또한 불평등이 생산유인보다는 지대추구활동을 촉진하고 사회적 신뢰를 저해하고 거래비용을 증가시켜서 성장에 부정적이라는 점을 밝힌다. 이들은 모두 소득주도성장을 옹호하는 증거들이다. 다만 저자는 소득주도성장의 효과가 나타나기까지 상당한 시

차가 있으며, 따라서 시행 초기에 나타나는 부작용에 적절히 대처할 필요가 있음을 강조한다.

제1부의 두 번째 글은 문재인 정부가 추진하는 소득주도성장을 다루고 있다. 저자는 소득주도성장에 대한 비판을 소개하고 이를 재비판하는 방식으로 소득주도성장론을 옹호한다. 소득주도성장이 주로 총수요를 통해서 성장에 영향을 미친다. 저자는 소득주도성장론이 공급 측면을 경시한다는 점, 임금-성장 사이에 역의 인과관계가 있을 수 있다는 점, 임금의 내생성을 간과하고 있다는 점, 실증 분석이 미흡하다는 점, 정책 수단이 분명하지 않다는 점 등의 비판이 있다는 점을 지적한다. 그렇지만 저자는 한국 경제가 과거 일본과 유사한 장기침체를 앞두고 있다는 점을 강조한다. 총수요 측면에서 낮은 실질 금리에서도 소비 성향의 저하로, 투자를 넘어서는 초과 저축이 확대되고 있으며 과잉투자로 설비투자의 디플레이션이 일어나고 있다. 이는 일본과 유사하게 기업소득의 비중이 높고, 생산성을 하회하는 임금 상승과 소득 불평등의 심화로 소비수요가 줄었기 때문이라고 진단한다. 저자는 총공급 측면은 더욱 어둡다고 진단한다. 향후 예상되는 1%대의 잠재성장률도, 투자부진과 저출산 고령화를 생각하면 지나치게 낙관적인 총요소 생산성의 증가에 근거한 것일 뿐이다. 따라서 저자는 장기침체를 극복하기 위하여 구조적 총수요 확대,

그 구체적 전략으로서 포용성장 또는 소득주도성장이 불가피함을 주장한다. 다만 소득주도성장, 포용성장에서도 효율성 공정성이 조화되어야 하며, 이것만이 옳다는 확증편향은 위험하다고 경고한다. 이러한 인식에 바탕하여 최저임금, 근로시간단축, 고용증대세제, 중소기업지원 등 세부과제에 대한 평가도 제시하고 있다.

제1부의 세 번째 글은 중소기업의 혁신 생태계를 다루고 있다. 이 글은 역설적으로 혁신 생태계라는 개념이 얼마나 손에 잡힐 듯 잡히지 않는 어려운 개념인지, 이를 분석하는 것이 얼마나 어려운지를 잘 보여주고 있다. 저자는 301개 중소기업의 혁신의 실태 및 인식에 관한 설문조사 자료를 분석하고 있다. 혁신생태계는 신뢰 수준에 따라 정글형, 시장형, 관계형, 공동체형으로 분류하였다. 즉 신뢰가 없는 경쟁을 정글형, 계약 이행의 신뢰만 있는 생태계를 시장형, 상호 역량에 대한 신뢰가 있는 경우를 관계형, 가치를 공유하는 신뢰에 바탕한 생태계를 공동체형으로 분류한다. 이렇게 분류할 경우, 기업의 인식결과는 정글형 16%, 시장형 49%, 관계형 28%, 공동체형 7%로 나온다. 각 유형별로 혁신활동, 협력, 성과를 비교하면, 협력은 주로 대표회의와 정보 교류가 중심이 되고, 협력은 가치 사슬을 중심으로 구매처 또는 판매처 사이에 이루어지며, 혁신 성과는 관계형에서 두드러지게 나타난다. 저자는 개별기업

의 혁신이 아니라, 혁신생태계를 육성하는 데 정부의 지원이 이루어져야 한다고 강조한다.

제1부의 네 번째 글은 공정한 시장질서를 위한 공정거래위원회의 정책방향을 비판적으로 고찰하고 있다. 공정위는 5대 국정목표의 하나로 "더불어 잘사는 경제", 그 5대 전략의 하나로 "활력이 넘치는 공정경제", 이를 추구하는 5대 과제로 내세운 공정한 시장질서, 재벌구조 개선, 공정거래와 소비자보호를 "공정한 시장경제"로 요약하고 있다. 공정한 시장경제를 위하여 공정위는 대기업의 불공정 행위를 법제도의 개편과 법집행의 강화를 통하여 방지하고, 기술탈취와 기술유용을 막고, 약탈적 단가 인하나 종속적인 전속 거래를 금지한다고 하지만, 실천적 효과에 대해서 미흡하다고 판단한다. 분쟁 조정제도도 실제의 이용 실적을 보면 미미하다. 저자는 특히 공정위 정책이 경제력 남용의 방지에 한정되어 있고, 경제력 집중 방지나 지배구조의 개선을 포함하지 않아서 실효성이 의심된다고 비판한다. 다만 이를 위한 다중대표소송제, 전자투표제, 집중투표제 등의 구제수단은 공정위의 권한을 넘어서 상법의 개정을 필요로 한다고 지적한다.

공정성과 분배의 관계를 다룬 제2부는 노동조합의 임금 평등화 효과를 분석한 이병희의 글, 부동산 불평등의 해소방안을 다룬 전강수의 글, 공정과세를 위한 조세개편을 다룬 강병구의 글로 구성되어 있다.

제2부의 첫 번째 글은 노동조합이 임금소득의 불평등에 미친 영향을 다룬다. 이 글은 '임금구조 기본통계조사'(1987-2016, 10인 이상 상용근로자 기업)와 '고용형태별 근로실태조사'(2006-2016, 모든 근로자)의 두 시계열 자료를 연계하여 분석한다. 저자는 장기 시계열 자료 1987-2016년의 분석에 소득 분위별로 독립변수의 계수를 추정하는 분위회귀분석을 사용하여, 여러 변수를 통제한 가운데, 노동조합의 존재, 노조가입 여부에 따라 분위별 임금이 어떤 영향을 받았는지 분석하고, 불평등의 척도로 대수분산의 분해를 통해서 노조의 불평등에 대한 영향을 분석한다. 분석의 결과, 노조는 초기(1987~1994년)에 하위 임금을 상승시키고 상위 임금을 하락시켜서 임금소득의 불평등을 완화시켰고, 이후 2007년까지 여전히 임금불평등을 해소하는 데 기여하였지만, 2008년 이후 2013년까지의 시기에는 노조가 주로 중위 임금의 상승에 기여하고, 하위 임금의 상승에는 기여하지 않음으로써 중위 투표자의 행태를 보이다가, 2014년 이후 임금 평등화 효과가 부분적으로 다시 나타나고 있다고 보고한다. 또한 노조의 존재 여부보다 노조가입 여부가 분산을 줄이는 효과가 크며, 2008년 이후 사업체 간 임금불평등에는 노조가 영향을 미치지 못하고 있다고 보고하고 있다. 결국 현재의 노조의 형태로는 임금불평등의 해소를 크게 기

대하기 어렵다는 결론이다.

제2부의 두 번째 글은 토지 자산이 소득불평등에 미치는 영향과 이를 해소하는 정책을 검토하고 있다. 저자는 토지개혁으로 시작한 모범적인 토지 분배가, 지가의 과도한 상승, 그것도 특정 지역에 편중된 지가상승으로 불평등한 부동산 공화국이 되었다고 주장하고, 또한 부동산의 불평등이 주거비, 가계부채, 임대료, 내수 위축, 지대추구 등 여러 사회문제의 근원이 되고 있다는 진단으로부터 출발한다. 국민소득회계에서 누락된 자본소득과 귀속임대소득을 포함시키면 부동산은 소득불평등의 가장 중요한 요인이기도 하다. 저자는 부동산 문제를 해소하기 위하여 토지보유세와 토지공공임대제를 제안한다. 저자는 구체적으로 공시지가의 실거래 가격 반영률, 공정시장가액비율의 조정, 과세구간과 세율의 조정을 혼합한 20가지 시나리오별로 토지 보유세의 증세효과를 분석한다. 이 세 가지 조정을 동시에 할 경우, 세수를 현재 12조 원에서 26조 원으로 14조 원만큼 더 거둘 수 있다고 추정한다. 다만 이 경우 재산세와 종부세에 대한 조세저항에 충분히 대비할 것을 권고한다. 두 번째 제안인 토지공공임대제는 토지를 공유하고 시장원리에 따라 민간에 임대할 것을 제안한다. 사실 공유지의 확보에는 막대한 재원이 필요하므로, 그 실현은 쉽지 않다. 다만 저자는 과거 미국의 경제학자들이 소련의 토지 사유화를

반대한 것처럼, 북한에 토지 사유화 대신 토지공공임대제를 제안할 것을 권고한다.

제2부의 세 번째 글은 소득 재분배의 핵심적 수단의 하나인 공정과세를 위한 조세개편방안을 탐구하고 있다. 저자는 공정과세의 개념에 관한 학설사적 고찰에 이어, 조세의 수평적 수직적 공평성을 측정하는 여러 지표를 소개한다. 한국의 조세제도는 낮은 조세부담률과 낮은 재분배 효과로 특징 지워진다. 세금 종류 별로, 한국은 소득세, 소비세, 보유세, 연금보험기여금(낮은 부담률, 많은 미가입자)이 낮은 편이고 법인세(높은 제조업, 높은 기업소득으로), 부동산 거래세의 비중은 높은 편이다. 내용면에서 소득세와 법인세의 누진율이 작고, 너무 많은 공제감면제도가 있고, 자영업자의 탈루율도 높다. 이러한 진단에 의하면 조세제도 개편의 기본방향은 누진적 보편세제가 되어야 한다. 저자는 이로부터 소득세·법인세 감면 축소와 누진성의 강화, 주식 양도 차익 등 자본 소득 과세의 강화, 보유세 강화와 거래세 인하를 포함한 부동산 세제의 개편, 일감몰아주기 과세의 실질화, 기업상속공제액의 축소, 종교인 근로소득 과세 강화, 역외탈세의 방지, 근로빈곤층 지원을 위한 근로장려세제의 확대, 부가가치세 집행의 개선, 에너지 세제 개편 등 구체적인 개편 과제를 도출하고 있다.

이 책의 발간을 위하여 귀중한 원고를 써준 일곱 분의 저자에게 깊은 감사의 마음을 전한다. 우리 연구소에서 이 책의 편집을 맡아준 김용복 수석연구위원에게도 감사한다. 이 책의 출판을 맡아준 한울출판사의 여러분, 특히 편집과정에서 꼼꼼이 교열작업을 해준 조수임 님에게도 감사한다. 이 책이 공정 경제의 수립에 일조하기를 바란다.

2018. 12
서울사회경제연구소 소장 장세진

차례

제1부 공정한 경제와 혁신 성장

제1장

소득불평등과 성장

분배구조 개선은 사람 중심 지속 성장을 위한 기반*

황선웅 | 부경대학교 경제학부 조교수

1. 들어가는 말

문재인 정부의 경제정책 방향을 둘러싼 논쟁이 뜨겁게 진행되고 있다. 〈그림 1-1〉에서 볼 수 있듯이, 정부는 지난해 7월 분배와 성장이 선순환을 이루는 '사람중심 지속성장 경제'를 정책 목표로 제시하면서 소득 주도 성장, 일자리 중심 경제, 공정 경제, 혁신 성장 정책을 추진하겠다고 밝혔다. 이에 대해 일부 언론과 연구자들은 적극적 분배 개선 정책이 성장과 고용에 부정적 영향을 미칠 수 있다는 우려를 강하게 제기하고 있다. 정책 간 유기적 관계에 의문을 제기하는 사람도 많고, 이론적·실증적 타당성이 부족한 비주류 경제학의 처방을 실험하고 있다는 비난도 제기되고 있다. 특히, 최근에는 지난 1년간 고용 및 소비 실적 등을 근거로 들며 정책 방향 수정 및 철회를 요구하는 목소리도 높아지고 있다.

---

* 이 글은 황선웅(2017a, 2017c)의 내용을 수정·보완했다.

〈그림 1-1〉 문재인 정부 경제정책 목표와 방향

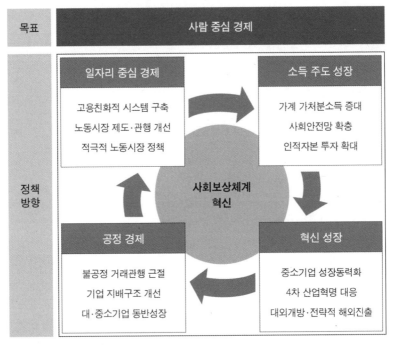

자료: 관계부처 합동(2017).

분배구조 개선을 통해 성장 잠재력을 제고하겠다는 구상은 이론적·실증적 근거가 부족한 헛된 희망에 불과한가? 분배구조 변화는 어떠한 경로를 통해 성장 잠재력에 영향을 미칠 수 있는가? 경제에 미치는 긍정적 영향을 강화하기 위해 정책 초점을 어디에 두는 것이 바람직한가?

이 글은 불평등과 성장의 관계에 관한 거시경제학의 최근 연구 성과를 종합적으로 검토해 이상의 질문에 대한 답을 구하고자 한다. 우선, 총수요 경로의 중요성을 강조하는 포스트 케인즈 학파의 논의를 살펴본 후 총공급 경로의 중요성을 강조하는 내생적 성장론의 이론적·실증적 연구 결과를 검토한다.

본 연구의 주요 결론은 분배구조 개선 정책이 성장에 장기적으로 긍정적 영향을 미칠 가능성이 높다는 것이다. 포스트 케인지언 경제학뿐 아니라 현대적 내생적 성장론의 경우에도 이론 및 실증 연구 모두 긍정적 영향을 미친다는 결과가 우세하다. 이러한 방대한 연구 결과들은 무시하고 부정적 영향의 가능성만 확대 과장해 분배구조 개선 정책의 필요성 자체를 부정하는 것은 적절한 비판으로 보기 어렵다. 논의를 생산적인 방향으로 발전시키고 정책의 성과를 제고하는 데도 도움이 되지 않는다.

정책의 초점은 어디에 두는 것이 바람직한가? 이 글은 단기적 고용 및 소비 진작 목표보다 '사람 중심 경제'라는 장기적 체질 개선 목표에 충실할 필요가 있음을 강조한다. 이를 위해 인적자본 잠재력과 활용도 제고, 기회의 형평성과 자원배분 효율성 제고, 사회 구성원 간 협동과 연대의 원리 강화, 제도의 질 개선에 집중할 필요가 있음을 강조한다.

2. 포스트 케인지언 임금 주도 성장론

1) 주요 내용

소득 주도 성장 정책의 첫 번째 이론적 근거는 총수요 경로의 중요성을 강조하는 포스트 케인즈 학파(Post Keynesian school)의 임금 주도 성장론에서 찾을 수 있다. '임금 주도 성장' 대신 '소득 주도 성장'이라는 이름이 사용된 이유는 노동소득분배율 제고뿐 아니라 고용률 제고와 자영업자 소득 개선, 사회안전망 강화도 중요한 국내 상황을 고려했기 때문이다.

포스트 케인즈 학파의 임금 주도 성장론은 칼레키(Kalecki, 1971), 스테인들(Steindl, 1952), 블레커(Blecker, 1989), 바두리·마글린(Bhaduri and Marglin,

〈그림 1-2〉 포스트 케인지언 분배-성장 모형의 기본 구조

자료: 황선웅(2017a: 〈그림 4-1〉).

1990), 라브아·스톡해머(Lavoie and Stockhammer, 2013) 등을 거쳐 발전했고 최근 세계 여러 정부와 국제기구에서 글로벌 금융위기 후 오랜 기간 지속되고 있는 불평등·저성장 문제를 극복하기 위한 대안으로 큰 관심을 받고 있다.[1] 〈그림 1-2〉에 정리된 것처럼, 포스트 케인지언 분배-성장 모형(distribution-growth model)은 다음과 같은 특징을 갖고 있다. 첫째, 생산물 시장의 경쟁구조, 노동과 자본 간 권력 관계, 정부 정책과 제도가 기능적 소득 분배(functional income distribution), 즉 임금몫(wage share)과 이윤몫(profit share)에 큰 영향을 미친다. 둘째, 기능적 소득 분배는 총수요에 큰 영향을 미친다. 셋째, 총수요가 총산출과 총소득을 결정한다.

이론적으로 기능적 소득분배와 총수요의 관계는 일률적이지 않다. 소비는 임금몫과 정(+)의 관계에 있다. 노동자의 소비성향이 자본가보다 높기 때문이다. 하지만, 투자와 수출은 이윤몫과 직접적으로 정(+)의 관계에 있다.[2] 임금몫 상승이 투자 심리와 가용자금, 수출가격 경쟁력에 부정적 영향을 미칠 수 있기 때문이다. 결국, 둘 중 어느 관계가 더 강하냐에 따라 기능적 소득분배와 총수요의 관계가 결정되며, 임금몫 상승의 긍정적 영향이 큰 경우를 임

---

1) 포스트 케인지언 임금 주도 성장론의 발전 과정과 모형 구조, 주요 실증 분석 결과는 Hein(2014, 2017), Lavoie and Stockhammer(2013), 황선웅(2017a)에 정리되어 있다.

2) 단, 투자는 임금몫과 간접적으로 정(+)의 관계를 가질 수 있다. 임금몫 상승에 따른 소비 증가가 투자에도 긍정적 영향을 미치기 때문이다.

〈표 1-1〉 노동소득분배율 상승이 총수요에 미치는 영향: 국내 실증연구 결과 요약

	기간	주기	소비	투자	수출	총수요
김진일(2008)	1981~2006	연간	+			
황선웅(2009)	1970~2007	연간	+	(+)	(+)	+
홍태희(2009)	1970~2008	연간	+	+	(-)	+
김진일(2013)	1970~2011	연간	+	(+)	-	-
주상영(2013)	1982~2012	분기	+, (+)	+, (+)		
	1982~1996	분기	(-), (+)	(+)		
	1999~2012	분기	+	+		
	1982~1996	연간	(-)	(-)		
	1999~2012	연간	+	(+)		
홍장표(2014a)	1981~1997	분기	+	+	-, +	+
	1999~2012	분기	+	(+)	-, +	+
홍장표(2014b)	1981~1997	분기	+	(+)	-	-, +
	1999~2012	분기	+	(+)	(+)	+, +
박강우(2015)	1975~2013	연간	+	(+)	+	+
주상영(2015)	1999~2013	분기	+	+, (+)	(-)	
전병유·정준호(2016)	1999~2014	분기	(+)	+	+	+
			+	+		
전수민·주상영(2016)	1982~2013	분기	+	-		+
	1982~1996	분기	+	-		+
	1999~2013	분기	+			+
정상준(2017)	1999~2015	분기	(+), +	(-), (+)	(-)	

주: +는 긍정적 영향, -는 부정적 영향을 나타냄. ( )는 추정값이 통계적으로 유의하지 않음을 의미함.
자료: 황선웅(2017a: 〈표 4-2〉).

금 주도 체제(wage-led regime), 이윤몫 상승의 긍정적 영향이 큰 경우를 이윤
주도 체제(profit-led regime)로 분류한다.

실증 분석은 국내외 모두 임금몫 상승이 총수요에 긍정적 영향을 미친다는

결과가 우세하다. 예컨대, 헤인(Hein, 2014, 2017)과 스톡해머(Stockhammer, 2017)에 정리된 총 43편의 외국 선행 연구를 보면 해당 국가를 임금 주도 체제로 추정한 연구가 27편으로 이윤 주도 체제로 추정한 연구 수 16편을 크게 상회하고 있다. 국내 12편의 선행 연구를 정리한 황선웅(2017a)도 노동소득분배율이 소비에 미치는 정(+)의 효과는 대부분의 연구에서 크고 유의하게 추정되지만 투자와 수출에 미치는 효과는 크기도 작고 통계적으로 유의하지 않은 경우가 많다는 결론을 제시하고 있다(〈표 1-1〉 참고).

2) 토론

포스트 케인지언 분배-성장 모형은 다양한 방면으로 계속 발전하고 있다. 아래는 사람 중심 경제라는 현 정부의 목표 달성을 위해 추가적 논의가 필요한 부분을 간략히 살펴본다.

첫째, 표준적 포스트 케인지언 모형에서 노동자의 역할은 분배와 소비의 주체로 한정된다. 임금몫 상승이 성장에 긍정적 영향을 미칠 수 있는 이유는 노동소득의 소비성향이 자본소득보다 높기 때문이다. 하지만, 노동자는 생산의 주체이기도 하다. 포스트 케인즈 학파의 연구자들도 학술논문이 아닌 정책보고서 등에서는 분배구조 개선이 인간 능력 발전에 미치는 긍정적 효과를 강조하는 경우가 많지만 정교한 이론화 작업은 부족하다.

둘째, 포스트 케인지언 모형은 생산물 시장의 경쟁 구조, 집단 간 권력 구조, 정치 체제, 제도 등이 소득분배구조에 큰 영향을 미친다고 강조한다. 하지만, 반대 방향의 피드백 효과, 즉 소득분배구조가 집단 간 권력 구조와 정치·관료 체계, 제도의 질에 미치는 효과에 대한 연구는 부족하다.[3]

셋째, 경제 구성원 간 연대와 협동에 의한 긍정적 외부효과(externality)의 중요성에 대한 분석이 부족하다.

넷째, 최근에는 국가별·시기별 경제구조, 정책기조, 경기국면 등에 따라 임금 또는 이윤 주도 여부도 내생적으로 달라질 수 있다는 연구가 늘고 있다 (Skott, 2017; Palley, 2017; Carvalho and Rezai, 2016; Nikiforos and Foley, 2012, Nikiforos, 2014).

다섯째, 노동소득분배율이 총수요에 미치는 긍정적 효과가 상당한 시차를 두고 발생할 수 있다는 연구도 늘고 있다. 산체스·루나(Sanchez and Luna, 2014)와 브리디·샤폐(Bridji and Charpe, 2015)는 노동소득분배율과 총수요가 단기에는 부(-)의 관계, 장기에는 정(+)의 관계를 갖는다는 실증분석 결과를 제시하고 있다.[4] 블레커(Blecker, 2016)는 포스트 케인지언 분배-성장 모형을 단기 경기변동이 아니라 장기 침체(secular stagnation)를 설명하는 모형으로 이해해야 한다고 주장한다. 그는 노동소득분배율과 총수요의 관계가 장·단기에 달라지는 이유에 대해 투자와 수출의 반응 속도가 소비보다 빠르기 때문이라는 해석을 제시하고 있다. 즉, 단기에는 임금몫 상승이 투자와 수출에 미치는 부정적 효과가 소비에 미치는 긍정적 효과를 압도하지만 시간이 지날수록 소비에 미치는 긍정적 효과가 강화되고 투자와 수출에 미치는 부정적 효과는 약

---

3) 현대 경제성장론은 노동, 자본, 기술 같은 성장의 근사적 요인(proximate)뿐 아니라 그러한 근사적 요인에 영향을 미치는 근본적(fundamental) 요인의 중요성도 강조한다. 이러한 근본적 요인의 예로는 제도적 포용성, 법률, 규칙, 민주주의, 관료 체계, 지대추구 유인, 능력과 기회의 배분, 사회정치적 통합성과 안정성 등을 들 수 있다. 특히, 최근에는 소득불평등이 성장의 근사적 요인뿐 아니라 근본적 요인에 대해서도 큰 영향을 미칠 수 있다는 연구가 빠르게 증가하고 있다(Acemoglu et al., 2011, Sokoloff and Engerman, 2000).

4) Blecker(2016)는 노동소득분배율과 총수요의 관계를 분석한 연구 중에서 추세적 성분이 제거된 고빈도 자료를 이용한 연구는 부(-)의 관계(이윤 주도)를 발견한 경우가 많고 장기적 관계에 주목한 연구들은 정(+)의 관계(임금 주도)를 발견한 경우가 많은 이유가 이러한 시차 효과에 기인할 가능성이 높다고 주장한다.

화되기 때문이라는 것이다.[5]

3) 소결

포스트 케인지언 임금 주도 성장론은 자본과 노동 간 소득분배구조가 총수요 경로를 통해 경제성장에 큰 영향을 미칠 수 있다는 이론적·실증적 근거를 제공한다는 점에서 중요한 의의가 있다. 이 글은 몇 가지 보완적 논의의 필요성도 제기했다. 물론, 경제체제의 구조적 특징을 규명하기 위한 실증적 연구는 매우 중요하다. 하지만, 스코트(Skott, 2017)가 주장하듯이, 경제적 형평성과 사회정의를 제고하기 위한 정책은 경제체제가 임금 또는 이윤 주도 중 어느 유형에 속하느냐는 검정 결과에 상관없이 중요한 의의가 있다. 분배구조 개선 정책은 그 자체로 적극적으로 추진하면서 단기적 부담을 완화하고 중장기 긍정적 효과를 강화하기 위한 보완책을 병행하는 것이 바람직하다.

3. 총공급 경로의 중요성을 강조하는 최근 연구 결과

기능적 소득분배(노동소득분배율)와 총수요 경로(소비, 투자, 수출)의 중요성을 강조하는 포스트 케인지언 경제학과 달리 개인 간 소득분포(personal income

---

5) Blecker(2016)에 따르면 투자는 단기적으로 현금 흐름(수익성)에 민감하게 반응하고 장기적으로 경제성장률(가속도 효과)과 자본사용비용에 민감하게 반응한다. 수출은 임금몫 하락시 일시적으로 가격경쟁력 제고 효과를 누리지만 그러한 효과는 환율 및 임금 조정, 다른 국가들의 대응 등 다양한 상쇄 요인에 의해 오래 지속되지 못한다. 소비는 장기적으로 소득과 강한 정(+)의 관계를 갖지만 단기적으로는 평탄화 동기에 의해 소득 흐름에 민감하게 반응하지 않는다.

distribution, 지니계수 등)와 총공급 경로(노동, 자본, 생산성 등)의 중요성을 강조하는 경제학 내에서도 불평등과 성장의 관계에 대한 관심이 크게 늘고 있다. 특히, 최근에는 소득불평등이 상술한 근사적 성장 요인뿐 아니라 제도, 정치·행정 체계, 사회적 자본, 생산 연결망 구조 같은 근본적 성장 요인에 대해서도 큰 영향을 미친다는 연구가 증가하고 있다. 아래에서 살펴볼 것처럼, 그중 상당수는 한국 경제의 성장 잠재력을 심각히 위협하는 구조적 문제와 밀접한 연관이 있다. 분배개선 정책의 긍정적 성과를 제고하기 위해서는 포스트 케인지언 이론이 강조하는 수요 측 선순환 경로뿐 아니라 현대적 내생적 성장론(endogenous growth theory)이 강조하는 공급 측 선순환 경로도 함께 강화할 필요가 있다.

1) 시장규모효과

분배구조 개선에 의한 저소득층의 구매력 및 소비 증가는 기업 혁신 유인에도 긍정적 영향을 미칠 수 있다(Murphy et al., 1989; Mani, 2001; Matsuyama, 2002; Foellmi and Zweimüller, 2006, 2008, 2017; Foellmi et al., 2014; Zweimüller, 2000). 혁신적 신제품의 대중화 속도를 단축시키고 시장 잠재규모를 확대해 추가적 신제품 개발 유인을 증대시키기 때문이다.[6]

반 덴 벌트·스트레메르슈(Van den Bulte and Stremersch, 2004)는 28개 국가, 52개 신제품의 확산 속도에 관한 46개 논문, 293개 추정치를 종합적으로 정리해 소득불평등이 심한 국가일수록 〈그림 1-3〉과 같이 소비자 내구재 보유

---

6) Foellmi and Zweimüller(2006, 2017)는 불평등과 신제품 혁신 간 관계가 일률적이지 않다고 주장한다. 이들은 불평등이 혁신에 미치는 효과가 시장규모효과(market size effect)와 가격효과(price effect)로 구분되며, 기존 제품과 생산성 격차가 큰 고가의 신제품(사치재) 혁신을 촉진하기 위해서는 고소득 집단으로 소득이 집중되는 것이 유리하다고 설명한다.

〈그림 1-3〉 소득불평등이 소비자 내구재 확산에 미치는 영향: 메타분석 결과

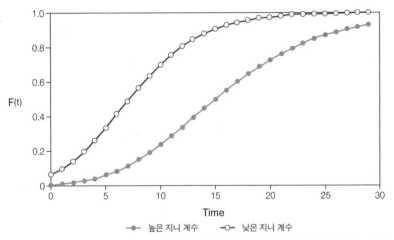

주: 수평축은 신제품 출시 후 시간 경과를, 수직축은 해당 재화를 보유한 가구 비율을 나타냄. 검은 표식
은 소득불평등이 큰 국가 그룹을, 하얀 표식은 소득불평등이 낮은 국가 그룹을 나타냄.
자료: Van den Bulte and Stremersch(2004: Figure 2).

비율이 느린 속도로 증가한다는 메타분석(meta analysis) 결과를 제시했다.[7] 최근 발표된 유엔산업개발기구(UNIDO, 2017)의 보고서도 소득불평등이 소비재 산업의 발전에 부정적 영향을 미친다는 점을 강조했다. 〈그림 1-4〉와 〈그림 1-5〉에서 볼 수 있는 것처럼, 이 보고서는 소득불평등이 심한 국가는 1인당 소득 수준이 유사한 다른 국가에 비해 세탁기와 진공청소기 보유 비율이 낮다는 점, 국내 수요에 의한 제조업 부가가치 증가율과 중간소득계층 비율이 강한 정(+)의 관계를 갖는다는 점을 강조했다. 김주훈 외(2007)와 현대경제연구원(2014) 등 국내 여러 보고서도 협소한 내수 규모가 중소기업과 서비스업의 생산성 향상을 저해하는 주요 요인임을 강조하고 있다.

---

7) Talukdar et al.(2002)도 이와 유사한 메타회귀분석을 이용해 소득불평등이 소비재 확산 속도에 부정적 영향을 미친다는 결과를 제시했다.

<그림 1-4> 국가별 소득불평등 수준과 소비자 내구재 보유 비율

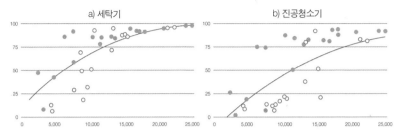

주: 모든 값은 2011년 기준임. 수평축은 국가별 1인당 실질GDP(2005년 PPP 기준 달러)를, 수직축은 해
  당 국가의 세탁기와 진공청소기 보유 가구 비율(%)을 나타냄. 흰색 원은 지니계수가 표본 평균 이상
  인 국가임.
자료: UNIDO(2017: Figure 2.17).

<그림 1-5> 국가별 중간소득계층 비율 변화와 국내 수요에 의한 제조업 부가가치 증가율

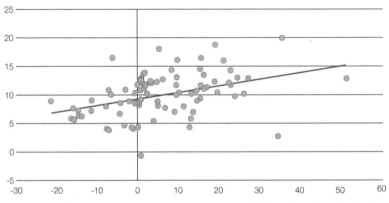

주: 수평축은 2001~2011년 동안의 중간소득계층 비율 변화(%p)를 나타냄. 수직축은 같은 기간 제조업 국
  내 수요에 의한 부가가치 증가율(%)을 나타냄.
자료: UNIDO(2017: Figure 3.10).

2) 인적자본 축적과 기회의 불평등

소득불평등은 인적자본의 축적과 질, 효율적 활용에도 부정적 영향을 끼친
다(Galor and Zeira, 1993; Banerjee and Newman, 1993; Galor and Moav, 2004). 여

기서 말하는 인적자본은 단지 정규 교육 연수만을 의미하는 것이 아니라 교육의 질, 숙련 수준, 창의성을 포괄하는 효율적 노동 단위를 뜻한다.

칼로어·모아브(Galor and Moav, 2004)의 통합성장이론(unified growth theory)에 따르면 불평등이 성장에 미치는 효과는 경제발전 단계에 따라 달라질 수 있다. 물적자본의 성장 기여도가 높은 초기 단계에는 저축성향이 높은 소수에게 투자 자금이 집중되는 것이 성장에 유리하기 때문에 불평등이 성장에 긍정적 영향을 미치지만, 경제발전 단계가 높아질수록 인적자본의 중요성이 증대되어 불평등이 성장에 미치는 긍정적 영향은 줄어들고 부정적 영향이 증대된다.

최근에는 소득불평등이 기회의 불평등을 심화시켜 자원 배분 효율성과 경제의 생산성에 부정적 영향을 미친다는 연구가 늘고 있다(Marrero and Rodriguez, 2013; Bradbury and Triest, 2016). 위대한 개츠비 곡선으로 불리는 〈그림 1-6〉에서 볼 수 있듯이, 소득불평등이 심한 국가와 지역은 부모와 자식 간 소득 탄력성이 크고 저소득층 자녀의 계층 상향 이동 가능성은 낮다. 즉, 부와 소득의 대물림이 심하고 개천에서 용 날 확률이 낮다는 것이다. 부모 소득이 자녀의 유년기 교육투자와 대학진학, 성인이 된 후 직업에 큰 영향을 미친다는 점도 여러 실증연구를 통해 확인되고 있다(Corak, 2013; Chetty et al., 2014, 2017).

본인의 능력 또는 노력이 아니라 부모의 소득 수준에 따라 교육 투자와 일자리 배분이 이루어지는 사회는, 신분제 사회와 마찬가지로, 자원을 효율적으로 이용하지 못하는 사회, 모든 구성원의 잠재력을 충분히 활용하지 못하는 사회이다. 세 등(Hsieh et al., 2016)은 지난 반세기 동안 미국 경제가 이룩한 생산성 향상 중 15~20% 정도가 성(gender)과 인종에 따른 직업 장벽 완화에 의해 설명된다는 실증분석 결과를 제시하고 있다. 이는 소득불평등과 성장의

〈그림 1-6〉 위대한 개츠비 곡선: 소득불평등과 기회불평등 간의 관계

a) 국가별 소득불평등과 부모-자녀 소득 탄력성

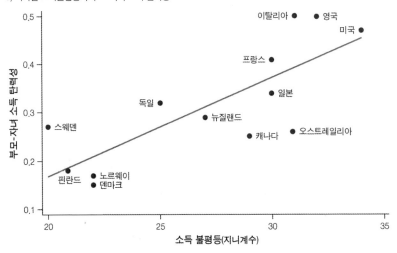

b) 미국의 지역별 소득불평등과 저소득층 자녀 계층 상향 이동 가능성

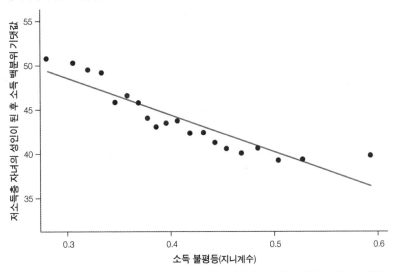

주: a) 수평축은 1985년 기준 국가별 가처분소득 지니계수를 나타냄. 수직축은 해당 국가의 1960년대 초
중반 부모 소득에 대한 1990년대 중후반 아들 소득의 탄력성을 나타냄.
  b) 수평축은 1996~2000년 미국의 지역별 부모세대 소득 지니계수를 나타냄. 수직축은 부모 소득 하
위 25% 자녀의 성인이 된 후 소득 백분위 기댓값을 나타냄.
자료: a) Corak(2013: Figure 1); b) Chetty et al.(2014: Online appendix, Figure XI. B).

<그림 1-7> 우리나라의 사회경제적 지위 상향 이동 가능성에 대한 인식 변화

a) '세대 내' 상향이동 가능성

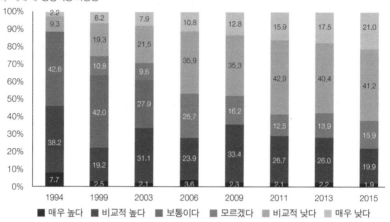

b) '세대 간' 상향이동 가능성

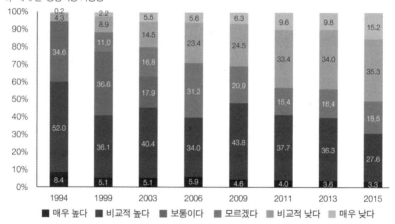

주: a) '우리 사회에서 노력한다면 개인의 사회경제적 지위가 높아질 가능성은 어느 정도라고 생각하십니까?'라는 질문에 대한 항목별 응답 비율임.
 b) '우리 사회에서 현재 본인 세대보다 자식 세대의 사회경제적 지위가 높아질 가능성은 어느 정도라고 생각하십니까?'라는 질문에 대한 항목별 응답 비율임.
자료: 통계청, 사회조사, 각 년도. 1994년은 원자료 이용. 황선웅(2017a)에서 재인용.

관계를 직접적으로 다룬 연구는 아니지만 개인의 능력과 직업 매칭의 질이 경제성장에 중요한 영향을 미친다는 점을 보여준다는 점에서 현재 논의에도 중요한 함의가 있다.

우리나라의 경우에도 소득불평등이 증가하면서 기회의 불평등이 빠르게 심화되고 있는 것으로 판단된다. 〈그림 1-7〉에서 볼 수 있듯이, 통계청『사회조사』결과에 의하면 노력을 해도 본인과 자식 세대의 사회경제적 지위가 개선되지 않을 것이라는 절망감이 지난 20년간 매우 빠른 속도로 확대되었다. 본인의 사회경제적 지위가 높아질 가능성이 낮다는 응답 비율도 1994년 11.5%에서 2015년 62.2%로 5배 이상 증가했고, 자녀의 사회경제적 지위가 높아질 가능성이 낮다는 응답 비율은 같은 기간 5.0%에서 50.5%로 10배 이상 증가했다.[8] 최근에는 소득과 부의 대물림뿐 아니라 직업과 고용형태(정규직/비정규직)의 세대 간 전승도 강화되고 있다는 실증분석 결과가 여러 연구자에 의해 제시되고 있다(김연아·정원오, 2016; 이경희·민인식, 2016; 황선웅, 2017b).

3) 지대추구행위, 사회통합성, 제도의 질

소득불평등은 경제주체들의 유인 구조를 경제성장에 불리한 방향으로 변화시킬 수 있다. 소득불평등과 함께 기회의 불평등이 심화될수록 생산적 활동에 집중하려는 유인보다 사회·경제적 위계 구조로부터 발생하는 지대(rent)를 획득하려는 유인이 증대되기 때문이다. 〈그림 1-8〉에서 볼 수 있듯이, 소

---

8) 김희삼(2017)은 젊은 세대일수록 인생의 성공 요인으로 노력의 중요성을 낮게 평가하고 운이나 연줄을 중요하게 생각하고 있다는 설문조사 결과를 제시했다. 국가별로 비교해도, 미국, 일본, 중국 대학생은 재능과 노력을 가장 중요한 성공 요인으로 꼽은 반면 우리나라의 대학생은 부모의 재력을 1순위로 꼽은 비율이 절반에 달했고 그 다음으로 높은 비율을 차지하는 것도 노력이나 재능이 아닌 인맥이었다. 세대 내, 세대 간 계층 상향이동 가능성에 대한 긍정적 전망은 비교 국가 중 가장 낮은 반면, 자국의 빈부 격차가 확대될 가능성, 자국의 사회 갈등이 더 커질 가능성에 대한 전망 비율은 가장 높았다.

〈그림 1-8〉 "대부분의 사람을 신뢰할 수 있다"는 응답 비율과 소득불평등의 관계

a) 국가별 분석 결과

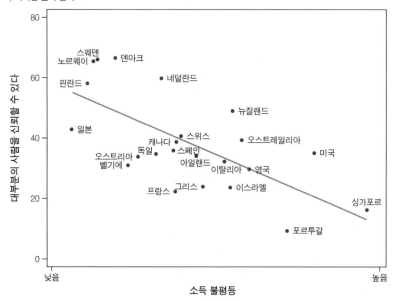

b) 미국의 지역별 분석 결과

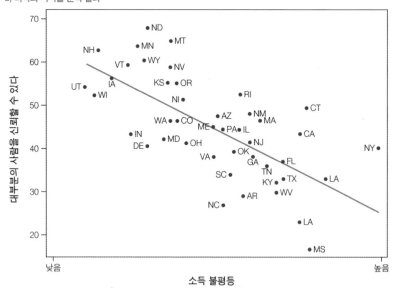

자료: Wilkinson and Pickett(2010: Figure 4.1과 4.2).

득불평등은 타인에 대한 신뢰와 사회 통합성에도 부정적 영향을 미친다. 이는 거래비용을 증가시키고 경제 구성원 간 상호 협조적 정보 소통 및 행위 유인을 감소시켜 경제의 성장 잠재력에도 부정적 영향을 미칠 수 있다(Pervaiz and Chaudhary, 2015; Ward, 2017). 소콜로프·엔저맨(Sokoloff and Engerman, 2000)과 아제모을루 등(Acemoglu et al., 2011)은 소득불평등이 소수 기득권의 이득을 보호하기 위한 비효율적이고 착취적인 제도를 출현 발전시켜 경제 성장을 저해한다는 이론적·실증적 연구 결과를 제시하고 있다.

4) 불평등이 성장에 긍정적 영향을 미치는 경로

적당한 보상 격차는 더 열심히 일하고 투자할 유인에 긍정적 영향을 미칠 수 있다. 저축 성향이 높은 사람들에게 소득과 부를 집중시키는 것이 투자 확대에 유리할 수도 있다. 하지만, 현재 우리나라에서 이러한 두 경로는 그다지 잘 작동하고 있지 못한 것으로 보인다. 앞서 살펴본 것처럼 더 나은 내일에 대한 희망으로 열심히 일하려는 유인보다 본인과 자녀세대의 사회경제적 지위가 나아지지 않을 것이라는 절망감이 빠르게 확대되고 있고, 고소득층과 기업부문의 소득 점유율 증가에도 불구하고 투자 확대 속도가 저축 증가 속도에 미달하는 상황이 장기간 지속되고 있다(주상영, 2017).

5) 메타분석 결과

개인소득분포와 총공급 경로의 중요성을 강조하는 실증분석 문헌에서도 불평등이 성장에 불리한 영향을 미친다는 결과가 다수를 차지하고 있다. 드 도미니시스 등(de Dominicis et al., 2008)과 네베스 등(Neves et al., 2016)의 메타

분석에 의하면 지금까지 발표된 실증연구 중 65~73%는 불평등이 성장에 부정적 영향을 미친다는 결과를 제시하고 있다.

4. 맺음말

이 글은 불평등과 성장의 관계에 관한 최근 연구 결과를 종합적으로 검토해 불평등 완화 정책이 성장에 장기적으로 긍정적 영향을 미칠 가능성이 높다는 결론을 제시했다. 노동소득분배율과 총수요 경로의 중요성을 강조하는 포스트 케인지언 경제학뿐 아니라 개인소득분포와 총공급 경로의 중요성을 강조하는 경제학 문헌에서도 불평등이 성장에 불리한 영향을 미친다는 연구 결과가 크게 증가하고 있다.

분배와 성장의 선순환을 강화하기 위해서는 다음과 같은 정책 방향에 초점을 둘 필요가 있다.

ㅇ 사람 중심성: 인적자본 잠재력(potential) 및 활용도(utilization) 제고

ㅇ 기회의 평등과 자원배분 효율성 제고

ㅇ 협동·연대의 원리와 사회통합성 제고, 이를 통한 긍정적 외부효과 창출
　　(긍정적 외부효과에 의한 수익체증은 내생적 성장론에서 강조하는 경제성장의 핵심
　　동력이다.)

ㅇ 제도의 질 개선: 포용성, 민주주의, 사회적 대화 제고

ㅇ 장기적 시계(long-term time horizon)의 중요성

제2절에서 논의한 것처럼 노동소득분배율과 성장의 관계에 대한 실증분석

결과를 보면 단기적 관계에 주목할 경우에는 부(−)의 관계를, 장기적 관계를 분석할 경우에는 정(+)의 관계를 보고하는 경우가 많다. 개인소득 불평등과 성장의 관계를 분석한 연구들 중에도 포브스(Forbes, 2000) 등 단기적 관계에 초점을 둔 연구들은 정(+)의 관계를, 알레시나·로드릭(Alesina and Rodrick, 1994) 등 장기적 관계에 주목하는 연구들은 부(−)의 관계를 추정한 경우가 많다. 할터 등(Halter et al., 2014)은 소득불평등이 장기적(10년 또는 20년 후)으로는 성장에 부정적 영향을 미치지만 단기(5년 후)에는 긍정적 영향을 미치거나 유의한 영향을 미치지 못한다는 실증분석 결과를 제시했다. 이러한 결과들은 불평등 개선 정책의 긍정적 효과가 상당한 시차를 두고 나타날 수 있음을 시사한다. 앞서 살펴본 내수 주도 혁신 체제의 발전, 인적자본 잠재력과 활용도 제고, 사회통합성과 사회정치적 안정성 제고, 제도의 질 개선 등은 매우 오랜 기간에 걸쳐 점진적으로 진행되기 때문이다.

소득 주도 성장 정책은 단순한 경기부양 정책이 아니다. 단기적 고용 또는 소비 효과를 이유로 정책 방향 변경 및 철회를 요구하는 것은 부적절하다. 개혁 정책에 따른 단기적 부담은 재정정책과 통화정책 등 다양한 보완적 정책 수단을 이용해 유연하게 대처하는 것이 바람직하다. 사람 중심 경제·소득 주도 성장 정책은 장기적 관점에서 추진되어야 한다. 우리 사회의 지속가능한 발전을 위한 중장기적 체제 전환 계기, 연대·신뢰·협동의 원리 위에서 새로운 성장 체제를 이끌어 갈 주체 형성 및 역량 강화 계기로 접근하는 것이 바람직하다.

참고문헌

관계부처 합동. 2017. 「새정부 경제정책 방향-경제 패러다임의 전환」.

김연아·정원오. 2016. 「비정규직의 세대 간 전승: 부모세대의 직업적 지위가 자녀세대의 비정규직 여부에 미치는 영향」. ≪비판사회정책≫, 50, 334~377쪽.

김주훈·차문중 편. 2007. 「서비스부문의 선진화를 위한 정책과제」. 한국개발연구원 연구보고서 2007-04.

김희삼. 2017. 「세대 간 갈등의 실태와 정책과제」. 김주훈·조성재 외. 『사회통합과 경제성장: 불평등 해소와 신성장』. 경제인문사회연구회 협동연구총서 17-22-01.

이경희·민인식. 2016. 「직업 및 소득 계층의 세대 간 이전에 관한 연구」. 한국노동연구원 연구보고서.

주상영. 2017. 「소득주도성장론에 대한 비판과 반비판」. 한국 사회경제학회 여름학술대회 발표문.

통계청. 각 년도. 「사회조사」.

현대경제연구원. 2014. 「서비스업 생산성 국제 비교와 시사점」.

황선웅. 2017a. 「소득주도성장론에 입각한 한국 경제의 재해석」. 김주훈·조성재 외. 『사회통합과 경제성장: 불평등 해소와 신성장』. 경제인문사회연구회 협동연구총서 17-22-01.

_____. 2017b. 「아웃소싱의 사회경제적 효과」. 정흥준 외. 『아웃소싱의 메커니즘과 기업 내외에 미치는 영향』. 한국노동연구원 연구보고서.

_____. 2017c. 「소득주도성장전략」. ≪아시아금융포럼≫, 3(1), 89~99쪽.

Acemoglu, D., Ticchi, D. and Vindigni, A. 2011. "Emergence and Persistence of Inefficient States." *Journal of European Economic Association*, 9(2), pp. 177~208.

Alesina, A. and Rodrik, D. 1994. "Distributive Politics and Economic Growth." *Quarterly Journal of Economics*, 109(2), pp. 465~490.

Banerjee, A. V. and Newman, A. F. 1993. "Occupational Choice and the Process of Development." *Journal of Political Economy*, 101(2), pp. 274~298.

Bhaduri, A. and Marglin, S. 1990. "Unemployment and the real wage: the economic basis for contesting political ideologies." *Cambridge Journal of Economics*, 14, pp. 375~393.

Blecker, R. A. 1989. "International competition, income distribution and economic growth." *Cambridge Journal of Economics*, 13, pp. 395~412.

Blecker, R. A. 2016. "Wage-led versus profit-led demand regimes: the long and the short of it." *Review of Keynesian Economics*, 4, pp. 373~390.

Bradbury, K. and Triest, R. K. 2016. "Inequality of opportunity and aggregate economic performance." *Russell Sage Foundation Journal of the Social Sciences*, 2(2), pp. 178~201.

Bridji, S. and Charpe, M. 2015. *The impact of the labour share on growth in the XXth century.* ILO working paper.

Carvalho, L. and Rezai, A. 2016. "Personal income inequality and aggregate demand." *Cambridge Journal of Economics*, 40, pp. 491~505.

Chetty, R, Hendren, N., Kline, P. and Saez, E. 2014. "Where is the land of opportunity? the geography of intergenerational mobility in the United States." *Quarterly Journal of Economics*, 129(4), pp. 1553~1623.

Chetty, R., Friedman, J. N., Saez, E., Turner, N. and Yagan, D. 2017. *Mobility Report Cards: The Role of Colleges in Intergenerational Mobility.* NBER Working Paper No. 23618.

Corak, M. 2013. "Income inequality, equality of opportunity, and intergenerational mobility." *Journal of Economic Perspectives*, 27(3), pp. 79~102.

de Dominicis, L., Florax, R. and Groot, H. 2008. "A meta-analysis on the relationship between inequality and economic growth." *Scottish Journal of Political Economy*, 55, pp. 654~ 682.

Foellmi, R., Tobias, W. and Zweimüller, J. 2014. "The macroeconomics of Model T." *Journal of Economic Theory*, 153(C), pp. 617~647.

Foellmi, R. and Zweimüller, J. 2006. "Income distribution and demand-induced innovations." *Review of Economic Studies*, 73(4), pp. 941~960.

_____. 2008. "Structural change, Engel's consumption cycles and Kaldor's facts of economic growth." *Journal of Monetary Economics*, 55(7), pp. 1317~ 1328.

Foellmi, R. and Zweimüller, J. 2017. "Is inequality harmful for innovation and growth? Price versus market size effects." *Journal of Evolutionary Economics*, 27(2), pp. 359~378.

Forbes, K. J. 2000. "A Reassessment of the Relationship between Inequality and Growth." *American Economic Review*, 90(4), pp. 869~887.

Galor, O. and Moav, O. 2004. "From physical to human capital accumulation: inequality and the process of development." *Review of Economic Studies*, 71, pp. 1001~1026.

Galor, O. and Zeira, J. 1993. "Income distribution and macroeconomics." *Review of Economic Studies*, 60(1), pp. 35~52.

Halter, D., Oechslin, M. and Zweimüller, J. 2014. "Inequality and growth: the neglected time dimension." *Journal of Economics Growth*, 19, pp. 81~104.

Hein, E. 2014. *Distribution and Growth after Keynes: A Post-Keynesian Guide*. Cheltenham: Edward Elgar.

_____. 2017. *Post-Keynesian macroeconomics since the mid-1990s—main developments*. FMM-working paper.

Hsieh, C.-T., Hurst, E., Jones, C. I. and Klenow, P. J. 2016. *The allocation of talent and U.S. economic growth*. NBER working paper no. 18693.

Kalecki, M. 1971. *Selected Essays on the Dynamics of the Capitalist Economy, 1933–1970*. Cambridge: Cambridge University Press.

Lavoie, M. and Stockhammer, E. 2013. "Wage-led growth: concept, theories and policies'." In M. Lavoie, E.Stockhammer(eds.). *Wage-led Growth: An Equitable Strategy for Economic Recovery*. Basingstoke: Palgrave Macmillan.

Mani, A. 2001. "Income distribution and the demand constraint." *Journal of Economic Growth*, 6(2), pp. 107~133.

Marrero, G. A. and Rodriguez, J. G. 2013. "Inequality of opportunity and growth." *Journal of Development Economics*, 104, pp. 107~122.

Matsuyama, K. 2002. "The rise of mass consumption societies." *Journal of Political Economy*, 110(5), pp. 1035~1070.

Murphy, K. M., Shleifer, A. and Vishny, R. 1989. "Income distribution, market size, and industrialisation." *Quarterly Journal of Economics*, CIV(3), pp. 537~564.

Neves, P. C., Afonso, O. and Silva, S. T. 2016. "A meta-analytic reassessment of the effects of inequality on growth." *World Development*, 78, pp. 386~400.

Nikiforos, M. 2014. *Distribution-led Growth in the Long Run, Levy Economics Institute of Bard College*. Working Paper No. 814.

Nikiforos, M. and Foley, D. K. 2012. "Distribution and Capacity Utilization: Conceptual Issues and Empirical Evidence." *Metroeconomica*, 63(1), pp. 200~229.

Palley, T. I. 2017. "Wage- vs. profit-led growth: the role of the distribution of wages in determining regime character." *Cambridge Journal of Economics*, 41, pp. 49~61.

Pervaiz, Z. and Chaudhary, A. R. 2015. "Social Cohesion and Economic Growth: An Empirical Investigation." *Australian Economic Review*, 48(4), pp. 369~381.

Sanchez G. V. and Luna, A. 2014. "Slow growth in the Mexican economy." *Journal of Post Keynesian Economics*, 37(1), pp. 115~134.

Skott, P. 2017. "Weaknesses of 'wage-led growth'." *Review of Keynesian Economics*, 5(3), pp. 336~359.

Sokoloff, K. L. and Engerman, S. L. 2000. "History Lessons: Institutions, Factor Endowments, and Paths of Development in the New World." *Journal of Economic Perspectives*, 14(3), pp. 217~232.

Steindl, J. 1952. *Maturity and Stagnation in American Capitalism.* Oxford: Blackwell, 2nd edition: New York/London: Monthly Review Press, 1976.

Stockhammer, E. 2017. "Wage-led versus profit-led demand: what have we learned? a Kaleckian-Minskyan view." *Review of Keynesian Economics*, 5, pp. 25~42.

Talukdar, D., Sudhir, K. and Ainslie, A. 2002. "Investigating New Product Diffusion Across Products and Countries." *Marketing Science*, 21(1), pp. 97~114.

UNIDO. 2017. *Industrial Development Report 2018.*

Van den Bulte, C. and Stremersch, S. 2004. "Social Contagion and Income Heterogeneity in New Product Diffusion: A Meta-Analytic Test." *Marketing Science*, 23(4), pp. 530~544.

Ward, T. 2017. "Inequality and Growth: Reviewing the Economic and Social Impacts." *Australian Economic Review*, 50(1), pp. 32~51.

Wilkinson, R. and Pickett, K. 2010. *The Spirit Level: Why Equality Is Better for Everyone*, revised edition, London: Penguin.

Zweimüller, J. 2000. "Schumpeterian entrepreneurs meet Engel's law: the impact of inequality on innovation-driven growth." *Journal of Economic Growth*, 5(2), pp. 185~206.

제2장

소득주도성장론에 대한 비판과 반비판*

주상영 ｜ 건국대학교 경제학과 교수

1. 서론

임금이 총수요에 영향을 미칠 수 있다는 생각은 케인스의『일반이론』에 등장하지만, 케인스는 이론의 전개 과정에서 임금이 내생적으로 결정된다고 견해를 견지했다. 사실 그가 강조한 것은 비용의 역설보다는 저축의 역설이었다. 그런데『일반이론』의 마지막 장에 이렇게 씀으로써 임금주도성장 개념의 단초를 제공한다. "… 저축은 필요 이상으로 많으며, 소비성향을 증가시킬 수 있도록 소득의 재분배를 도모하는 제 방안은 자본의 성장에 적극적으로 기여하게 될 것이다. … 관습적인 소비성향의 증가가 일반적으로 (즉, 완전고용의 경우를 제외하고는) 투자유인을 동시에 증가시키는 데 도움이 되는데 …"(케인스,『일반이론』, 조순 역, 377쪽).

경제가 완전고용 이하에서 가동되고 있는 한, 지출 성향이 낮은 곳에서 지

---

* 본고는 ≪사회경제평론≫ 제54호에 게재한 논문을 일부 축소 편집한 것임을 밝힙니다.

출 성향이 높은 곳으로 소득을 이전하면 전체적으로 총수요가 증가하게 된다. 여기서 지출 성향이 낮은 소득은 대개 자본소득이거나 부자의 소득이므로, 소득의 재분배는 분배의 교정차원을 넘어 경제를 활성화시키는 방안이기도 하다. 좌파 케인스주의자들이 이러한 해석을 선호하는 반면, 프리드만의 항상소득 가설이나 모딜리아니의 생애주기 가설을 비롯한 주류경제이론은 소비가 단지 현재의 소득에만 영향을 받는 것이 아니라 미래지향적으로 결정된다는 점을 강조한다. 미국 경제학계를 중심으로 1980년대 이후 새고전학파가 득세함에 따라 총수요는 단기적으로만 중요히다는 교과서적 합의가 이루어지게 된다.

영국 케임브리지의 전통을 잇는 로손(Rowthorn, 1981)은 소득의 재분배가 총수요가 자극할 뿐만 아니라, 주어진 설비의 가동률과 이윤율을 높이게 되므로 투자가 활성화되어 장기적으로 성장을 촉진한다는 이론을 제기하였다. 분배와 성장의 선순환을 공식화한 것으로, 임금 상승이 소비와 투자를 모두 자극할 수 있다는 견해이다. 그러나 바두리·마글린(Bhaduri and Marglin, 1990)은 임금몫의 상승이 소비와 투자에 미치는 효과를 분리해서 보아야 한다고 주장한다. 임금몫의 상승이 소비를 촉진하고 기존 설비의 가동률을 높이는 것은 맞지만, 이윤몫의 감소가 설비를 확장할 투자 인센티브를 감소시키기 때문에 총수요에 미치는 효과는 불확실하다. 어떤 국면에서는 임금주도성장이, 또 다른 국면에서는 이윤주도성장이 지배할 수 있다. 결국 임금 상승이 성장을 추동할 지 여부는 이론의 문제가 아니라 실증의 문제로 귀착된다. 그 이후 실제로 수많은 실증연구가 쏟아져 나왔다.

성장은 장기, 적어도 중기의 개념이다. 그러나 임금주도/이윤주도 성장에 관한 실증분석은 대부분 수요체제의 판별에 중점을 둔다. 케인스익 전통을 잇는 사조이므로 '장기는 단기의 연속'이라는 견해가 배어있다. 반면에 솔로

(Solow, 1956)는 물론이고, 인적자본과 지식의 중요성을 강조하는 루카스 (Lucas, 1988)와 로머(Romer, 1986; 1990)의 업적 이래 현대성장이론은 공급 측면을 다룬다. 수요의 부족은 일시적 현상이며, 성장이란 결국 공급 측면의 제약을 돌파해 나가는 과정이다. 임금주도성장론의 이론적 약점은 바로 이 부분이다.

임금주도성장론에 의하면 노동생산성의 증가도 수요와 무관하지 않다(칼도어·버둔 효과). 시장의 확대가 분업을 촉진하며 경험학습(learning by doing)에 의해 생산성은 자연스럽게 증가한다. 그 밖에 유발혁신(induced technological progress)의 가능성에도 주목한다. 임금이 상승하면 기업은 고임금에 대응하여 비용을 절감하고 효율성을 제고시키는 노력을 기울인다. 요컨대 임금 상승이 경제를 활성화시키는 경로는 세 가지이다. 첫째, 단기적으로 총수요를 자극하는 경로이다. 둘째, 노동자가 많은 일을 처리하는 과정에서 효율적으로 일하는 방법을 자연스럽게 터득하거나, 아니면 고임금 일자리를 잃지 않기 위해 적극적으로 노력하여 생산성을 올리는 경로이다(효율임금이론). 셋째, 기업이 노동비용을 절약하기 위해 자본심화도(1인당 자본장비율)를 높이거나, 기타 과감한 혁신으로 대응하는 경로이다. 다만, 세 번째 경로는 확실하지 않다. 고임금의 부담에 투자를 줄이거나, 사업을 접거나, 생산시설을 해외로 이전할 수도 있기 때문이다. 이윤율이 하락하면 주가가 하락하여 소비에 부정적인 영향을 줄 수도 있다.

임금주도성장론은 노동을 중시하는 철학을 바탕으로 하며, 수요를 중시하는 케인스와 칼레츠키, 수요와 공급의 누적적 선순환에 주목하는 칼도어의 경제이론에 기초한다. 임금을 단지 내생변수로 취급하는 것이 아니라 임금이 외생적으로 결정될 수 있다는 측면을 부각시킨다는 점에서, 분배는 순전히 인간이 만든 제도의 소산이라고 한 밀의 세계관과도 맞닿아 있다.

소득주도성장론이 노동을 존중하고 사람이 먼저라는 슬로건을 내 건 새 정부(문재인 정부)의 핵심 경제철학으로 부상하였다. 새 정부가 내세우고 있는 소득주도성장론은 임금주도성장을 확장한 개념으로, 임금을 포함한 가계의 가처분소득 증대를 통해 성장과 분배의 선순환을 모색하는 것을 골자로 한다. 다만 주류경제학계에 잘 알려지지 않거나 소수설 정도로만 인식되었고, 주로 진보적 성향의 학자들 사이에서 통용되는 이론이기 때문에 많은 의구심을 낳고 있는 것이 사실이다.

본고는 소득주도성장론이 안고 있는 이론적 취약성과 정책대안의 한계를 다각도로 진단한다. 또한 소득주도성장론에 대한 비판과 부정적 시각을 검토하고, 동시에 그에 대한 반비판을 시도한다. 이러한 시도를 하는 것은, 과연 소득주도성장이 한국경제의 발전단계에서 수용가능하며 유효한 전략인지, 또한 소득주도성장을 가능하게 하는 조건들은 무엇인지 등을 고민해 보기 위함이다. 나아가 소득주도성장의 개념이 어떻게 확장되는 것이 바람직한지 모색한다.

2. 소득주도성장론에 대한 비판

주류경제학은 물론이고 포스트 케인지언(Post Keynesian) 내부의 관점에서도 소득주도성장론(이하 임금주도성장론과 혼용)을 비판할 수 있다. 주류경제학의 관점에서는 성장론에 관한 한 역시 혁신성장이 모범답안이다. 경제는 잠재성장률 추세를 중심으로 변동하므로 잠재성장률 자체를 끌어올리는 것이 성장이고, 총수요는 경기변동을 유발하는 요인이지만 재정/통화정책 등 적절한 안정화 정책으로 그 변동성을 줄일 수 있다. 주류에 속하는 새 케인지언

(New Keynesian) 모형에서도 잠재성장률은 공급 측 요인에 의해 결정된다. 물론 실물경기변동이론과 같은 극단적인 견해에 따르면 경기변동마저 공급측 요인에 의해 좌우된다. 이 같은 시각에 의하면 임금은 생산성의 증가에 따라 자연스럽고 내생적으로 결정되는 것이므로, 임금을 외생적이고 정책적으로 올릴 마땅한 수단도 없거니와 성공한다고 경제에 왜곡을 가져올 뿐이다.

주류경제학의 시각에서 성장은 생산성을 향상시키는 과정이며, 외생적으로 주어지든 내생적으로 발전하든 기술진보가 성장을 좌우한다. (최)장기의 관점에서는 맞는 말이다. 솔로(Solow, 1956), 루카스(Lucas, 1988), 로머(Romer, 1986; 1990)로 대표되는 성장이론은 무수히 많은 실증분석에 의해 검증을 받았다. 이에 비하면 임금주도성장론을 지지하는 실증적 근거는 약한 편이다. 이론 자체가 임금주도 또는 이윤주도 성장의 두 가능성을 열어놓고 있는데다, 실제 국가별 시기별로 분석 결과가 다르게 나오는 경우가 많기 때문이다. 임금 혹은 노동소득분배율의 상승이 소비를 제고하더라도 투자와 순수출에 대한 부정적 효과가 소비에 대한 긍정적 효과를 압도하면 수요체제 자체가 이윤주도형이 된다. 수출 비중이 높은 개방경제에서는 그럴 가능성이 더 높다. 내수보다 외수 의존도가 높은 경제에서 임금주도성장을 시도한다는 것은 성장을 위한 전략이라기보다는 경제구조를 내수형으로 전환하는 전략일지 모른다. 한편 수요체제가 임금주도형으로 판별되더라도 공급체제 혹은 생산성체제도 임금주도형이라는 것을 어떻게 입증하는가의 문제가 남는다. 칼도어-버둔 효과의 입증은 상대적으로 쉽지만, 유발혁신의 존재를 실증적으로 입증하는 것은 결코 쉬운 일이 아니다. 수요 및 분배 요인이 장기적으로 생산성에 어떤 영향을 미치는가에 대한 정교한 분석이 충분히 축적되어야 임금주도성장론의 설득력이 높아질 수 있다.

설사 수요 측면을 강조하는 케인스주의 입장에 선다 하더라도, 기본적으로 외생변수와 내생변수의 구분, 엄밀한 인과관계를 중시하는 경제학의 방법론에 비추어 볼 때, 임금금주도성장론은 비판받을 여지가 많다. 잠깐 임금주도성장을 논외로 하고, 교과서적인 케인스 경제학을 떠올려 보자: IS-LM 또는 먼델-프레밍(Mundell-Fleming) 모형. 개방경제를 상정할 때, 총수요에 영향을 미치는 주요 변수는 이자율과 환율이다. 이자율, 환율, 소득은 내생변수이고, 여기에 재정정책이나 통화정책으로 외생변수(재정지출, 조세, 통화량, 목표 인플레이션율 등)에 충격을 가하면 내생변수들이 반응한다. 확장적 재정정책과 통화정책은 모두 소득을 증가시키지만, 이자율과 환율의 반응은 충격의 진원이 어디인지에 따라 다르다. 이자율의 경우, 재정 충격에 대해서는 소득과 양의 상관관계, 통화 충격에 대해서는 음의 상관관계가 맺어진다. 환율의 경우, 재정 충격에 대해서는 소득과 음 또는 0의 상관관계, 통화 충격에 대해서는 양의 상관관계가 맺어진다. 총수요에 영향을 주는 이자율, 환율과 같은 내생변수는 충격의 진원이 무엇인지에 따라 소득과 양 또는 음의 상관관계를 맺을 수 있다.

임금몫(노동소득분배율)이 소득에 영향을 준다는 포스트 케인지언 모형에도 같은 논리를 적용할 수 있다. 임금몫이 내생적으로 결정되는 경우, 재정충격과 통화충격이 소득을 어떤 경로로 증가시킬 것인지에 따라 임금몫과 소득의 상관관계가 달라질 수 있다. 만약 한국과 같이 수출의존도가 높은 개방경제에서 확장적인 통화정책은 환율을 절하시키고, 그에 따른 수출 호조와 가동률 증가는 이윤몫을 높이고 임금몫은 낮추게 될 것이다. 인위적인 평가절하 정책의 효과도 마찬가지 결과를 낳는다.[1] 재정정책이 임금몫과 소득의 상관관

---

[1] Steindl(1952)에 의하면 이윤함수는 가동률에 의존하는 경향이 있다. 가동률이 올라가면 위로, 가동률이 내려가면 아래로 이동한다.

계에 미칠 효과도 가늠하기 어렵다. 케인스가 강조한 야성적 충동을 외생적 충격으로 간주할 경우에는, 경제가 임금주도가 아닌 이윤주도성장 국면에 놓여 있다는 판정을 받기 쉽다. 미래에 대한 낙관적 기대에 의해 투자가 증가하면 소득과 이윤몫이 증가할 것이며, 비관적 기대로 투자가 감소하면 소득과 이윤몫은 감소할 것이다. 즉, 야성적 충동에 의한 투자 변동이 총수요 변동을 지배하는 경우, 소득과 이윤몫은 양의 상관관계를 맺게 될 것이다. 투자에 의해 촉발된 이윤주도성장국면은 더 오래 지속될 수도 있다. 이윤몫의 증가가 투자와 순수출을 확장할 가능성이 있기 때문이다.[2]

일반적으로 환율의 절하는, 마샬-러너 조건이 충족하는 한 순수출 증가 경로를 통해 총수요를 증가시킨다. 이자율의 인하는, 적어도 표준적인 거시경제학의 가정에 의하면 총수요의 모든 구성 요소, 즉 소비, 투자, 순수출을 모두 증가시킨다. 그렇지만 이자율주도성장, 환율주도성장이라는 용어는 쓰지 않는다. 더구나 임금몫은 소비, 투자, 순수출에 미치는 영향이 서로 다르기 때문에, 임금주도성장, 이윤주도성장이라는 용어를 쓰는 것은 주류경제학의 관점에서 보면 매우 어색하게 느껴질 수밖에 없다.[3] 포스트 케인지언의 주요 연구자인 스콧은 임금몫을 외생적으로 간주한다 하더라도 임금주도성장, 이윤주도성장의 구분은 별 의미가 없다고 주장한다(Skott, 2017). 그는 제도가 바뀌면 사람들의 행동도 바뀐다는 루카스 비판(Lucas Critique)을 받아들인다.[4] 과거의 행태식 추정에 의해 경제가 임금주도 수요체제라고 판정이 났다고 하

---

2) Blecker(2016)는 이윤몫의 증가가 소비, 투자, 순수출 미치는 효과를 단기와 장기로 구분하여 볼 필요가 있다고 주장한다. 미국에 대한 그의 실증분석에 의하면 이윤몫의 증가는 단기적으로 투자와 순수출에 긍정적인 영향을 주지만 장기적으로 소비에 부정적인 영향을 준다.

3) 이와 같은 논지에 대해서는 Skott(2017)을 참조.

4) 새고전학파의 대부 격인 루카스에 의하면, 성장에 대해 고민할 때 분배 문제는 고려 대상이 아닐뿐더러 해롭기까지 하다.

자. 실제로 임금몫을 높이기 위한 정책이 추진되고 노동의 협상력이 강화되었다면 어떻게 될까? 크게 두 가지 가능성이 존재한다. 만약 기업가가 임금상승에 적극적으로 대응하여 자본장비율을 높이고 혁신의 노력을 배가하면 임금주도 국면이 지속될 수 있다. 그러나 야성적 충동이 가라앉고 투자가 위축되면 이윤주도 국면으로 전환될 수도 있다.[5]

이론적으로 공급 측면에 대한 고민이 부족한 점, 분배가 성장에 영향을 줄 수도 있지만 역의 인과관계도 존재한다는 점, 임금(몫)의 외생성 가정이 설득력 있게 전달되지 않는 점, 케인스적 관점에서 공급보다 수요를 중시한다 하더라도 수요체제 자체도 임금주도와 이윤주도로 구분된다는 점, 아직 실증분석 결과들이 강건하지 않은 점, 임금주도성장을 위한 정책수단의 제시가 명쾌하지 않은 점 등은 임금주도성장론이 극복해야 할 쉽지 않은 과제들이다.

한국에서 임금주도/소득주도 성장론을 보는 태도는 아직은 매우 이념적이고 정서적인 듯하다. 주류경제학, 특히 1980년대 이후의 신성장이론에 익숙한 경제학도와 정책당국자에게 임금주도/소득주도 성장론은 매우 낯설고 어색한 개념임에 틀림없다. 과거 고도성장을 경험했고, 수출주도로 '큰돈을 벌어 온' 한국경제의 현실을 감안할 때, 낯설 뿐만 아니라 불편하게까지 받아들여질 수 있다는 점은 이해할 만하다. 많은 사람들이 분배의 교정에는 동의하더라도, 그것이 성장을 추동하는 동력으로 작동할 것인지에 대해서는 의구심을 품고 있다. 포스트 케인지언이라는 소수 학파의 가설이기 때문에 그럴지도 모른다.

---

5) 그럼에도 불구하고 군이 유효한 임금주도성장 전략이 무엇인지 고민해본다고 할 때, Skott(2017)은 노동의 협상력 강화보다는 독과점 기업의 마크업(mark-up) 억제를 선호하는 듯하다. 투자 위축 가능성이 낮은데다, 국내 가격 인하가 국제가격경쟁력에 도움을 주기 때문이다. 그러나 독과점 기업의 마크업율을 어떤 정책수단으로 낮출 수 있는지가 문제로 남는다.

3. 소득주도성장론의 비판에 대한 반비판: 한국경제 여건을 중심으로

"Although, as Bhaduri and I argued in 1990, wage-led growth is not a panacea, it is an appropriate prescription for recession"(Marglin, 2017: 422).

한국경제의 성장률은 계속 낮아지고 있다. 노무현 정부에서 연간 4%대, 이명박 정부에서 3%대로 내려가더니 박근혜 정부 들어서는 2%대로 주저앉았다. 하락 추세는 상당히 급격한데, 문제는 2%대의 성장마저 부동산 경기 부양 등 인위적 부양조치를 통해 가까스로 얻은 성적이라는 것이다. 소득주도성장전략이 한국경제의 성장률 하락추세를 반전시킬 수 있을 것인가? 본 장에서는 수요, 분배, 공급 측면에서 한국경제의 여건을 살펴보면서, 위에서 지적한 수많은 비판에도 불구하고 소득주도성장론이 유효한 대안 전략이 될 수 있을지 점검해 본다.

1) 수요 측면

한국경제의 실질금리는 0에 가까운 수준으로 떨어졌다. 〈그림 2-1〉은 3년 만기 국채수익률에서 소비자물가상승률 또는 GDP 디플레이터 상승률을 뺀 실질금리를 보여주는데, 소비자물가 기준으로는 2016년에 0.44%에 불과하고 GDP 디플레이터를 기준으로 보면 2015년 이후 마이너스로 돌아섰다.

이자율이 하락하면 투자가 늘고 저축이 감소하는 기제가 작동하여야 하지만, 그렇지 않음을 알 수 있다. 실질금리가 매우 낮은 수준까지 떨어졌음에도 불구하고 저축이 투자를 크게 초과하는 현상이 지속되고 있다. GDP 디플레이터 기준의 실질금리가 마이너스로 내려간 2015년 이후 저축투자갭은 도리

<그림 2-1> 실질금리와 저축 투자 갭 (단위: %)

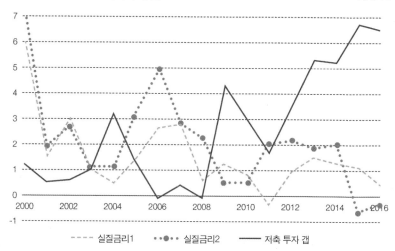

자료: 한국은행.
실질금리 1: 3년 만기 국채수익률－소비자물가 상승률
실질금리 2: 3년 만기 국채수익률－GDP디플레이터 상승률
저축 투자 갭: GDP 대비 총저축률－총투자율(%)

어 GDP 대비 7%에 육박하는 수준으로 상승했다. 금리의 거시경제 조절 기능을 중시하는 견해에 따르면, 저축과 투자를 일치시키는 이자율은 더 내려가야 한다. 그러나 경제성장률이 2%대를 유지하고 있으며, 디플레이션 위험이 발생한 것은 아니므로 마이너스 금리 도입은 아직은 시기상조일 것이다.

저금리에도 저축 투자 갭이 확대되는 이유는 무엇인가? 과잉저축 때문인가 과소투자 때문인가? 과거에 비해 GDP 대비 총투자율이 내려갔다고 해도 여전히 그 비율은 30%에 육박하므로(2016년 기준 29.3%) 과소투자가 원인이라고 보기는 힘들다. 오히려 높은 투자율에도 불구하고 2%대의 성장에 머무르고 있는 것이니 과소투자보다는 투자 효율 문제를 지적하는 것이 나을 것이다. 통계상으로는 과소투자보다는 과잉저축, 즉 과소소비의 문제가 더 두드러져 보인다. <그림 2-2>는 통계청 가계동향조사에 의한 소비성향을 보여주는데,

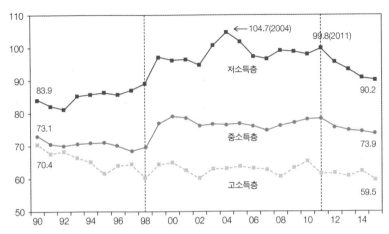

〈그림 2-2〉 소득 계층별 평균 소비성향: 근로자 가구 기준   (단위: %)

자료: 주상영(2017).
1) 저소득층(1분위~2분위), 중소득층(3분위~8분위), 고소득층(9분위~10분위)
2) 도시 2인 이상(근로자 가구 기준), 1990~2015년

2010~2011년을 기점으로 전 소득계층에서 소비성향이 하락(저축성향이 상승)하는 현상을 확인할 수 있다.

소비성향은 외환위기 이후 소득 상승의 제약으로 전 계층에서 상승하였다가 2000년대 초반 이후 한동안 안정화되는 추세를 보였지만, 금융위기가 발생하고 2~3년 후부터 뚜렷한 하락추세에 돌입하였다. 이러한 변화는 모든 계층에서 관찰되는데, 특이한 점이 있다면 저소득층과 중소득층과 달리 고소득층의 소비성향은 이미 그 이전부터 꾸준히 하락하고 있었다는 것이다. 그 결과 고소득층과 그 이하 계층의 소비성향 간에는 격차가 크게 확대되었다.[6] 전반적으로 소비성향이 하락하는 가운데 계층 간의 소비성향(저축성향) 격차

---

6) 박승(2016)은 한국경제의 개혁 필요성을 강조하면서, 앞으로는 수출보다 소비가 성장을 이끌게 하는 정책전환이 필요함을 역설하고 있다.

가 크게 벌어지는 현상이 동시에 발생한 것이다. 박근혜 정부는 자동차세 한시 인하, 한국판 블랙 프라이데이 행사 등으로 소비 활성화를 시도하였으나 반짝 효과에 그쳤을 뿐 별다른 성과를 얻지 못했다. 단기 처방보다는 구조전환이 필요하다. 전체 국민소득에서 가계소득이 차지하는 비중을 높이고 가계소득 내에서 분배를 개선하고 사회안전망을 강화하여 사회 전체의 소비성향을 높이는 방향으로 나아가야 한다.

소득주도성장론에 대한 국내의 일부 비판론자들은 여전히 소비보다는 저축과 투자의 중요성을 강조한다. 투자 활성화를 위한 규제완화 촉구는 단골 메뉴이다. 성장이 투자에서 비롯된다는 사고가 틀린 것은 아니지만, 우리가 당면한 현실과 발전단계를 감안하여야 한다. 전술한 바와 같이 우리의 투자율은 결코 낮은 것이 아니다. 게다가 한국경제의 GDP 대비 자본축적 수준은 이미 선진국 수준으로 높아진 상태이다. 한국은행의 국민대차대조표에 의하면, 2016년 GDP 대비 고정자산[7] 배율은 3.3에 달한다. 이미 2010년경에 이 배율에 도달한 이후 거의 같은 수준을 유지하고 있는데, 제조업 강국인 독일과 일본도 비슷한 수준이며, 우리보다 1인당 국민소득이 높은 선진국 가운데 우리보다 유의미하게 더 높은 배율을 가진 국가는 오스트리아 정도에 불과하다.

자본재에 대한 수요부족 때문인지 공급과잉 때문인지 예단하기 어려우나, 자본재가격의 상승률은 소비자물가 상승률에 크게 미치지 못하고 있다. 〈그림 2-3〉을 보면 설비자산의 경우 2009년 이후 디플레이션 현상이 발견될 정도이며, 건설자산의 가격은 움직임이 거의 없는 상태이고, 지식재산생산물의 가격만 조금씩 오르는 정도이다. 자본재 가격의 정체 또는 하락은 한국뿐만

---

7) 건설자산(주거용건물, 비주거용건물, 토목건설), 설비자산(기계류, 운송장비) 및 지식생산물로 구성.

〈그림 2-3〉 고정투자 디플레이터 추이, 2010년 기준

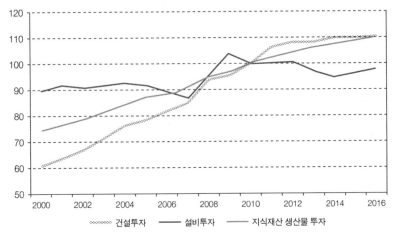

자료: 한국은행, 국민계정.

아니라 전 세계적으로 오래전부터 진행된 현상이므로 자본재 부문에서의 생산 혁신에서 비롯된 것으로 보인다. 자본재 가격이 하락하면 자본재의 구입, 즉 투자가 증가할 것이라고 생각할 수 있으나, 이는 기업이 같은 투자금액으로 실질적으로 더 많은 자본재를 갖출 수 있다는 것을 의미하는 것이기도 하다. 즉, 전보다 더 적은 금액의 저축을 동원해도 이전과 같은 양의 투자를 할 수 있다. 게다가 대규모 투자를 필요로 하지 않는 현대적 형태의 기술진보를 고려하면, 과거와 같이 높은 투자율을 기대하기는 어려울 것 같다. 소비 침체, 인구의 정체와 감소까지 고려하면 더욱 그러하다.

소득주도성장이 등장한 배경에는 '소비부진-투자부진-고용부진-소득부진'의 악순환, 즉 만성적 수요 부족에 의한 경기침체 우려가 놓여있다. 투자를 활성화하고 생산성을 높이라고 외친다고 해결될 문제가 아닌 것이다. 분배 악화에 의한 소비성향의 하락도 문제이지만, 특히 인구의 정체와 감소는 그 자체로 내수를 위축시키는 더 확실하고 무거운 요인이다. 소득주도성장론은 사실상 내

수성장론이기 때문에 인구 문제에 대한 고려는 필수적이다. 인구는 곧 내수 규모이다. 소득 기준에 따른 재분배도 중요하지만, 어차피 한정된 재원을 단계적으로 투입하는 성장정책이라면 출산율 제고, 공보육 확대와 공교육 혁신 등 신혼부부 및 그 이하 젊은 계층에 대한 지원에 우선순위를 두는 것이 중요하다.

2) 분배 측면

거시적 분배지표부터 살펴보기로 하자. 〈그림 2-4〉에 의하면 가계소득이 국민소득에서 차지하는 비중은 2010~11년까지 줄곧 하락 추세를 보이다가 (특히 외환위기 이후에는 급속히 하락) 최근 몇 년간 반등하였으나 2016년에 소폭 하락한 것으로 나타난다. 사회적 현물이전도 소득의 중요한 원천이기 때문에

〈그림 2-4〉 가계소득/GNI 추이

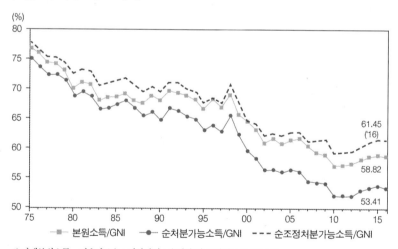

1) 가계본원소득 = 피용자보수+영업잉여+순생산 및 수입세+순재산소득
2) 가계순처분가능소득 = 가계본원소득+순이전소득(소득/부에 대한 경상세, 사회부담금 등)
3) 가계순조정처분가능소득 = 가계순처분가능소득+사회적현물이전
4) 가계는 가계 및 비영리단체를 포함함, 기간: 1975~2016년
자료: 한국은행, 국민계정.

<그림 2-5> 주요국의 가계순조정처분가능소득/GNI

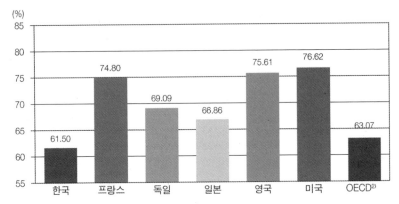

1) 주요국의 GNI 대비 가계순조정처분가능소득은 2015년 기준임.
2) OECD 21개국 평균(한국, 오스트리아, 벨기에, 체코, 덴마크, 핀란드, 프랑스, 에스토니아, 독일, 그리스, 헝가리, 이탈리아, 일본, 슬로바키아, 슬로베니아, 네덜란드, 노르웨이, 포르투갈, 스웨덴, 영국, 미국).
자료: OECD. Stat. 「National Accounts」.

가계순조정처분소득을 함께 표시하였는데, 시장에서 얻는 본원소득보다 크지만 변화 추세는 서로 유사하다. 한국의 GNI 대비 가계순조정처분가능소득은 주요 선진국에 비해 매우 낮은 수준이다(〈그림 2-5〉 참조). 한국에서 국민계정으로 본 소비성향이 낮은 것은 기본적으로 가계소득이 국민소득에서 차지하는 비중이 낮기 때문이다. 한국보다는 높지만, 주요 선진국 가운데 일본도 GNI 대비 가계순조정처분가능소득 비중이 낮은 편이다. 일본의 경우 사회적 현물이전 수준은 한국보다 높지만, 가계의 본원소득 비중이 낮고 기업 본원소득 비중이 높은 점은 한국과 유사하다.

일본과의 비교는 매우 흥미롭다. 일본은 고도성장기를 지나 성장이 둔화되는 가운데 저출산/고령화가 급속히 진행되었는데, 한국은 일본을 20년 시차를 두고 따라가는 것으로 알려져 있다. 일본은 1990년대 이후 연간 성장률이 0.6%에 지나지 않았고 디플레이션 과정을 반복해서 겪은 국가이다. 논란의

〈그림 2-6〉 주요 선진국의 기업본원소득/GNI 비율, 1995~2014

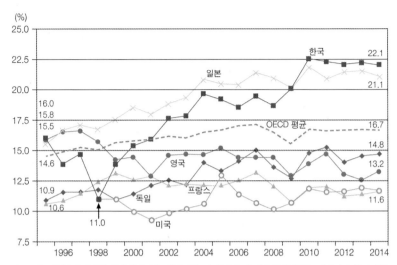

1) GNI는 비금융법인기업, 금융법인기업, 일반정부, 가계(가계 및 가계에 봉사하는 비영리단체)의 총본
   원소득을 합한 금액임.
2) 한국, 오스트리아, 벨기에, 체코, 덴마크, 에스토니아, 핀란드, 프랑스, 독일, 그리스, 헝가리, 이탈리아,
   일본, 네덜란드, 노르웨이, 포르투갈, 슬로바키아, 슬로베니아, 스웨덴, 스위스, 영국, 미국 22개국 평
   균, 미국은 1998~2014, 스위스는 2014년 자료 누락.
자료: OECD. Stat. 「National Accounts」, 2016년 자료 기준.

여지는 있겠지만, 디플레이션하에서 장기침체를 겪었다면, 그것은 공급부족
의 문제라기보다는 수요부족의 문제라고 보는 것이 타당하다. 그런데 개인이
나 가구별 소득분포에서 일본이 다른 선진국에 비해 나쁜 편은 아니다. 장기
침체를 겪은 것에 비하면 실업률도 높지 않았다. 무엇이 문제인가? 여기서 우
리는 가계소득과 기업소득 간의 격차에 주목할 필요가 있다.

　　미국, 영국, 독일, 프랑스와 같은 대표적 선진국에 비해 일본은 국민소득에
서 기업소득이 차지하는 비중이 매우 높다. 가계에 지급되는 소득에 비해 법
인에 잔류하는 소득이 많은 것이다. 높은 기업소득은 높은 기업저축으로, 높
은 기업저축은 높은 현금보유성향으로 이어진다. 한국과 매우 흡사하다. 한
국과 일본은 OECD 국가 가운데 GNI에서 기업소득이 차지하는 비중이 특별

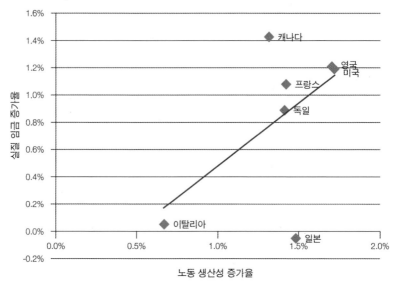

〈그림 2-7〉 주요국의 실질임금과 노동생산성 증가율, 1992~2014

자료: Porcellacchia(2016).

하게 높은 두 국가이다(〈그림 2-6〉 참조). IMF의 최근 보고서는 일본에서 1992
년부터 2014년까지 노동생산성이 연간 1.5% 내외 증가했지만 실질임금은 20
년 넘게 하나도 증가하지 않았다는 놀라운 결과를 보여준다(Porcellacchia,
2016).

이 보고서에는 일본이 최초로 제로금리를 도입하여 운영한 1999년부터
2007년까지의 분석결과를 따로 제시하고 있는데, 이 시기에는 실질임금이 감
소하였다. 흥미로운 것은 〈그림 2-8〉의 우측 상단에 표시된 한국의 경우인데
(외환위기 이후의 기간에 해당), 비록 일본의 경우보다는 덜하지만, 실질임금 상
승률이 생산성 증가율에 미달하고 있다는 것을 알 수 있다. 위기 극복을 위해
임금비용을 억제하고 기업저축을 확보하려고 한 생존전략은 국가경제 전체
적으로 총수요 부족과 임금-물가 하락의 악순환을 낳고 말았다. 포스트 케인

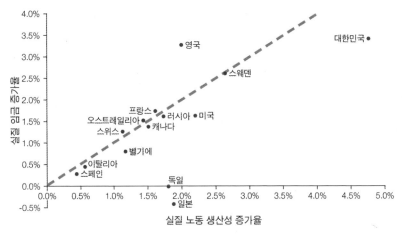

〈그림 2-8〉 주요국의 실질임금과 노동생산성 증가율, 1997~2007

자료: Porcellacchia(2016).

지언이 강조하는 '비용의 역설'의 전형적인 예가 아닌가?

　미국의 저명한 거시경제학자 블랑샤는 2015년 12월 2일자 파이낸셜 타임스 기고문에서 일본 기업들은 명목임금을 5~10% 인상하고, 기업이 광범위한 임금인상을 단행하기 전까지 정부가 법인세율 인하를 미루어야 한다고 권고했다. 그에 앞서 IMF의 또 다른 보고서(Aoyagi and Ganelli, 2014)는 일본 기업의 과도한 저축이 성장을 저해하고 있기 때문에 기업들은 "현금을 풀라(unstash the cash)"며, 이를 위해 주주의 권익을 제고하는 방향으로 기업 지배구조 개선이 필요함을 주장했다. 한국은 아직 성장률이 0%대로 내려가거나 디플레이션 조짐이 있는 것은 아니지만, 일본의 경험을 반면교사로 삼아야 한다. 소득주도성장론의 비판자들은 임금을 올리는 것이 우선이 아니라 생산성부터 제고해야 한다고 주장하지만, 사실은 소득주도성장론의 주장과 다를 바 없는 이야기를 하고 있는 것이다. 적어도 생산성에 상응하는 임금을 지급하라. 그렇지 않으면 당장 해당 기업의 이윤율은 올라가지만, 대다수의 기업이

〈그림 2-9〉 경제 전체의 노동소득분배율, 1975~2016년

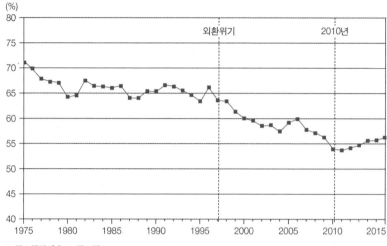

노동소득분배율=노동소득/GVA.
자료: 한국은행, 국민계정.

같은 행태를 보이면 경제전체적으로는 비용의 역설에 의한 수요의 부족 문제
에 빠지게 된다. 홍장표(2015)가 노사민정 사회적 합의에 의한 생산성 임금제
시행을 주장한 것은 바로 이런 맥락에서이다.

　이제 기능적 분배지표인 노동소득분배율의 변화 추세를 살펴보자. 노동소
득분배율은 국민소득을 노동소득과 자본소득으로 구분할 때 노동에 귀속되
는 몫이므로 앞에서 살펴본 가계소득이 차지하는 비중과는 다르다. 가계소득
에는 재산소득이나 자영업자의 영업잉여 등 자본소득이 포함되기 때문이다.
자영업자 및 무급가족종사자와 같은 비임금근로자의 존재 때문에 노동소득
분배율의 측정에는 논란의 여지가 생기는데, 여기서는 비법인개인기업의 영
업잉여(OSPUE)가 법인부문에서와 같은 비율로 노동/자본소득으로 나누어진
다는 가정을 사용한다. 주상영(2013)은 이 같은 방식으로 노동소득분배율을
구하고 외환위기 이후 노동소득분배율이 급격히 하락하였으며, 그것이 내수

침체의 주요한 요인임을 보여주었다. 단, 여기서는 국민순소득이 아닌 총부가가치(GVA)를 분모로 사용하기로 한다. 〈그림 2-9〉는 1975년부터 최근 2016년까지의 노동소득분배율을 보여주는데, 외환위기 이후 2010~2011년까지 급격히 하락하다가[8] 하락세를 멈추고 소폭 반등하고 있음을 알 수 있다. 최근 수년간 서서히 회복하여 2016년의 노동소득분배율은 2009년 수준을 회복하였지만,[9] 이는 외환위기 이전에 비하면 여전히 10%p 정도 낮은 수준이다.

주상영(2015)과 전수민·주상영(2016)에 의하면, 추정모형에 따라 노동소득분배율 1%p 상승이 소비를 0.13%~0.26% 정도 상승시킨다(외환위기 이후의 기간). 자본소득에 비해 노동소득의 한계소비성향이 높다는 점을 보여주는 연구결과이다. 한편 주상영(2017)은 국민계정이 아닌 가계조사 자료를 사용하여 유사한 결과를 얻었다. 가구의 소득을 노동소득, 이전소득, 사업 및 재산소득으로 구분할 때, 소비에 가장 큰 영향을 미치는 소득의 원천이 노동소득임을 확인한 것이다. 노동소득의 중요성이 가장 뚜렷하게 드러나는 계층은 근로빈곤층이지만, 중·고소득층일지라도 소비에 가장 큰 영향을 미치는 소득의

---

8) 노동소득분배율은 외환위기 이후 5~6년간 급속히 하락하였는데, 대량 해고, 임금 삭감, 기업(자영업 포함)의 구조조정과 파산 등이 하락 추세를 가속화시킨 것으로 보인다. 노동소득분배율은 그 후 몇 년간 안정화되는 듯했으나 세계 금융위기를 맞아 2009~2010년 사이에 또 한 차례 급락하였다. 외환위기와 같은 큰 충격이 아니었음에도 불구하고 한 해에 노동소득분배율이 이렇게 급락한 것은 임금 인상의 억제와 무관하지 않다. 2010년부터 세계경기의 회복과 원화 가치의 하락에 힘입어 한국의 제조업은 경쟁력이 빠르게 회복되었지만, 2009년과 2010년 두 해에 걸쳐 공공부문을 필두로 많은 부문에서 임금 상승이 억제되었다. 실제로 2009~2010년 동안 법인의 영업잉여는 26%나 증가했지만, 피용자보수는 7% 증가하는데 그쳤다. 이는 고환율-저임금에 의한 수출주도성장이 노동소득분배율을 하락시킨 대표적인 사례이다.

9) 〈그림 2-4〉에서 보듯이 2016년에 가계소득/GNI 비율이 소폭 하락하였음에도 불구하고 노동소득분배율이 소폭 상승한 것은 가계소득의 구성과 관련이 있다. 2016년도에 피용자보수가 전년 대비 5.3% 증가한 반면 가계부문의 재산소득은 3.1%, 영업잉여는 2.6% 증가하는데 그쳤다.

<표 2-1> 소비자물가 및 비금융자산가격의 상승률

	2013	2014	2015	2016
소비자물가 상승률, %	1.3	1.3	0.7	1.0
생산자산가격 상승률, %	0.2	0.4	0.2	0.5
비생산자산가격 상승률, %	1.4	3.1	4.3	4.6
비생산자산 명목보유손익, 조 원	98.1	191.4	259.6	306.4

자료: 한국은행, 국민계정. 한국은행·통계청, 2016년 국민대차대조표(잠정) 작성 결과

원천은 노동소득이었다.

　국민소득 가운데 가계소득과 노동소득의 비중이 높아지고, 가계소득 내에서도 다른 형태의 소득보다 노동소득의 증가속도가 더 빠를 때 소비가 촉진된다. 물론 개인과 가구의 소득분배 개선도 사회전체 소비의 증가에 기여할 것이다. 다만, 고소득층의 소득과 기업소득이 소비와 실물투자로 이어지지 않고 부동산 투자로 흘러가는 경향을 막지 못하는 한, 소득재분배에 의한 소비 확대에는 한계가 있을 수밖에 없다. <표 2-1>에 의하면 최근 들어 비생산자산(99% 이상이 토지)의 가격상승률은 소비자물가 상승률과 생산자격상승률을 월등하게 상회하고 있다. 2013년 98.1조 원이었던 비생산자산의 보유손익은 2016년에는 무려 306.4조 원에 달한다. 이러한 추세를 제어하지 못하면 한국 경제가 안고 있는 부의 과잉과 소비 부진의 구조적 문제를 근본적으로 해결하기 어렵고,[10] 새 정부가 추진하고 있는 소득재분배와 일자리 창출을 통한 소득주도성장의 성과도 제한적일 수밖에 없을 것이다. 가계와 기업의 소득과 중앙은행의 유동성 공급이 소비와 투자로 환류하지 않고 토지와 같은 비생산

---

10) 한국의 GDP 대비 국민순자산 배율은 외환위기 전 1996년에 6.2배였고, 2001년에 5.7배까지 떨어졌으나 2016년에 8.0배를 기록하고 있다(한국은행·통계청, 2016년 국민대차대조표(잠정) 작성 결과).

자산으로 흘러가는 한 소득주도성장 전략은 성공하기 어렵다.

3) 공급 측면

미래 한국경제의 공급 측면은 수요 측면보다 더 어둡다. 생산요소인 자본과 노동 투입의 관점에서 볼 때, 고정자산 기준의 자본/산출계수가 선진국 수준보다 결코 낮지 않은데다 인구구조상 생산가능인구가 감소하는 시기에 돌입하였기 때문이다. 생산가능인구 가운데에서도 생산성이 가파르게 증가하는 세대인 40대 중후반까지의 비중보다 생산성이 쇠퇴하는 50세 이상의 비중이 점점 더 높아지고 있다. 경제의 장기전망은 관례적으로 공급 측면에 대한 분석에 입각하는데, KDI에서 나온 연구를 기준으로 검토해 보기로 하자.

〈표 2-2〉는 장기전망에 관한 조동철 외(2014)와 Kwon(2017)을 비교해 보여주는데, 불과 2~3년 사이에 하향 수정되었음을 알 수 있다. 물론 이것이 KDI에 속한 연구자의 연구일 뿐 기관의 공식 입장이 아니라는 점을 감안해야 한다. 조동철 외(2014)의 모형은 2011~2020년의 연간 성장률을 3.0%로 전망하였으나, Kwon(2017)에서는 2.6%로 내려갔다. 가까운 미래라고 할 수 있는 2021~2030년의 연간 성장률 전망치는 2.2%에서 1.8%로 내려갔다. Kwon(2017)에 의하면 2031년 이후의 성장률 전망치는 연간 1%를 가까스로 넘는 수준인데, 이것도 전적으로 총요소생산성 증가율을 1.3%로 가정했기 때문이다. 노동과 자본의 기여분만 보면 2031년 이후 한국경제는 마이너스 성장 시대에 돌입하며, 이 시기 이후 성장은 오로지 총요소생산성 증가에만 의존하게 된다.[11]

---

11) 인구가 감소하면 경제 전체의 성장률이 0이더라도 일인당 소득은 여전히 증가한다. 즉, 노

〈표 2-2〉 경제성장률 장기 전망

연도	경제성장률		노동의 기여분		자본의 기여분		총요소생산성 증가율	
1991~2000	6.0	6.7	0.9	1.0	3.2	3.9	1.8	1.9
2001~2010	4.0	4.3	0.5	0.7	2.0	2.0	1.5	1.6
2011~2020	2.6	3.0	0.2	0.7	1.2	1.1	1.2	1.2
2021~2030	1.8	2.2	-0.4	-0.1	0.8	0.9	1.4	1.4
2031~2040	1.2	-	-0.6	-	0.5	-	1.3	-
2041~2050	1.2	-	-0.6	-	0.4	-	1.3	-
2051~2060	1.1	-	-0.7	-	0.5	-	1.3	-

자료: Kwon(2017); 조동철 외(2014).
해당 변수의 왼 칸과 오른 칸은 각각 Kwon(2017)과 조동철 외(2014)의 모형에 의한 예측치.

경제예측의 권위자로 알려진 Fenrnald(2016)에 의하면 약 10년 후 미국의 경제성장률은 1.6%, 일인당 소득 증가율은 0.9%로 하락한다. 미국의 일인당 소득이 1870년 이후 글로벌 금융위기 이전까지 백여 년 동안 연간 2% 정도 증가한 것에 비하면 크게 낮아진 수치이다. 인구구조의 변화와 생산성이 조금씩 낮아지는 역사적 추세를 반영한 값이다. 〈표 2-2〉에서 2031년 이후 연간 1.3%의 총요소생산성 증가율 가정은, 사실 별 근거 없는 낙관적 전망이다. 중립적인 관점에서 보아도 공급 측면의 분석(생산함수 접근)에 따르면 2030년대 이후 한국경제의 성장률은 0%대로 내려앉는다.

소득주도성장론 자체에 관심이 없거나 이데올로기에 입각한 비판자들은 성장을 위해서는 무엇보다 생산성 제고가 중요하다고 외친다.[12] 그런데 성장이란 소득이 증가하는 과정이자 생산성이 증가하는 과정이다. 수요 측면을

동생산성이 정체한다는 것은 아니다.

[12] 물론 신중하고 예리한 학자들은 생산성 향상을 위한 구조개혁이 디플레이션을 수반할 수 있으므로 확장적인 통화정책을 병행하는 것이 필요하다고 주장한다.

강조하는 소득주도성장론이 다소 모호한 용어의 선택 때문에 자칫 "소득을 증가시켜 소득을 증가시킨다"는 동어반복처럼 들리는 것처럼, 공급 중시론자들의 주장도 "생산성을 증가시켜 생산성을 증가시킨다"는 동어반복으로 들릴 수 있다.

생산성이 오로지 공급 측면에서 결정된다는 사고에 이의를 제기할 필요가 있다. 사실 생산성이라는 개념 자체가 매우 추상적이어서, 그것을 숫자로 측정하는 순간 본래의 의미가 왜곡되는 경우가 생긴다. 한국의 경우 중소기업 비정규직 근로자의 임금은 대기업 정규직에 비해 3분의 1 정도에 불과하다. 임금이 생산성에 의해 결정된다는 논리에 의하면 생산성이 3분의 1밖에 안 되는 것이다. 그러면 대책은 중소기업 비정규직 근로자의 생산성을 높여야 하는 것인가? 물론 임금 결정에는 생산성 요소가 중요하지만, 협상력도 중요하다. 한국의 비정규직 근로자 임금이 낮은 것은, 기업주가 그냥 그렇게 임금을 주고 근로자도 생활의 필요에 의해 그것을 어쩔 수 없이 받아들이기 때문이다. 장기적으로 수요와 공급의 원리가 작동하고 협상력이라는 요소가 가미되어 임금이 결정되는 것은 맞지만, '임금=생산성'이라는 등식이 언제나 성립한다는 뜻은 아니다.

생산성은 공급 측면에 의해서만 결정되는 것이 아니라 수요의 영향도 받는다. 진정한 의미에서의 생산성도 그러하거니와 수치로 측정된 생산성은 더욱 그러하다. 소위 솔로 잔차라고 알려진 총요소생산성의 값은 경기변동에 따라 오르내린다. 장단기 구분 없이 무조건 수요가 제일 중요하다고 주장하는 것도 극단적이지만,[13] 장기적으로는 공급 요인이 절대적이라고 주장하는 것도

---

13) 장기적으로도 수요 요인이 가장 중요하다고 보는 견해에 대해서는 Storm(2017)을 참조. 그는 총요소생산성에 대해서도 "그런 것은 없다(There is no such thing)"고 단언한다. 그러나 생산성 증가의 장기 추세에 관한 준거적 분석도구로서 총요소생산성은 여전히 유용하다.

극단적이다. 수요와 공급은 서로 얽혀 돌아간다.[14)]

그러면 KDI 연구자들의 장기전망에서 엿볼 수 있듯이 한국경제는 결국 침체의 길을 가게 될 것인가? 아마도 그럴 것 같다. 냉혹한 자본주의 체제의 미국과 사회적 대타협에 의한 사민주의 스웨덴은 양 극단의 예외적인 국가일이지 모른다. 보통의 유럽 선진국과 일본의 경험을 떠올리면 우리가 과연 그들보다 잘할 수 있을지 의문을 갖지 않을 수 없다. 특히 인구구조의 변화는 피해갈 수 없는 역풍이 될 것이다. 소득주도성장론은 패러다임을 바꾸는 데에는 분명히 일조할 것이다. 그나마 우리가 가진 장점은 아직 재정여력이 좀 남아 있다는 점, 활용할 여지가 있는 부가 적지 않게 쌓여 있다는 점이다. 물론 소득주도라는 명분하에 재정여력을 재분배와 복지에 모두 다 소진하는 것은 바람직하지 않다.[15)]

4. 장기침체 예방을 위한 정책 방향: 소득주도성장을 넘어

소득주도성장론에는 진보적 관점에서 포용적 성장을 실천하려는 의지가 담겨 있다. 패러다임의 전환에 대한 의지가 분명하게 드러난다는 점에서 높이 평가할 만하다. 다만, 너무 그 틀에만 갇힌다면 성장정책과 분배정책의 경계를 지나치게 허무는 우를 범할 수도 있을 것이다. 〈그림 2-10〉은 주요 성장

물론 그것이 전부 공급 측면에서 유발된 생산성을 나타내는지에 대해서는 논란의 여지가 있을 것이다.

14) 이 같은 관점을 한국경제에 적용한 예로 이상헌·주상영(2016)을 참조.

15) 총수요 확대를 위해 확장적 재정운용이 필요하지만, 소득의 이전 성격을 띠는 재분배와 복지 확대는 원칙적으로 그에 상응하는 증세를 통해 이루어지는 것이 바람직하다.

〈그림 2-10〉 제도와 성장: 세 가지 패러다임

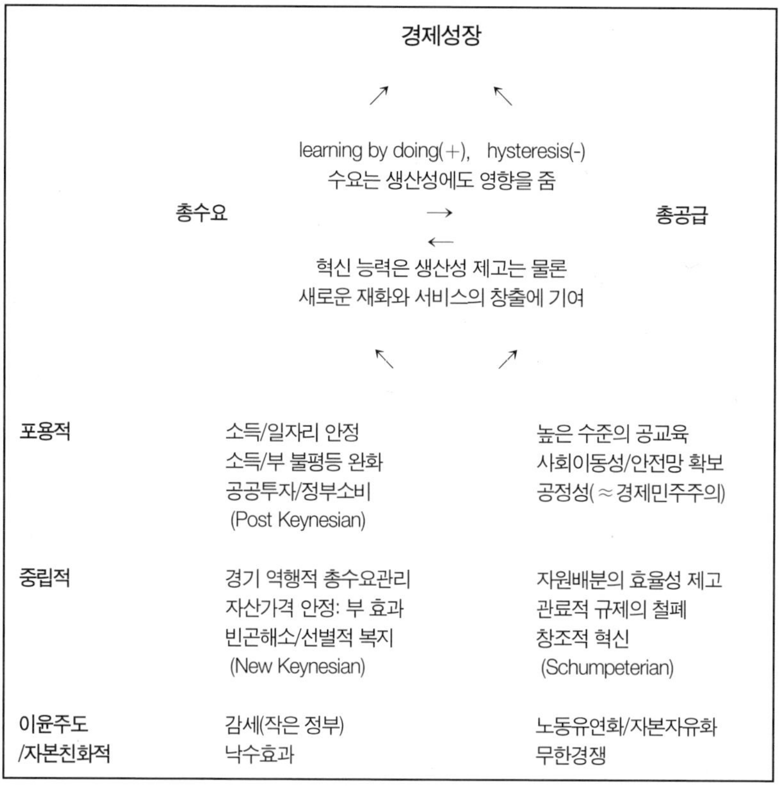

경제성장

↗ ↖

learning by doing(+), hysteresis(-)
수요는 생산성에도 영향을 줌

총수요 → **총공급**
←

혁신 능력은 생산성 제고는 물론
새로운 재화와 서비스의 창출에 기여

↖ ↗

포용적	소득/일자리 안정 소득/부 불평등 완화 공공투자/정부소비 (Post Keynesian)	높은 수준의 공교육 사회이동성/안전망 확보 공정성(≈경제민주주의)
중립적	경기 역행적 총수요관리 자산가격 안정: 부 효과 빈곤해소/선별적 복지 (New Keynesian)	자원배분의 효율성 제고 관료적 규제의 철폐 창조적 혁신 (Schumpeterian)
이윤주도 /자본친화적	감세(작은 정부) 낙수효과	노동유연화/자본자유화 무한경쟁

패러다임을 필자 나름대로 정리해 본 것이다. 시장은 진공 속에 존재하는 것이 아니며, 어떤 제도를 선택하는가에 따라 다르게 작동한다. 포용적 제도, 중립적 제도, 이윤주도 혹은 자본친화적 제도로 구분하고 각 제도가 성장을 위해 어떠한 정책 방향을 추구하는지 간추려 보았다. 제도를 세 가지로 구분하였지만, 기본 틀은 성장은 '총수요-총공급의 누적적 선순환' 과정이라는 것이다.

새 정부가 내놓은 정책 방향은 1) 소득주도성장, 2) 일자리 중심 경제, 3)

공정경제, 4) 혁신성장이다. 전반적으로 균형이 잘 잡혀 있는데, 소득주도성장이 맨 앞에 위치하는 것이 특징이다. 만약 소득주도성장이 빠지면 나머지만으로는 표준적이고 중립적 관점의 성장론과 구분되지 않을 터인데, 그것을 맨 앞에 위치시킴으로써 진보적이고 포용적인 성장전략을 추구하겠다는 실천의지를 담고 있다.

여기서 잠시 포스트 케인지언의 주요 연구자인 Skott(2017)의 비판을 새겨보기로 하자. 그는 임금주도/이윤주도 성장의 구분에 지나치게 집착하는 것은 바람직하지 않다고 본다. 분배는 그 자체로 중요하다. 만약 어떤 국가의 성장체제가 이윤주도로 판명이 났다면 이윤주도 성장전략을 추구할 것이냐고 반문한다. 연구자나 정책당국자는 확증편향(confirmatory bias)에 빠져서는 안 된다. 즉, 자신의 가치관에 부합하는 정보만을 선택적으로 인지하는 편향된 현실인식 방식에서 벗어나야 한다는 것이다. 필자는 이 같은 견해에 동의한다. 소득주도성장론을 비판하는 측도 지지하는 측도 이 같은 편향에 빠지는 것은 위험하다.

장기적인 시각에서 볼 때 경제성장은 생산성을 향상시키는 과정으로 여전히 효율성이 가장 중요한 개념이다. 생산과정에서 효율성을 제고하고 새로운 재화와 서비스를 창출하며, 생산성이 높은 곳과 낮은 곳 사이에서의 원활한 자원 재배분(reallocation)이 잘 이루어질 때 성장이 추동된다. 다만, 이러한 관점에만 매몰되어 정책을 편 결과, 금융위기 발생, 불평등 심화, 수요 부족의 문제를 겪게 된 것이다. 반대로 재분배(redistribution)와 소득주도성장에만 매몰된다면, 기업구조조정의 문제나 공공부문 개혁, 증세 논의 등이 후순위로 밀려날 가능성도 배제할 수 없다. 효율성과 공정성은 서로 충돌하지 않고 조화를 이루어야 한다.

필자는 한국경제의 현실과 발전 단계를 감안할 때, 소득주도성장론을 장기

침체 예방을 위한 구조적 총수요 확대 전략으로 이해할 필요가 있다고 본다. 앞에서 일본의 예를 들었지만, 인구의 정체·감소가 총수요 감소 요인으로 작용할 것임에 틀림없다. 저성장 시대에 돌입할 것은 거의 확실하다. 이러한 관점에서 소득주도성장은 장기침체 예방을 위한 성장 방어 전략이 되어야 한다. 또한 소득주도성장은 어디까지나 내수성장 전략이라는 점을 인정해야 하며 한국과 같이 시장규모가 작은 국가에서 수출은 여전히 중요하다는 점이 강조되어야 한다. 내수 중심의 일본 경제가 장기침체를 피해가지 못한 것을 기억해야 한다. 인구 감소기로 돌아서게 될 향후 10~15년간 확장적 재정정책을 펴야 하며 통화정책과의 조율도 중요하다. 현재의 특수한 상황을 감안할 때 수요주도의 중기 성장(demand-led medium run growth) 개념 정도가 적절하다고 본다. 이러한 관점에서 보면 재정정책뿐만 아니라 통화정책도 중요하다. 인플레이션율이 2.5~3.0%를 넘지 않는다면 총수요 확장 정책은 여전히 유효하다. 물론 금리 인하의 효과가 제한적이었음을 확인하였으므로, 통화정책은 '금리'보다 '신용'을 중시하는 방향으로 전환되어야 한다.[16] 시장에서 상시구조조정이 가능하도록 하는 금융개혁 조치도 추가되어야 한다.

마지막으로 새 정부가 내놓은 소득주도성장 세부 과제를 평가하고 몇 가지 보완과제에 대해 언급하고자 한다.

우선 최저임금 인상 문제이다. 최저임금은 단체협약에 의한 임금결정 메커니즘이 없는 현실에서 소득주도성장을 위한 중요한 정책수단임에 틀림없다. 최저임금의 긍정적 효과는 무엇보다 수요 확대에 있지만 그 외의 효과도 있다. 최저임금과 유보임금 간의 괴리 때문에 생산성이 높음에도 불구하고 노

---

16) 장기침체 예방을 위해서는 중앙은행이 스스로를 독립성이라는 우산 아래 가둘 것이 아니라 정부와 호흡을 잘 맞추는 것이 필요하다.

동시장 진입을 망설이고 있었던 사람들이 새로 진출하게 된다. 만약 기업주가 기존에 생산성이 낮았던 일부 근로자 대신 이러한 사람들을 잘 식별하여 고용하면, 비록 고용과 노동시간이 줄어드는 부작용이 있더라도 생산성 제고에 도움이 될 것이다. 게다가 일자리의 유형은 고정된 것이 아니므로 상대적으로 임금이 높은 새로운 일자리가 창출될 수도 있다.[17] 물론 그럼에도 불구하고 오로지 저임금에만 의존하던 일부 영세상공업의 구조조정은 불가피하다. 정부는 이 과정이 순조롭게 진행될 수 있도록 유도해야 한다. 최저임금 인상이라는 정책의 방향은 옳지만, 2020년에 최저임금 1만 원을 달성하겠다는 공약의 준수 여부는 적어도 향후 2~3년간 시장의 반응을 보면서 결정하는 것이 바람직하다. 앞으로 최저임금의 결정에 있어 중위임금 대비 % 기준으로 평가하고 개선하는 것이 바람직해 보인다. 현재 선진국 가운데 중위임금 대비 최저임금이 가장 높은 국가는 프랑스(62.8%, 2013년)임을 참고할 필요가 있다.

최저임금의 인상으로 노동시간이 단축될 가능성이 높다. 그것 자체로 바람직한 측면이 있지만 노동시간 단축으로 소득의 부족 문제가 발생할 수 있다. 이러한 관점에서 근로장려세제(EITC)의 기준 급여액 및 장려금을 새 정부의 개편안보다 더 상향 조정할 필요가 있다. 실업급여의 보장성도 개편안보다 더 확대되어야 한다. 지급액을 50%에서 60%로 상향하는 것은 적절한 단계적 조치로 보이지만, 지급기간을 1개월 연장하는 것으로는 부족하다. 적어도 3개월 이상 연장되는 것이 바람직하다. 재기를 위한 탐색 기간이 조금 더 연장되어야 일자리 매치가 순조롭게 이루어질 수 있다. 실업자에 대해 적절한 기간 동안 생계를 위해 최소한의 유동성을 공급해 주는 것은 정부의 책무이다(자동안정화 장치). 요컨대, 최저임금 인상, 근로장려세제 확대, 실업급여 확대

---

17) 이와 관련한 심도 있는 논의는 Acemoglu(1999) 또는 Lee and Saez(2012)를 참조.

의 3박자 조화가 필요하다. 최저임금만 앞서나가는 것은 조화롭지 않다.

일자리 창출과 관련해서는 고용증대세제의 도입이 특징적인데, 중소·중견기업의 청년정규직 고용, 경력단절여성 재고용의 인센티브 강화를 목적으로 한다. 일자리 창출을 위한 노동수요 확대 방안이자 임금보조(wage subsidy) 정책이다. 그러나 지원액이 대부분 기업에게 지급되는 것은 재고할 필요가 있다. 당장 정책의 집행과 성과 달성을 위해 노동수요의 확대에 초점을 맞추는 것이 불가피해 보이지만, 노동의 공급 측면도 중요하다. 높은 수준의 교육을 받은 청년들에게 중소기업 취업은 마지막 선택이며, 웬만한 중견기업보다 9급 공무원을 선호하는 게 현실이다. 행정절차의 구비가 쉽지 않아 보이지만 적어도 지원액의 일부를 근로자 본인에게 직접 지급하는 것이 바람직하다. 이는 중소기업의 도덕적 해이를 억제하는 방안이기도 하다. 인구구조 상 앞으로도 한동안 청년실업은 풀기 어려운 숙제로 남을 것이다. 중소기업 지원이라는 좁은 시각에서 벗어날 필요가 있다. 참여소득의 개념을 도입하여 청년들에게 중소기업 체험을 유도하는 것이 필요해 보인다.

중소기업이 임금근로 일자리의 대부분을 차지하는 현실에서 새 정부가 중소기업 위주로 세제지원을 확대하는 것은 당장의 불가피한 선택으로 보이지만, 중소기업의 과잉보호도 경계해야 한다. 일례로 중소·중견기업의 가업상속지원제도를 보완하였으나, 여전히 최대 500억 원의 주식이 세금 없이 상속 가능하다. 공제 금액이 과도한 수준인데, 편법 승계 실태에 대한 조사도 이루어져야 한다. 과도한 공제보다는 상속세 연납을 유도하는 방향으로 개정하는 것이 새 정부의 정책방향 가운데 하나인 공정경제 구현에 부합할 것이다. 대기업뿐만 아니라 중소·중견기업도 능력이 부족한 2~3세가 세제혜택까지 입어가면서 직접 경영하는 관행이 정착되어서는 안 된다. 혁신성장도 새 정부 정책 방향의 중요한 축이다. 비록 어려운 과제이기는 하지만, 중소·중견기업의 MandA 활성화 방안을 모색하는 것이 장기적으로 올바른 방향이다. 개별 중소기업과 창업기업에 대한 보조금 지급과 조세지출보다는, 시간이 걸리더라도 중소기업의 혁신 네트워크와 MandA 지원 시스템 구축에 재정 지원의 무게를 두는 것이 바람직하다.

5. 결론

한국경제는 오랜 동안 공급/제조업/수출 위주의 성장전략을 펴왔다. 상당한 성과가 있었었고, 돌이켜보면 소규모의 개방경제이기 때문에 그러한 전략을 펴는 것이 불가피한 측면도 있었다. 그러나 그 과정에서 내수와 분배 문제가 너무 소홀히 다루어졌고 이제는 성장도 한계에 봉착했다. 정말 풀기 어려운 시험문제가 주어진 셈인데, 이러한 배경에서 진보적 케인스주의에 입각한 소득주도성장이 대안으로 등장하였다. 물론 혁신성장처럼 언제나 기본점수를 잘 받을 수 있는 답안은 아니다. 그러나 분배를 소홀히 하면서 지속성장을 하는 것이 가능하지도 않고 바람직하지도 않다는 점, 당장 공급보다 수요부족이 상대적으로 더 큰 문제인데다 인구 감소 시대가 닥쳐오고 있다는 점에서 예리한 통찰을 담은 답안일 수 있다. Marglin(2017)의 통찰대로 만병통치약은 아니지만 침체기의 적절한 처방이다. 소득주도성장론에 대한 비판과 반비판, 그리고 재비판이 활성화되기를 기대한다.

참고문헌

관계부처 합동. 2017.7.25. 「새정부 경제정책방향: 경제 패러다임의 전환」.

기획재정부. 2017.8.2. 「2017년 새법개정안」.

박승. 2016. 「한국경제 위기와 구조개혁」. ≪한국경제포럼≫, 제9권 2호, 1~20쪽.

이상헌·주상영. 2016. 「한국의 기능적 소득분배와 수요주도 성장」. 한국국제경제학회 정책세미나.

전수민. 2015. 「기능적 소득분배의 변화가 총수요에 미치는 영향」. 건국대학교 박사학위논문.

전수민·주상영. 2016. 「한국의 기능적 분배와 총수요: 단일방정식 접근」. ≪사회경제평론≫, 제51호, 1~25쪽.

소동철 편. 2014. 「우리 경제의 역동성: 일본과의 비교를 중심으로」. KDI 연구보고서 2014-3.

주상영. 2013. 「노동소득분배율 변동이 내수에 미치는 영향」. ≪경제발전연구≫, 제19권 제2호, 151~182쪽.

_____. 2015. 「노동소득분배율과 소비」. ≪월간 노동리뷰≫, 제129호, 65~75쪽.

_____. 2017. 「소비성향으로 본 한국경제의 문제」. ≪사회경제평론≫, 제53호, 105~131쪽.

케인스. 1985. 조순 옮김. 『고용, 이자 및 화폐의 일반이론』. 비봉출판사.

홍장표. 2014a. 「한국의 노동소득분배율과 총수요 변화: 임금주도성장모델의 적용가능성」. ≪사회경제평론≫, 제43호, 101~138쪽.

_____. 2014b. 「한국의 기능적 소득분배와 경제성장: 수요체제와 생산성체제의 분석을 중심으로」. ≪경제발전연구≫, 제20권 제2호, 67~97쪽.

_____. 2015. 「소득주도 성장과 중소기업의 역할」. 『한국경제의 새로운 지향과 발전 전략』. 서울사회경제연구소 제22차 심포지엄 발표 자료집.

Acemoglu, 1999. "Good Jobs versus Bad Jobs." *Journal of Labor Economics*, Vol.19, No.1, pp. 1~21.

Aoyagi and Ganelli. 2014. "Unstash the Cash! Corporate Governannce Reform in Japan." *IMF Working Paper* 14/140.

Bhaduri, A. and Marglin, S. 1990. "Unemployment and the Real Wage: The Economic Basis for Contesting Political Ideologies." *Cambridge Journal of Economics*, Vol.14, No.4, pp. 375~393.

Blecker. 2016. "wage led versus profit-led demand regimes: the long and short of it." *Review of Keynesian Economics*, Vol.4, No.4, pp. 373~390.

Fernald. 2016. "Reassessing Longer-Run U.S. Growth: How Low?" Federal Reserve Bank of

San Francisco. *Working Paper* 2016-18.

Kwon, Kyooho. 2017. "Korea's Demographic Transition and Long-Term Growth Projection Based on an Overlapping Generations Model." *KDI Journal of Economic Policy* 2017, 39(2), pp. 25~51.

Lee and Saez. 2012. "Optimal minimum wage policy in competitive labor markets." *Journal of Public Economics*, 96, pp. 739~749.

Lucas, R. E. Jr. 1988. "On the Mechanics of Economic Development." *Journal of Monetary Economics*, July.

Marglin. 2017. "Wages, prices, and employment in a Keynesian long run." *Review of Keynesian Economics*, Vol.5, No.3, pp. 360~425.

Porcellacchia. 2016. "Wage-Price Dynamics and Structural Reforms in Japan." *IMF Working Paper* 16/20.

Romer, P. M. 1986. "Increasing Returns and Long-Run Growth." *Journal of Political Economy*, October.

_____. 1990. "Endogenous Technological Change." *Journal of Political Economy*, October.

Rowthorn, R. 1981. "Demand, Real Wages, and Economic Growth." *Thames Papers in Political Economy*, Autumn, pp. 1~39.

Solow, R. 1956. "A Contribution to the Theory of Economic Growth." *Quarterly Journal of Economics*, February.

_____. 1957. "Technical Change and the Aggregate Production Function." *Review of Economic Studies*, August.

Skott. 2017. "Weaknesses of 'wage-led growth'." *Review of Keynesian Economics*, Vol.5, No.1, pp. 336~359.

Steindl, J. 1952/1976. *Maturity and Stagnation in American Capitalism.* Oxford: Blackwell; reprinted New York: Monthly Review Press.

Storm. 2017. "The New Normal: Demand, Secular Stagnation and the Vanishing Middle-Class." Institute for New Economic Thinking. *Working Paper* No.55.

제3장

중소기업의 혁신 생태계와 혁신

박규호 | 한신대학교 경영학과 부교수
장지상 | 경북대학교 경제통상학부 교수
정준호 | 강원대학교 부동산학과 교수

1. 서론

일반적으로 중소기업은 경제적 및 사회적 불균형을 억제하고 경제적 활력을 유지하는 데 중요한 역할을 수행한다. 이들은 다수의 비즈니스 활동을 수행하면서 다양한 영역에서 재화와 서비스를 제공하고, 다수의 노동 인력을 수용하면서 경제적 영역에서의 다양성을 실현하는 등 사회적으로 작지 않은 역할을 수행한다. 나아가 기존의 대규모 기업이 수행하기 어려운 다양한 실험을 수행하면서 경제영역에서 경제적 활력을 추동시키는 역할을 수행한다.

한국은 기존의 대기업 위주의 경제성장방식의 한계가 점차 드러나면서 경제적 및 사회적 불균형이 커져가고 있다. 나아가 한국경제에서 저성장의 추세가 확산되는 사정은 불균형과 불균등의 문제를 더욱 키우면서 중소기업의 중요성을 갈수록 키우는 실정이다.

그런데, 이러한 중소기업의 생존과 지속성의 확보에는 혁신이 본질적이다.

일상적인 비즈니스의 기회가 점차 사라지는 저성장이란 사정은 기존 비즈니스의 고수나 양적인 확대에 머물러서는 기업의 생존 자체를 쉽지 않게 하고 있다.[1] 따라서 다양한 방식과 다양한 영역에서의 혁신은 중소기업의 생존에 불가피해지고 있다.

혁신은 과거와는 다른 새로운 비즈니스 발상이나 비즈니스 기술을 상업화하는 방식으로 실행하는 것으로 기존 논의에서는 주로 기업 내부의 역량이나 혁신을 위한 내부 투자에 주목하면서 다양한 정보 원천으로부터 다각적으로 정보를 습득하는 것에 포커스가 놓여 있었다(Teece, 1986; Cohen and Levinthal, 1990; Powell and Grodal, 2005). 그렇지만 비즈니스 환경의 복잡성이 커지고 이에 개별 기업이 효과적으로 대응하기 어려워지면서 혁신 활동의 효과성과 효율성 제고를 위해 기업 내부에서 머무르지 않고 외부로 관심이 확장되고 나아가 단일 기업이 아니라 다수의 기업으로 초점의 확산이 이루어지고 있다. 혁신의 효과적인 수행을 위해서 생태계적 관점이 도입되고 점차 확산되는 것도 이러한 배경에 놓여 있다.

통상 생태계(ecosystem)는 생태계 구성원 사이의 상호작용을 통해 동태적으로 진화하며, 경제적 생태계는 다수의 기업과 개인의 네트워크로 구성돼 있다. 생태계 관점은 생태계 내의 경제 주체 간의 협력과 경쟁 관계를 기반으로 한 경제 공동체를 상정한다는 점에서 강점을 가지며, 또한 외부 환경에의 적응과 변화를 통한 시스템의 동학(dynamics)을 고려한다(박규호, 2017).

기술적 복잡성의 증대로 기업 간 경쟁이 단독 경쟁이 아니라, 관련 네트워크 전반을 어떻게 관리하느냐가 핵심이라는 점에 착안하여, 비즈니스 생태계

---

1) National Economic Council and office of Science and Technology Policy, A strategy for American Innovation, October 2015.

란 개념의 연구가 본격화되었다(Moore, 1993, 1996; Iansiti and Levien, 2004a, 2004b). 여기서 비즈니스 생태계는 상호작용하는 비즈니스 세계의 유기체인 조직과 개인이라는 토대에 의해 지지되는 경제공동체(economic community)로 정의되며, 이러한 비즈니스 생태계는 고객, 선도 생산자, 경쟁자, 여타 이해관계자를 포괄하는 개념이다(Moore, 1996). 이로부터 경쟁은 비즈니스 생태계 간의 경쟁으로 진화한다.

나아가 혁신 생태계란 개념은 비즈니스 생태계를 넘어서 경계가 확대된 개념이라 할 수 있으며 주로 혁신의 생성과 혁신성과의 획득에 초점이 맞춰진다. 크게 보면 비즈니스적 관점에서의 혁신 생태계와 경제 전반 내지는 정책 관점에서의 혁신 생태계로 논의를 구분할 수 있다. 비지니스적 관점에서는 혁신 생태계의 구성원인 개별 기업의 제공물을 결합하여 단일의 일관된 솔루션으로 만드는 협력적인 조정(arrangement)으로 정의된다(Adner, 2006). 여기서의 초점은 상호 의존적인 각 기업이 자사에는 전문적이지만 전체적으로는 보완적인 자원과 역량을 제공하고 이를 결합시키는 네트워크를 통해 혁신을 달성하고 이를 통해 최종 소비자에게 제공하는 가치를 공동 창출하고 전달하며 그 성과를 확보하는 것에 놓인다(Autio and Thomas, 2014; Walrave et al., 2017).

정책 관점에서는 경제주체와 경제적 관계뿐 아니라 비경제적인 요소인 기술, 제도, 사회적 상호작용과 문화로 혁신 생태계가 구성되며, 혁신 생태계는 상이한 네트워크의 혼합(hybrid)으로 인식된다. 여기서의 초점은 혁신 생태계가 동태적인 구조라는 점이며, 공식적인 정책으로 명확하게 지배되거나 좌우되지 않고 오히려 시장조건의 변화에 따라 진화한다는 점이며, 이처럼 혁신 과정의 수요 측면을 적극적으로 고려한다는 점이 특징적이다(Mercan and Goktas, 2011).

그런데 혁신 생태계의 개념에서 중요한 것은 이러한 네트워크가 변화에 대한 비전 공유로부터 출발하며 이를 통해 혁신과 성장을 촉진할 수 있는 경제적 환경을 제공한다는 점이다. 즉 혁신의 공동 창출을 위해 각 혁신 주체는 공통의 비전, 전략, 정체성, 공동의 의무에 서로 상호 의존한다는 것이다(Smorodinskaya et al., 2017). 유사하게 혁신 생태계는 복잡하며 서로 맞물리는 관계를 특성으로 하는 의식적인 공동체로서 협력, 신뢰, 가치의 공동 창출 그리고 각 구성원이 공유된 보완적인 기술이나 역량 집합의 활용에 특화된 것에 기초하는(Gobble, 2014) 것으로 정의되기도 한다.

이처럼 최근 혁신에 대한 연구는 개별 기업 위주가 아니라 생태계적인 관점에서 이루어지는 것이 현실이다. 정책적으로도 오바마 정부는 공식 문건에서 혁신 생태계를 주창하기에 이르렀다.[2] 그렇지만 혁신 생태계에 관한 논의가 아직까지는 개념적인 수준에서 머무르고 있다. 비즈니스 관점에서는 사후적으로 특정 혁신을 중심으로 한 기업 간 네트워크에 관한 분석이 이루어지고 있고 기업 간 네트워크에 관한 관리 역량이 중시되고 있지만 정책적으로는 개념적인 수준에서 머무르고 개념적인 수준에서조차 다양한 시각이 개입돼 있는 실정이다.[3]

생태계적 접근의 독특성을 바탕으로 이 글은 점차 중요성이 커져가는 한국의 중소기업의 혁신 생태계 특성과 그 효과를 다루고자 한다. 그런데, 동일한

---

2) 오바마 행정부의 혁신 정책은 주로 National economic council, council of economic advisers and office of science and technology policy가 발간한 문건에 정리돼 있는데, 이들 문건은 2009년, 2011년, 그리고 2015년에 발간되었다. 세 시기 모두 전반적인 프레임워크는 동일하지만, 2015년에는 혁신 생태계란 개념이 도입되어 사용되고 있는데, 이는 앞서의 두 시기의 내용을 포괄하기에 혁신 생태계란 용어가 적절하기도 하고 2015년에 이르면 학계에서 혁신 생태계란 용어가 확산된 때문이기도 하다.

3) 우리나라에서의 혁신 생태계란 개념의 활용은 대단히 제한적이며, 유행에 머무르는 듯하다.

경제주체라고 하더라도 이러한 경제 주체는 다층적인 생태계로부터 영향을 받을 수 있다. 소속 업종으로 구성된 생태계, 가치사슬로 구성된 생태계, 지역으로 구성된 생태계, 나아가 글로벌한 영향이 행사되는 생태계 등 다층적인 생태계로부터 영향을 받을 수 있다. 이런 상황에서 생태계에 대한 접근은 두 가지가 가능하다. 첫째 이들 다층적인 생태계를 객관적으로 분석하는 것이며, 이는 곧 생태계의 구성 요소를 식별하고 이들 구성 요소 간 관계를 엄밀하게 분석하는 것이며, 둘째, 이들 생태계의 구성원의 인식을 바탕으로 한 생태계 현실을 분석하는 것이다. 이 글은 불가피하게 후자를 선택하며, 한국 중소기업에 대한 직접조사를 바탕으로 한다.

중소기업에 대한 조사는 2018년 1월부터 3월까지 진행되었으며, 4000개 중소기업을 대상으로 조사가 진행돼, 401개 기업의 응답을 확보하였다. 이 중에서 현재의 분석에 맞게 301개 기업 설문결과가 선택되었다. 기업의 일반 현황, 혁신 활동, 협력 및 신뢰, 혁신성과 등이 조사되었다.

이 글은 중소기업의 인식을 바탕으로 첫째, 한국의 중소기업의 혁신 생태계는 어떠한 특성을 갖는가, 둘째, 혁신 생태계의 특성은 혁신 생태계 내에서 협력 방식의 특성과 어떠한 관계를 갖는가, 셋째, 혁신 생태계의 특성은 혁신성과와 어떠한 관계를 갖는가를 다루고자 한다. 이하의 구성은 이러한 연구 질문과 조응한다. 2절은 중소기업의 인식을 바탕으로 중소기업의 혁신 생태계의 특성을 분석하는데, 주로 신뢰수준을 바탕으로 혁신 생태계의 유형구분을 시도하고 이를 바탕으로 특성을 규정하며, 3절은 혁신 생태계의 유형구분을 바탕으로 혁신 생태계에서 가장 핵심적인 활동인 협력활동의 특성 차이를 다루며, 4절은 혁신 생태계 유형별로 혁신 성과의 특성 차이를 다룬다. 마지막으로 5절은 이 글을 정리하며 시사점을 도출한다.

2. 중소기업의 혁신 생태계

혁신 생태계에 관한 다양한 관점에도 불구하고 혁신 생태계란 개념을 관통하는 핵심적인 특성은 혁신 비전의 공유와 문화적 요소이며, 이들 요소에서 중요한 것은 주체 사이의 신뢰(trust)다. 혁신 생태계에서는 다양한 주체들 사이의 상호작용과 교환을 통해 아이디어의 상호 수분(相互受粉, cross-pollination)이 이루어지고 혁신이 촉진되는데, 이것이 가능해지기 위해서는 소통, 정보를 공유하겠다는 자세, 새로운 아이디어에 대한 수용성, 그리고 신뢰가 필요하다 (Wallner and Menrad, 2014). 결국 신뢰수준에 따라 혁신 생태계의 양적, 질적 수준이 크게 달라진다고 할 수 있다. 중소기업의 인식을 바탕으로 혁신 생태계에 접근하는 경우에 신뢰는 중요한 요소이다.

사코(Sako, 1992; 1998)는 신뢰가 단일 차원이 아니라 여러 수준에서 정의될 수 있음을 보였다. 이에 따라 행동적 관점에서, 수요자와 공급자 사이에 있을 수 있는 신뢰를 '계약형 신뢰(contractual trust)', '역량형 신뢰(competence trust)', '가치 공유형 신뢰(goodwill trust)'로 분류하였다. 계약형 신뢰는 파트너가 계약상의 합의사항을 이행할 것인가와 관련되고, 역량형 신뢰는 파트너가 하겠다고 한 것을 이행할 역량을 갖추고 있느냐와 관련되며, 마지막으로 가치 공유형 신뢰는 파트너가 불공정한 이익 취득을 자제하면서 공동의 이익을 위해 선제적으로 조치를 취할 만큼 개방적인 목표를 가지고 있느냐와 관련된다. 크게 보면 계약형 신뢰는 계약의 문구를 최소한으로 지키려는 것이라면 가치 공유형 신뢰는 계약의 기본 정신을 폭넓게 지키려는 것으로 규정할 수 있다. 역량형 신뢰는 계약형 신뢰가 파트너의 역량에 대한 고려로까지 확대된 것으로 해석할 수 있다.

국토연구원(2014)은 이러한 사코(Sako)의 작업을 한국의 특수성을 고려하여 약간 변형했는데, 이들은 계약형 신뢰는 정직함과 약속 이행이 중요하고, 배신의 가능성을 계약으로 통제하는 단계의 신뢰를, 역량형 신뢰는 전문적인 경영, 공급자가 요구 조건을 충족시킬 것이라는 역량에 기반을 둔 신뢰를, 그리고 가치 공유형 신뢰는 장기적으로 공동의 이익을 추구하며 공평함이라는 본질에 대한 합의에 기초에 둔 신뢰를 의미하는 것으로 해석하면서, 계약형 신뢰는 계약을 통한 공정거래 차원의 신뢰가 이루어지는 수준을 의미하고, 역량형 신뢰는 대기업이 중소기업에 대해 경영, 자금, 기술개발, 인재육성(교육 지원) 등을 지원하고 이를 통해 중소기업은 기술력 및 역량 향상이 가능하도록 하는 수준의 신뢰를 의미하며, 가치 공유형 신뢰는 공동의 기술개발(RandD) 등 협력노력으로 신시장 진출(틈새시장) 등을 통해 기업의 가치를 향상시키는 등 가치 공유를 통한 높은 수준의 신뢰를 의미하는 것으로 해석하였다(국토연구원, 2014).[4]

이 글에서는 이러한 신뢰의 유형을 바탕으로 혁신 생태계의 유형을 개념화하고 유형 구분을 시도한다. 첫째, 정글형 혁신 생태계(Jungle type Innovation Ecosystem)는 앞서의 신뢰 유형의 어느 것도 자리 잡지 못하고 기초적인 신뢰조차 갖춰지지 않은 생태계라 할 수 있다. 둘째, 시장형 혁신 생태계(market type Innovation Ecosystem)는 계약형 신뢰가 지배적이며, 시장에서의 거래처럼 계약 위주의 상호작용이 지배적인 혁신 생태계라 할 수 있다. 셋째, 관계형 혁신 생태계(relational Innovation Ecosystem)는 역량형 신뢰가 지배적이며 상호

---

4) 유형 1: 계약을 통한 공정거래 차원의 신뢰도 이루어지지 않는 수준(납품단가 인하 및 기술 탈취 등 계약불이행의 가능성이 있음), 유형 2 계약형 신뢰: 계약이행 및 공정거래 차원에서는 신뢰가 이루어지는 수준, 유형 3 역량형 신뢰: 협력기관의 기술 지도나 생산 지원 등 다양한 형태의 지원을 통해 자사의 역량이 대폭 향상될 수 있는 수준의 신뢰수준, 유형 4 가치 공유형 신뢰: 공동 기술개발 등 대등한 협력을 통해 자사에게 새로운 역량 구축이 가능할 수 있는 수준의 신뢰수준(국토부, 2014).

<표 3-1> 중소기업 혁신 생태계 유형의 비중

생태계 유형	비중
정글형 혁신 생태계	16.20%
시장형 혁신 생태계	49.30%
관계형 혁신 생태계	27.46%
공동체형 혁신 생태계	7.04%

작용 당사자에 대한 이해 정도가 높고 당사자의 사정에 대한 믿음이 바탕이 되면서 당사자의 역량에 대한 신뢰를 동반한다. 넷째, 공동체형 혁신 생태계 (Community type Innovation Ecosystem)는 가치 공유형 신뢰가 자리 잡고 있으며, 상호작용을 통해 더 나은 공동의 가치를 추구하는 수준의 신뢰가 지배적인 혁신 생태계다.

조사결과를 바탕으로 할 때 <표 3-1>에서 보는 바와 같이 한국 중소기업이 인식하는 혁신 생태계는 시장형 혁신 생태계가 지배적인 것으로 나타났다. 즉 시장형 혁신 생태계에 속하는 기업이 과반에 이르고 혁신 생태계 본연의 개념에 부합하는 공동체형 혁신 생태계에 속하는 기업은 7%에 지나지 않았으며, 기존적인 시장관계조차 성립하지 않는 정글형 혁신 생태계도 16%에 이르렀다.

중소기업이라는 범주는 대기업군보다 이질적인 기업으로 구성되어 있다는 점을 감안하여, 간단하게 중기업과 소기업으로 구분하여 혁신 생태계 유형의 비중을 살펴볼 수 있다. 그 결과, <표 3-2>에서 보는 바와 같이 중기업군에서는 관계형 혁신 생태계가 지배적인 것으로 드러났으나, 소기업군에서는 시장형 혁신 생태계의 비중이 압도적으로 지배적인 것으로 드러났다. 이는 중기업군에서는 상대적으로 다양하게 상호작용을 하는 경제주체와의 밀접한 관계를 유지하며 상대적으로 상대방의 역량 등의 정보를 보유하고 있음을 파악할 수 있으나 소기업에서는 그러한 관계를 갖는 기업이 상대적으로 적은 것으

〈표 3-2〉 중소기업 혁신 생태계 유형의 비중: 중기업 vs 소기업

유형	중기업	소기업	전체
정글형	18.35%	14.86%	16.20%
시장형	35.78%	57.71%	49.30%
관계형	38.53%	20.57%	27.46%
공동체형	7.34%	6.86%	7.04%
합계	100.00%	100.00%	100.00%

〈표 3-3〉 중소기업 혁신 생태계 유형의 비중: 혁신형 중소기업 vs 일반 중소기업

	혁신형 중소기업	일반 중소기업	전체
정글형	8.54%	19.31%	16.20%
시장형	51.22%	48.51%	49.30%
관계형	31.71%	25.74%	27.46%
공동체형	8.54%	6.44%	7.04%
합	100.00%	100.00%	100.00%

로 파악할 수 있다.

중소기업 범주를 구분하는 또 하나의 기준은 '혁신형 중소기업'이라는 개념이다. 혁신의 잠재력과 혁신의 성과를 기준으로 구분된 혁신형 중소기업은 현재 한국의 제도상으로는 벤처기업과 이노비즈기업을 아우르는 개념이라 할 수 있다. 〈표 3-3〉에서 보는 바와 같이 두 집단 모두에서 시장형 혁신 생태계가 지배적인 유형인 것으로 나타났다. 동시에 혁신형 중소기업은 전반적으로 정글형 혁신 생태계의 유형이 낮은 반면에 일반 중소기업에서는 20%에 가까운 기업이 정글형 혁신 생태계에서 비즈니스 활동을 수행하는 것으로 드러나서 여전히 최소한 계약 준수도 쉽지 않은 생태계의 영향에서 자유롭지 않은 것으로 드러났다.

〈표 3-4〉 경제주체 상호 간의 전반적인 협력 수준에 관한 인식

구 분		평균 (점)
공급망	1) 생산 납품의 공급망 확장	2.66
	2) 전략적 제휴를 통한 공동 생산	2.51
인력 교류	3) 연구인력 교류/지도	2.66
	4) 생산인력 교류/지도	2.56
기술 협력	5) 공동 연구 개발	2.44
	6) 기술이전 획득	2.51
정보 공유	7) CEO 미팅	3.15
	8) 정보 교환	3.15

주: 5점 척도로 조사한 결과의 평균임.

  그렇다면 직접적으로 인식하는 혁신 생태계의 유형은 직접적인 협력 관계
가 아닌 전반적인 협력 수준에 대한 인식과 어떠한 관계를 가질 것인가? 또한
협력의 장애 요인에 대한 차별적인 인식과는 어떠한 관계를 가질 것인가?[5]
  여기에서는 통상적으로 기업 간 관계에서 이루어질 수 있는 협력활동과 협
력 관계를 크게 네 가지, 즉 생산 등 공급망, 인력교류, 기술협력, 정보공유 등
으로 구분하여 전반적인 협력 수준에 관한 중소기업의 인식을 파악해보았다.
우선 조사기업 전체를 대상으로 할 때, 〈표 3-4〉에서 보는 바와 같이 5점 척
도로 조사한 결과, CEO 미팅이나 정보교환 등 정보공유는 상대적으로 협력
수준이 높은 반면에 기술협력이나 인력교류는 상대적으로 낮은 수준을 면하
지 못했다.
  〈표 3-5〉에서 보는 바와 같이 시장형 혁신 생태계에서는 전체의 경우와 유

---

5) 정글형 혁신 생태계는 기본적인 계약상의 신뢰조차 확보되지 않는 생태계이고 조사결과도
    일관된 흐름을 보이고 있지 않아서 본문의 서술에서 제외한다.

〈표 3-5〉 혁신 생태계 유형별 경제주체 상호 간의 전반적인 협력 수준의 차이

구 분		정글형	시장형	관계형	공동체형
공급망	1) 생산 납품의 공급망 확장	2.67	2.49	2.84	3.10
	2) 전략적 제휴를 통한 공동 생산	2.53	2.22	2.78	3.30
인력 교류	3) 연구인력 교류/지도	3.13	2.34	2.87	3.00
	4) 생산인력 교류/지도	2.98	2.26	2.75	2.85
기술 협력	5) 공동 연구개발	2.44	2.17	2.65	3.35
	6) 기술이전 획득	2.51	2.20	2.92	2.95
정보 공유	7) CEO 미팅	3.20	3.02	3.33	3.35
	8) 정보 교환	3.05	3.04	3.36	3.40

주: 5점 척도로 조사한 결과의 평균임.

사하게 정보공유에서 협력 수준이 높은 반면에 기술협력에서 협력 수준이 제일 낮은 것으로 나타났고 관계형 혁신 생태계에서도 정보공유에서 협력 수준이 높은 반면에 공동 연구개발에서 협력 수준이 제일 낮은 것으로 드러났다. 그렇지만 공동체형 협력 생태계 유형에서는 여타 유형에서보다 협력 수준이 전반적으로 높게 나타났고 특히 전략적 제휴를 통한 공동 생산이나 공동 연구개발이 정보교환 등 정보공유에 못지않게 높은 수준의 협력 수준을 보였다는 점이 특징적이다.

협력활동과 네트워크 형성에 장애 요인으로 통상 거론되는 요인을 6개로 정리해서 5점 척도로 조사한 결과, 〈표 3-6〉에서 보는 바와 같이 전체 기업에서는 적절한 공급업체/수요업체의 부재로 연계 여건이 미흡하다는 점이 가장 크게 부각되었으며, 관련 파트너의 폐쇄적 인식이나 협력에 대한 인식이 부족하다는 점은 상대적으로 영향력이 크지 않았다. 이는 실질적인 연계가 이루어지지 않아서 연계하는 과정에서의 인식의 격차가 크게 노출되지 않았다는 것으로 해석할 수 있다.

〈표 3-6〉 협력활동 장애 요인에 관한 인식

구 분	평균(점)
부품소재 공급업체/수요 기업이 없어 연계 여건 미흡	3.01
역량 있는 대학/연구소/기업지원 기관 부족	2.88
관련 기업/대학/연구소의 폐쇄적, 협력 인식 부족	2.85
중개기관 부족/역량 미흡	2.86
인력 유출 우려	2.91
개발된 기술의 도용/소유권 분쟁 우려	2.88

주: 5점 척도로 조사한 결과의 평균임.

〈표 3-7〉 혁신 생태계 유형별 협력활동 장애 요인에 관한 인식

구 분	정글형	시장형	관계형	공동체형
부품소재 공급업체/수요기업이 없어 연계 여건 미흡	3.02	2.91	3.26	2.75
역량 있는 대학/연구소/기업지원 기관 부족	2.78	2.78	3.13	2.75
관련 기업/대학/연구소의 폐쇄적, 협력 인식 부족	2.87	2.75	3.05	2.80
중개기관 부족/역량 미흡	3.11	2.67	3.01	2.90
인력 유출 우려	2.87	2.88	3.05	2.75
개발된 기술의 도용/소유권 분쟁 우려	2.80	2.81	3.04	2.95

주: 5점 척도로 조사한 결과의 평균임.

〈표 3-7〉에서 보는 바와 같이 혁신 생태계 유형별로 살펴보면 장애 요인에 관한 인식의 차이를 발견할 수 있다. 시장형 혁신 생태계에서는 여전히 적절한 파트너의 부재가 큰 요인이었으며, 중개 기관이 부족하고 이들의 역량이 미흡하다는 점이 상대적으로 덜 중요한 요인이었다. 그런데 그 수준을 관계형 혁신 생태계와 대비할 때 전반적인 요인들이 크게 중요하지 않았던 반면에, 관계형 혁신 생태계에서는 전반적인 요인이 모두 장애 요인으로 중시되고 있었다. 마지막으로 공동체형 혁신 생태계 유형에서는 다시 전반적인 요인이 장애 요인으로 중요하지 않은 것으로 드러나면서 동시에 기업 파트너나 기관

파트너의 부족보다는 실제 협력 과정에서 쟁점으로 부각될 수 있는 폐쇄적 인식이나 역량의 미흡 그리고 소유권 분쟁이 좀 더 영향력이 큰 장애 요인으로 드러났다.

이상의 논의를 간략히 정리하자면, 한국 중소기업이 인식하는 혁신 생태계는 시장형 혁신 생태계가 지배적인 것으로 나타났으며 중기업군에서는 관계형 혁신 생태계가 지배적이고, 소기업군에서는 시장형 혁신 생태계의 비중이 압도적으로 지배적인 것으로 드러났다.

이들 혁신 생태계 유형에서는 전반적인 협력에서 활동별로 협력 수준의 차이가 드러났고, 협력의 장애 요인에 대한 인식에서도 차이를 보였다. 즉, 공동체형 협력 생태계 유형에서는 여타 유형에서보다 협력 수준이 전반적으로 높게 나타났고 여타 유형에서 높지 않았던 전략적 제휴를 통한 공동 생산이나 공동 연구개발이 높은 수준의 협력 수준을 보였다. 또한 관계형 혁신 생태계에서는 전반적인 요인이 모두 장애 요인으로 중시되는 반면에, 공동체형 혁신 생태계 유형에서는 오히려 시장형 혁신 생태계에서 중시되던 기업 파트너나 기관 파트너의 부족보다는 실제 협력 과정에서 쟁점으로 부각될 수 있는 폐쇄적 인식이나 역량의 미흡 그리고 소유권 분쟁이 좀 더 영향력이 큰 장애 요인으로 드러났다.

3. 혁신 생태계와 중소기업의 협력

앞서 혁신 생태계의 유형 구분과 그 특성에 기초하여, 여기에서는 이러한 혁신 생태계의 유형과 특성이 실제 중소기업의 직접적인 협력 관계에서는 어떻게 드러나는가를 정리한다. 협력 관계는 크게 협력 대상과 협력 활동으로

〈표 3-8〉 전체 기업의 협력 대상

	협력 경험(비율)	중요성(평균점수)
1) 소속 그룹 계열사	0.13	3.50
2) 공급업체	0.40	3.64
3) 민간 부문 수요 기업/고객	0.57	3.61
4) 공공 부문 수요 기업/고객	0.14	3.34
5) 동일 산업 내 경쟁사/타기업	0.23	3.41
6) 민간 서비스업체	0.20	3.39
7) 대학/기타 고등교육기관	0.07	3.43
8) 정부/공공/민간 연구소	0.17	3.57
9) 외부 모임	0.60	3.47

주: 협력 경험은 협력한 경우 1로, 그렇지 않은 경우 0으로 하는 경우의 평균이고 중요성은 5점 척도로 조
사한 결과의 평균임.

구분할 수 있다.

협력 대상의 경우에는 크게 종류별로 9개의 협력 대상이 상정되었으며, 이
들 대상으로 실제 협력의 경험과 각 대상이 갖는 중요성이 조사되었다. 협력
의 경험은 유/무로 조사되었으며, 중요성은 5점 척도로 조사되었다. 〈표 3-8〉
에서 보는 바와 같이 전체 중소기업을 대상으로 할 때, 협력이 가장 많이 이루
어지는 협력 대상은 정보를 교류하는 외부 모임이나 민간 부문의 수요 기업과
고객인 것으로 드러났고 가장 협력이 이루어지지 않는 대상은 대학 등 고등교
육기관이었다. 이들 협력 대상이 갖는 중요성 측면에서는 전반적으로 보통
이상의 중요성을 갖고 있었는데, 공급업체와 민간 부문 수요 기업/고객이 가
장 중요한 협력 대상이었으며, 공공 부문 수요 기업, 민간 서비스업체, 대학
등 고등교육기관이 상대적으로 덜 중요한 협력 대상이었다. 이상의 특성은
중소기업에게 전반적으로 가치사슬상의 파트너와의 협력이 주요한 협력이라
는 점을 시사한다.

〈표 3-9〉 유형별 협력 대상별 협력 경험

비율	정글형	시장형	관계형	공동체형	전체
1) 소속 그룹 계열사	0.02	0.09	0.19	0.35	0.13
2) 공급업체	0.07	0.49	0.41	0.50	0.40
3) 민간 부문 수요 기업/고객	0.43	0.61	0.59	0.65	0.57
4) 공공 부문 수요 기업/고객	0.09	0.10	0.23	0.15	0.14
5) 동일 산업 내 경쟁사/타기업	0.30	0.16	0.26	0.35	0.23
6) 민간 서비스업체	0.41	0.12	0.26	0.15	0.20
7) 대학/기타 고등교육기관	0.00	0.07	0.08	0.20	0.07
8) 정부/공공/민간 연구소	0.15	0.09	0.24	0.45	0.17
9) 외부 모임	0.78	0.51	0.68	0.60	0.60

주: 협력 경험은 협력한 경우 1로, 그렇지 않은 경우 0으로 하는 경우의 평균임.

〈표 3-9〉에서 보는 바와 같이 시장형 혁신 생태계 유형에서는 가치사슬상의 파트너기업들과의 협력과 외부 모임으로 주로 협력이 이루어졌다면, 관계형 혁신 생태계 유형에서는 협력 대상의 폭이 동일 산업 내 기업, 민간 서비스업체, 연구소 등으로 확대되는 것이 특징적이다. 공동체형 혁신 생태계 유형에서는 가치사슬상의 파트너기업과의 교류와 외부 모임 이외에도 다른 혁신 생태계 유형과 비교할 때 대학 등 고등교육기관, 연구소의 중요성이 대폭 커졌고 동시에 동일 산업 내 기업과의 협력도 상대적으로 많이 이루어진 편이다.

〈표 3-10〉에서 보는 바와 같이 혁신 생태계 유형별로 협력 대상이 갖는 중요성을 살펴보면, 시장형 혁신 생태계에서는 협력 경험과 유사하게 가치사슬상의 파트너기업이 가장 중요한 존재였으며, 대학 등 고등교육기관이나 정부 연구소 등 연구소는 상대적으로 중요성이 떨어지는 존재였다. 반면에 관계형 혁신 생태계에서는 대학 등 고등교육기관과 연구소의 중요성이 매우 높게 나타났는데 이는 실제 이들과의 협력의 경험이 크지 않음에도 불구하고 중요성

〈표 3-10〉 유형별 협력 대상의 중요성

평균점수	정글형	시장형	관계형	공동체형	전체
1) 소속 그룹 계열사	3.00	3.54	3.47	3.57	3.50
2) 공급업체	3.67	3.62	3.69	3.80	3.64
3) 민간 부문 수요 기업/고객	3.45	3.68	3.61	3.38	3.61
4) 공공 부문 수요 기업/고객	2.75	3.00	3.83	2.67	3.34
5) 동일 산업 내 경쟁사/타기업	3.64	3.09	3.70	3.14	3.41
6) 민간 서비스업체	3.11	3.47	3.75	2.33	3.39
7) 대학/기타 고등교육기관		3.10	4.17	3.00	3.43
8) 정부/공공/민간 연구소	3.71	3.00	3.79	3.67	3.57
9) 외부 모임	3.33	3.44	3.68	3.08	3.47

주: 5점 척도로 조사한 결과의 평균임.

측면에서는 그렇지 않음을 시사한다. 공동체형 혁신 생태계에서는 공급업체
와 연구소의 중요성이 크게 나타난 반면에 민간 서비스업체의 중요성은 매우
낮게 나타나고 있다는 점이 특징적이다.

이제 이들과의 협력에서 주로 어떠한 활동이 이루어지는가를 살펴볼 수 있
다. 여기에서도 특정 협력활동의 경험은 유/무로 조사되었으며, 그 중요성은
5점 척도로 조사되었다. 〈표 3-11〉에서 보는 바와 같이 전체 기업을 대상으
로 할 때 압도적으로 많이 이루어지는 협력은 정보교류였으며, 기술협력, 연
구인력 교류와 생산인력 교류가 주로 이루어지는 협력의 활동이었다. 반면에
중요성 측면에서는 정보교류의 중요성이 경험만큼 크지는 않았으며, 연구인
력 교류와 공동 연구개발, 공동 신제품개발 등이 중소기업이 전반적으로 중요
한 협력활동으로 인식하는 활동인 것으로 드러났다.

〈표 3-12〉에서 보는 바와 같이 혁신 생태계의 유형별로 보더라도 정보교
류활동은 어떠한 유형을 막론하고 가장 빈번하게 경험하는 협력활동인 것으

〈표 3-11〉 전체 기업의 협력활동

	경험(비율)	중요성(평균점수)
공급망 구축을 위한 협력	0.18	3.47
공동 생산을 위한 협력	0.13	3.30
공동 장비 활용을 위한 협력	0.13	3.33
연구인력 교류/지도	0.24	3.54
생산인력 교류/지도	0.25	3.20
공동 연구개발을 위한 협력	0.09	3.52
공동 신제품 개발을 통한 신규 사업 창출	0.07	3.53
공동 마케팅	0.08	3.33
기술협력	0.24	3.35
정보교류	0.67	3.39

주: 협력 경험은 협력한 경우 1로, 그렇지 않은 경우 0으로 하는 경우의 평균이고 중요성은 5점 척도로 조
사한 결과의 평균임.

〈표 3-12〉 유형별 협력활동의 협력 경험

비율	정글형	시장형	관계형	공동체형	전체
공급망 구축을 위한 협력	0.13	0.13	0.24	0.44	0.18
공동 생산을 위한 협력	0.02	0.08	0.22	0.44	0.13
공동 장비 활용을 위한 협력	0.07	0.09	0.21	0.28	0.13
연구인력 교류/지도	0.26	0.15	0.33	0.50	0.24
생산인력 교류/지도	0.50	0.14	0.28	0.39	0.25
공동 연구개발을 위한 협력	0.00	0.04	0.14	0.50	0.09
공동 신제품 개발을 통한 신규 사업 창출	0.04	0.04	0.05	0.39	0.07
공동 마케팅	0.28	0.03	0.05	0.17	0.08
기술협력	0.13	0.13	0.46	0.44	0.24
정보교류	0.80	0.55	0.79	0.83	0.67

주) 협력 경험은 협력한 경우 1로, 그렇지 않은 경우 0으로 하는 경우의 평균임.

〈표 3-13〉 유형별 협력활동의 중요성

평균점수	정글형	시장형	관계형	공동체형	전체
공급망 구축을 위한 협력	3.00	3.33	3.79	3.38	3.47
공동 생산을 위한 협력	3.00	3.09	3.29	3.63	3.30
공동장비 활용을 위한 협력	1.33	3.17	3.69	3.80	3.33
연구인력 교류/지도	3.33	3.33	3.73	3.78	3.54
생산인력 교류/지도	2.78	3.42	3.32	3.57	3.20
공동 연구개발을 위한 협력	n.a	4.00	3.36	3.44	3.52
공동 신제품 개발을 통한 신규 사업 창출	2.50	3.40	4.00	3.71	3.53
공동 마케팅	3.15	3.25	4.00	3.33	3.33
기술협력	3.00	3.33	3.47	3.13	3.35
정보교류	3.22	3.40	3.48	3.40	3.39

주) 5점 척도로 조사한 결과의 평균임.

로 드러났다. 그렇지만 실질적인 협력을 의미하는 여타의 협력활동은 전반적으로 낮았으며, 관계형 혁신 생태계에서는 기술협력과 연구인력 교류가 가장 주요한 협력활동이었던 반면에 공동체형 혁신 생태계에서는 전반적으로 모든 활동에서 다른 혁신 생태계 유형보다 높은 수준의 협력 경험을 발견할 수 있었다. 특히 전체 기업에서 미미한 수준에 그쳤던 공동 연구개발과 공동 신제품개발 등의 협력활동이 공동체형 혁신 생태계에서는 상당한 수준으로 보이는 것으로 드러났다.

혁신 생태계 유형별로 협력활동이 갖는 중요성을 살펴볼 때, 〈표 3-13〉에서 보는 바와 같이 시장형 혁신 생태계에서는 공동 연구개발이 가장 중요한 협력활동인 것으로 드러났으며, 관계형 혁신 생태계에서는 공동 신제품개발을 통한 신규사업 창출과 공동 마케팅 등이 가장 중요한 협력활동인 것으로 드러났다. 마지막으로 공동체형 혁신 생태계에서는 전체 기업과 대비할 때

〈표 3-14〉 유형별 협력 대상의 폭과 깊이

	정글형	시장형	관계형	공동체형	전체
협력 대상의 폭	2.26	2.24	2.94	3.40	2.41
협력 대상의 깊이	0.98	1.21	1.88	1.40	1.31

〈표 3-15〉 유형별 협력활동의 폭과 깊이

	정글형	시장형	관계형	공동체형	전체
협력활동의 폭	2.24	1.36	2.78	3.95	1.97
협력활동의 깊이	0.54	0.54	1.46	1.90	0.84

전반적으로 각 협력활동의 중요성이 높았으며 특히 공동 장비활용, 연구인력 교류 등이 높은 중요성을 갖는 것으로 드러났다.

이제 전체적인 모습을 파악하기 위해 혁신 생태계 유형별로 협력 대상의 폭과 깊이를 살펴본다. 여기서 협력 대상의 폭은 협력 경험이 있는 협력 대상의 수로 측정할 수 있으며, 협력 대상의 깊이는 각 협력 대상이 갖는 중요성이 5점 척도에서 '높음' 이상인 경우의 수로 측정할 수 있다.

예상대로, 〈표 3-14〉에서 보는 바와 같이 관계형 혁신 생태계와 공동체형 혁신 생태계의 경우, 협력 대상의 폭이 시장형 혁신 생태계보다 대폭 높은 수준임을 확인할 수 있다. 그렇지만, 협력 대상과 교류 수준은 관계형 혁신 생태계가 공동체형 혁신 생태계에서보다 높다는 점이 특징적이다.

협력활동의 폭의 경우에도 경험이 있는 협력활동의 수로 측정할 수 있으며, 협력활동의 깊이는 각 협력활동이 갖는 중요성이 5점 척도에서 '높음' 이상인 경우의 수로 측정할 수 있다. 〈표 3-15〉에서 보는 바와 같이 협력활동의 폭과 깊이 모두에서 시장형 혁신 생태계에서보다는 관계형 혁신 생태계에서가, 관계형 혁신 생태계보다는 공동체형 혁신 생태계에서 더 높은 수준을 기록하였다.

이상을 간략히 정리하면, 시장형 혁신 생태계에서는 주로 해당 기업의 가치사슬상의 파트너기업과의 협력이 가장 중요한 협력요소인 반면에, 관계형 혁신 생태계나 공동체형 혁신 생태계는 협력 대상과 폭이 좀 더 확대되고 있음을 알 수 있다. 또한 협력 대상의 폭, 협력활동의 폭과 깊이도 관계형보다는 공동체형이 더욱 크게 나타났다. 다만 협력 대상과의 교류의 깊이는 공동체형보다는 관계형에서 더욱 높게 나타나 관계형에서는 공동체형에 비해 상대적으로 적은 대상과 긴밀하게 협력하는 것으로 볼 수 있다.

4. 혁신 생태계와 중소기업의 혁신성과

각 혁신 생태계 유형은 소속 중소기업의 혁신성과와는 어떠한 관계를 갖는가? 지금까지 서술한 것은 각 중소기업이 처한 혁신의 여건이나 혁신을 위한 협력활동이라 할 수 있는데 이것은 혁신성과로 연계되지 못하면 지속성을 갖지 못한다. 전술한 것처럼 중소기업 자체의 생존과 유지에 효과적인 혁신활동이 핵심적일 수밖에 없는 시대라는 점을 고려하면 더욱 그러하다.

여기서의 혁신성과는 통상의 혁신연구(innovation studies)가 상정하는 성과를 포괄하여, 다섯 가지로 구분하였다. 첫째, 제품혁신, 둘째, 공정혁신, 셋째, 조직혁신, 넷째, 마케팅혁신, 다섯째, 비즈니스모델 혁신이다. 이들 각각에서 혹은 전체에서 혁신 생태계는 어떠한 역할을 수행할 것인가.

우선 조사대상 기업 전체의 혁신성과를 일별하면 다음과 같다. 각 세부 혁신에서 성과의 유무를 조사하였고 이에 따라 계산된 성과가 있었음을 드러낸 비율, 즉 성공비율을 볼 수 있다. 즉, 〈표 3-16〉에서 보는 바와 같이 전반적으

〈표 3-16〉 전체 기업의 혁신성과

혁신 분류	세부 혁신	비율
제품혁신	1) 기존 제품과 완전히 다른 신(新)제품을 출시하였음	0.14
	2) 기존 제품에 비해 크게 개선된 제품 출시하였음	0.36
공정혁신	1) 생산 공정에서 완전히 새롭거나 크게 개선된 방법을 도입	0.30
	2) 물류, 배송, 분배방식(원재료/최종 상품)에서 완전히 새롭거나 크게 개선된 방법을 도입	0.34
	3) 지원활동(구매, 회계 시스템 유지/운용 등)에서 완전히 새롭거나 크게 개선된 방법을 도입	0.35
조직혁신	1) 공급사슬관리, 6시그마, 지식관리, 린 생산방식, 품질경영 등 업무수행방식의 변화 도입	0.33
	2) 팀제 도입, 부서 통합 또는 분리, 교육/훈련 시스템 등 업무유연성 및 부서 간 통합성 등의 업무수행조직 변화 도입	0.43
	3) 제휴, 파트너십, 아웃소싱 등 외부조직과 관계 변화 도입	0.25
마케팅혁신	1) 제품 심미적 디자인, 포장 등에 커다란 변화	0.29
	2) 제품 촉진을 위한 신규 브랜드 출시, 신개념의 광고매체 및 홍보전략 활용	0.29
	3) 제품 진열방식 및 신규 판매채널 등 신규 판매전략 활용	0.31
	4) 제품가격 할인 및 차별화 등 새로운 가격방식 활용	0.33
비즈니스 모델혁신	1) 고객에게 주는 혜택 변경과 제품(서비스) 변경	0.46
	2) 목표고객의 변경과 제품(서비스) 변경	0.33
	3) 과금방식의 변경과 제품(서비스) 제공 방식의 변경	0.26

주: 혁신에 성공한 경우 1로, 그렇지 않은 경우 0으로 하는 경우의 평균임.

로 조사대상 중소기업은 세부 혁신에서 꾸준한 혁신성과를 이루어내고 있음을 알 수 있다. 비즈니스모델혁신의 일환인 고객가치 변경 및 제품(서비스) 변경과 조직혁신의 일환인 업무수행조직 변화에서 가장 높은 비율을 확인할 수 있다. 반면에 시장수요에 맞추어야 하는 기존 제품과는 다른 새로운 제품 출시에서는 가장 낮은 비율을 확인할 수 있다.

이제 혁신 생태계 유형별로 제품혁신의 성과를 비교할 수 있다 〈표 3-17〉에서 보는 바와 같이 전반적으로 시장형 혁신 생태계에서보다는 관계형 혁신

〈표 3-17〉 유형별 제품혁신 성과의 차이

비율	정글형	시장형	관계형	공동체형	전체
기존 제품과 완전히 다른 신(新)제품	0.07	0.10	0.23	0.15	0.14
기존 제품에 비해 크게 개선된 제품	0.11	0.36	0.47	0.45	0.36

주: 혁신에 성공한 경우 1로, 그렇지 않은 경우 0으로 하는 경우의 평균임.

〈표 3-18〉 유형별 공정혁신 성과의 차이

비율	정글형	시장형	관계형	공동체형	전체
생산 공정에서 완전히 새롭거나 크게 개선된 방법을 도입	0.20	0.26	0.49	0.15	0.30
물류, 배송, 분배방식(원재료/최종 상품)에서 완전히 새롭거나 크게 개선된 방법을 도입	0.35	0.29	0.53	0.10	0.34
지원활동(구매, 회계 시스템 유지/운용 등)에서 완전히 새롭거나 크게 개선된 방법을 도입	0.28	0.26	0.55	0.45	0.35

주: 혁신에 성공한 경우 1로, 그렇지 않은 경우 0으로 하는 경우의 평균임.

생태계나 공동체형 혁신 생태계에서 좀 더 높은 성과를 확인할 수 있다. 특히 관계형 혁신 생태계에서 공동체형 혁신 생태계에서보다 높은 비율을 확인할 수 있었다는 점이 특징적이다.

공정혁신은 생산공정의 혁신이나 배송 등 물류방식의 혁신, 그리고 지원활동의 혁신으로 구분할 수 있다. 〈표 3-18〉에서 보는 바와 같이 제품혁신과 유사하게 관계형 혁신 생태계에서 여타 혁신 생태계 유형이나 전체 기업과 대비할 때 높은 성과를 확인할 수 있다. 특이한 점은 공동체형 혁신 생태계 유형에서 생산공정의 혁신이나 물류방식의 혁신의 성공 비중이 낮게 나타났다는 점이다. 이는 공동체형 혁신 생태계 유형에서 상대적으로 공정혁신에 대한 관심이 덜하거나 공정혁신을 달성하기에 미흡한 여건일 가능성 때문일 수 있다.

조직혁신은 크게 업무수행방식의 변화, 업무수행조직의 변화, 외부조직과의 관계 변화로 구성된다. 〈표 3-19〉에서 보는 바와 같이 전반적으로 관계형

〈표 3-19〉 유형별 조직혁신 성과의 차이

비율	정글형	시장형	관계형	공동체형	전체
공급사슬관리, 6시그마, 지식관리, 린 생산방식, 품질경영 등 업무수행 방식의 변화 도입	0.30	0.31	0.42	0.20	0.33
팀제 도입, 부서 통합 또는 분리, 교육/훈련 시스템 등 업무유연성 및 부서 간 통합성 등의 업무수행 조직 변화 도입	0.22	0.38	0.58	0.65	0.43
제휴, 파트너십, 아웃소싱 등 외부 조직과 관계 변화 도입	0.00	0.25	0.32	0.45	0.25

주: 혁신에 성공한 경우 1로, 그렇지 않은 경우 0으로 하는 경우의 평균임.

〈표 3-20〉 유형별 마케팅혁신 성과의 차이

비율	정글형	시장형	관계형	공동체형	전체
1) 제품 심미적 디자인, 포장 등에 커다란 변화	0.35	0.26	0.32	0.35	0.29
2) 제품 촉진을 위한 신규 브랜드 출시, 신개념의 광고매체 및 홍보전략 활용	0.15	0.27	0.37	0.50	0.29
3) 제품 진열방식 및 신규 판매채널 등 신규 판매전략 활용	0.20	0.26	0.41	0.55	0.31
4) 제품가격 할인 및 차별화 등 새로운 가격방식 활용	0.30	0.29	0.42	0.25	0.33

주: 혁신에 성공한 경우 1로, 그렇지 않은 경우 0으로 하는 경우의 평균임.

혁신 생태계에서나 공동체형 혁신 생태계에서 여타 혁신 생태계 유형보다 높은 조직혁신의 성과를 확인할 수 있다. 전체 기업과 비교할 때 관계형 혁신 생태계에서는 업무수행 방식의 변화와 업무수행 조직의 변화에서 성과가 높은 편인 반면에 공동체형 혁신 생태계에서는 외부 조직과의 관계변화 성과가 두드러졌음을 알 수 있다.

마케팅혁신은 디자인의 변화, 홍보방식의 변화, 판매전략의 변화, 그리고 가석방식의 변화도 구성된다. 〈표 3-20〉에서 보는 바와 같이 관계형 혁신 생

〈표 3-21〉 유형별 비즈니스모델혁신 성과의 차이

비율	정글형	시장형	관계형	공동체형	전체
1) 고객에게 주는 혜택 변경과 제품(서비스) 변경	0.50	0.36	0.59	0.65	0.46
2) 목표고객의 변경과 제품(서비스) 변경	0.20	0.31	0.42	0.45	0.33
3) 과금방식의 변경과 제품(서비스) 제공 방식의 변경	0.15	0.28	0.32	0.20	0.26

주: 혁신에 성공한 경우 1로, 그렇지 않은 경우 0으로 하는 경우의 평균임.

태계에서 모든 세부 혁신에서 가장 높은 성과를 기록하고 있음을 알 수 있다. 반면에 공동체형 혁신 생태계에서는 홍보방식의 변화, 판매전략의 변화가 두드러지게 나타났고 디자인의 변경에서도 가장 높은 성과를 보였지만 가격방식의 변화는 상대적으로 성과가 낮게 나타났다.

비즈니스모델혁신은 고객가치의 변경, 목표고객의 변경, 과금방식의 변경으로 구성된다. 〈표 3-21〉에서 보는 바와 같이 고객에게 제공하는 혜택(benefit)인 고객가치의 변경에서 관계형 혁신 생태계와 공동체형 혁신 생태계에서 좀 더 높은 성과를 확인할 수 있었고 기업이 전략적으로 공략대상으로 삼는 목표고객의 변경에서도 관계형 혁신 생태계와 공동체형 혁신 생태계에서 보다 높은 성과를 확인할 수 있었다. 다만 과금방식의 변경에서는 관계형 혁신 생태계에서는 상대적으로 높은 성과를 확인할 수 있었지만 공동체형 혁신 생태계에서는 마케팅 혁신에서는 그렇지 않았다.

이제 전반적인 특징을 찾아내기 위해 혁신을 구성하는 다섯 가지 종류의 혁신과 혁신 전체에서 각 세부 혁신에서 최소한 하나 이상의 혁신을 달성한 기업의 비율을 보면, 혁신 전체에서는 관계형 혁신 생태계와 공동체형 혁신 생태계가 큰 차이를 보이지 않았음을 알 수 있다. 그렇지만 다섯 가지의 세부 혁신으로 살펴보면, 관계형 혁신 생태계와 공동체형 혁신 생태계가 시장형 혁신 생태계와 대비할 때 모든 세부 혁신에서 높은 성과를 보이고 있음을 알 수

〈표 3-22〉 유형별 혁신 성과를 가진 기업의 비율

	정글형	시장형	관계형	공동체형	전체
제품혁신	0.13	0.41	0.62	0.45	0.41
공정혁신	0.48	0.49	0.74	0.60	0.54
조직혁신	0.35	0.52	0.68	0.80	0.53
마케팅혁신	0.50	0.48	0.60	0.65	0.50
비즈모델혁신	0.52	0.45	0.64	0.65	0.50
혁신 전체	0.76	0.79	0.86	0.85	0.77

있으며, 제품혁신과 공정혁신을 제외하면 공동체형 혁신 생태계가 관계형 혁신 생태계보다 우월한 혁신성과를 드러내고 있음을 알 수 있다. 반면에 전통적인 기술혁신 영역이라고 할 수 있는 제품혁신과 공정혁신에서는 관계형 혁신 생태계가 좀 더 높은 성과를 보였다.

이상을 간략히 요약하면, 혁신 성과에서는 관계형 혁신 생태계와 공동체형 혁신 생태계가 시장형 혁신 생태계보다 우수한 수준을 보여줌을 알 수 있다. 세부 혁신으로 보면, 관계형 혁신 생태계와 공동체형 혁신 생태계가 시장형 혁신 생태계와 대비할 때 모든 세부 혁신에서 높은 성과를 보이고 있음을 알 수 있으며, 제품혁신과 공정혁신을 제외하면 공동체형 혁신 생태계가 관계형 혁신 생태계보다 우월한 혁신성과를 드러내고 있음을 알 수 있다. 반면에 전통적인 기술혁신 영역이라고 할 수 있는 제품혁신과 공정혁신에서는 관계형 혁신 생태계가 좀 더 높은 성과를 보였다.

5. 결론 및 시사점

이 글은 점차 중요성이 커져가는 한국의 중소기업의 혁신 생태계의 특성과 그 효과를 다루고자 하였다. 이를 위해 혁신 생태계의 구성원의 인식을 바탕으로 생태계 현실을 분석하는 접근방식을 취했고, 이는 한국 중소기업에 대한 직접조사를 기반으로 하는 것이었다.

신뢰의 유형을 바탕으로 혁신 생태계의 유형을 개념화하고 유형구분을 시도하였다. 첫째, 정글형 혁신 생태계(Jungle type Innovation Ecosystem)는 기초적인 신뢰조차 갖춰지지 않은 생태계이다. 둘째, 시장형 혁신 생태계(market type Innovation Ecosystem)는 시장에서의 거래처럼 계약 위주의 상호작용이 지배적인 혁신 생태계이다. 셋째, 관계형 혁신 생태계(relational Innovation Ecosystem)는 상호작용 당사자에 대한 이해 정도가 높고 당사자의 사정에 대한 믿음이 바탕이 되면서 당사자에 대한 역량에 대한 신뢰를 동반하는 생태계이다. 넷째, 공동체형 혁신 생태계(Community Type Innovation Ecosystem)는 상호작용을 통해 더 나은 공동의 가치를 추구하는 수준의 신뢰가 지배적인 혁신 생태계이다.

결과적으로 주요 발견은 다음과 같다.

첫째, 한국 중소기업이 인식하는 혁신 생태계는 시장형 혁신 생태계가 지배적인 것으로 나타났으며, 중기업군에서는 관계형 혁신 생태계가 지배적이고, 소기업군에서는 시장형 혁신 생태계의 비중이 압도적으로 지배적인 것으로 드러났다. 이들 혁신 생태계 유형에서는 전반적인 협력에서 활동별로 협력 수준의 차이가 드러났고, 협력의 장애 요인에 대한 인식에서도 차이를 보였다.

둘째, 시장형 혁신 생태계에서는 주로 해당 기업의 가치사슬상의 파트너기업과의 협력이 가장 중요한 협력 요소인 반면에, 관계형 혁신 생태계나 공동체형 혁신 생태계는 협력 대상과 폭이 더욱 확대되고 있음을 알 수 있다. 다만 협력 대상과의 깊이 있는 교류는 공동체형 혁신 생태계보다는 관계형 혁신 생태계에서 상대적으로 보다 잘 이루어지는 특성도 있었다.

셋째, 혁신 성과에서는 관계형 혁신 생태계와 공동체형 혁신 생태계가 시장형 혁신 생태계보다 우수한 수준을 보여준다. 제품혁신과 공정혁신을 제외하면 공동체형 혁신 생태계가 관계형 혁신 생태계보다 우월한 혁신 성과를 보이며, 반면에 전통적인 기술혁신 영역이라고 할 수 있는 제품혁신과 공정혁신에서는 관계형 혁신 생태계가 좀 더 높은 성과를 보였다. 이는 한국에서는 현실적으로 영역에 따라서는 관계형 혁신 생태계가 효과적일 가능성을 시사한다.

이상의 논의가 주는 시사점은 다음과 같다. 첫째 중소기업의 효과적인 혁신 촉진을 위해서는 개별 기업 위주의 사고에서 벗어나 네트워크, 혁신 생태계 등으로 시야가 확대되어야 한다. 중소기업 스스로도 개방형 혁신이나 네트워크 활용 역량의 제고 등의 모색이 필요하다. 둘째, 네트워크 실질화나 혁신 생태계 개선 등의 정책적 노력이 필요하다. 투입 요소 위주의 사고에서 벗어날 필요가 있다. 셋째, 그동안의 불균형 성장에서 연원하는 경제주체 사이의 낮은 수준의 신뢰이라는 한국의 특성을 감안하여 우리 실정에 맞는 혁신 생태계의 모색이 필요하다.

참고문헌

국토연구원. 2014. 「건설산업의 협력적 기업 생태계 조성방안」.

박규호. 2017. 「생태계적 관점에서 본 한국 경제의 혁신 활성화 여건에 관한 고찰」. ≪동향과전망≫, 101호.

Adner, R. 2006. "Match your innovation strategy to your innovation ecosystem." *Harvard Bus. Rev.* 84(4), pp. 98~107.

Autio, E., Thomas, L. D. W. 2014. "Innovation ecosystems: implications for innovation management." In M. Dogson, D. Gann, N. Philips(eds). *Oxford Handbook of Innovation Management.* Oxford: Oxford University Press, pp. 204~228.

Birol Mercan and Deniz Göktas, 2011. "Components of Innovation Ecosystems: A Cross-Country Study." *International Research Journal of Finance and Economics*, Issue 76.

Bob Walrave. 2017. "A Multi-Level Perspective on Innovation Ecosystems for Pathbreaking Innovation." *Technological Forecasting and Social Change*, April 2017.

Cohen, W. M. and D. A. Levinthal. 1990. "Absorptive Capacity: A New Perspective on Learning and Innovation." *Administrative Science Quarterly*, 35(1), pp. 128~152.

Marco Iansiti and Roy Levien. 2004a. "Strategy as Ecology." *Harvard Business Review*, MARCH 2004 ISSUE.

_____. 2004b. *The Keystone Advantage: What the New Dynamics of Business Ecosystems Mean for Strategy, Innovation, and Sustainability.* Harvard Business School.

MaryAnne M. Gobble. 2014. "Charting the innovation Ecosystem." *Research Technology Management*, July-August.

Moore, James F. 1993. "Predators and prey: A new ecology of competition." *Harvard Business Review*, May-June 1993, pp. 75~86.

_____. 1996. *The Death of Competition: Leadership and Strategy in the Age of Business Ecosystems.* New York: HarperBusines.

National economic council, 2009. council of economic advisers and office of science and technology policy, A strategy for American innovation: driving toward sustainable growth and quality jobs.

_____. 2011. council of economic advisers and office of science and technology policy, A strategy for American Innovation -securing our economic growth and prosperity, Feb. 2011.

National Economic Council and office of Science and Technology Policy. A strategy for American Innovation, October 2015

Powell and Grodal. 2005. "Networks of Innovators." *The Oxford Handbook of Innovation*, pp. 56~85.

Sako and Helper. 1998. "Determinants of trust in supplier relations: Evidence from the automotive industry in Japan and the United States." *Journal of Economic Behavior and Organization*, Vol. 34, pp. 387~417.

Sako Mari. 1992. *Prices quality and trust - inter firm relations in Britain and Japan*. Cambridge University Press

Smorodinskaya et al. 2017. "Innovation Ecosystems vs. Innovation Systems in Terms of Collaboration and Co-creation of Value." Proceedings of the 50th Hawaii International Conference on System Sciences.

Teece, D. J. 1986. "Profiting from technological innovation: Implications for integration, collaboration, licensing and public policy." *Research Policy*, 22(2).

Wallner and Menrad. 2011. Extending the Innovation Ecosystem Framework, Proceedings of XXII ISPIM.

제4장

자유 경쟁을 넘어 공정 거래로

의의와 한계

김진방 | 인하대학교 경제학과 교수

1. 머리말

경쟁의 반대말은? 이 물음을 경제학도에게 던지면 돌아오는 대답은 아마도 독점일 것이다. 경제학도만이 아니라 네이버 국어사전도 그렇게 쓰고 있다. 그러나 협조가 경쟁의 반대말이라는 대답도 가능하다. 그리고 담합은 일종의 협조다. 아마도 담합의 반대말을 물으면 경쟁이라고 답할 것이다. 자유 경쟁이 더 적확한 대답일 수 있다.[1] '경쟁법' 또는 '반독점법'으로 불리는 여러 나라의 법률이 그러하듯이 우리나라의 '독점규제 및 공정거래에 관한 법률'이

---

[1] 현대 경제학 교과서에서는 경쟁이 완전한(perfect) 경우와 그렇지 않은 경우로 구분된다. 여기서 완전 경쟁의 조건 가운데 하나가 무한히 많은 수의 공급자이며, 이 조건은 가격수용자의 가정으로 이어진다. 그러나 스미스의 『국부론』과 밀의 『경제학 원론』을 비롯한 여러 경제학 문헌에서 '경쟁' 앞에 놓이는 수식어는 '자유(free)'이며, 이는 미국에서 '반독점법'이 제정된 19세기 말과 20세기 초에도 마찬가지였다. 여기서 공급 측 경쟁은 판매 가격을 내리는 행위를 가리키고, 자유 경쟁은 각 공급자가 마음대로 판매 가격을 내릴 수 있는 경우를 가리킨다. Stigler(1957) 참조.

'부당한 공동행위'를 금지하고 '기업결합'을 제한함으로써 지키려는 것도 자유 경쟁이다.

우리나라의 '독점규제 및 공정거래에 관한 법률'에는 그 이름이 말해 주듯 이 '불공정거래행위'를 금지하는 조항도 들어있다. 그리고 문재인 정부의 공정거래위원회가 새로 취한 여러 조치는 주로 대기업의 불공정 거래 행위를 겨냥하고 있다. 부당한 공동행위를 막고 자유 경쟁을 지켜야겠지만 불공정 거래 행위, 특히 중소기업에 대한 대기업의 불공정 거래 행위를 근절하는 일이 더 급하고 중요하다고 판단한 것이다. 이러한 판단의 배경과 추진 방안을 검토하고 평가하는 것이 이 글의 목적이다.

2. 문재인 정부의 정의와 공정

국정기획자문위원회가 집필한 〈문재인 정부 국정운영 5개년 계획〉은 '국민의 나라'와 '정의로운 대한민국'을 국가비전으로 제시한다.[2] 그리고 후자와 연결해서 '평등한 기회, 공정한 과정, 정의로운 결과'를 적시한다. 이 세 구호는 문재인 대통령이 선거 운동 과정에서 사용했던 것이며, 대통령 취임사에도 등장한다. "문재인과 더불어민주당 정부에서 기회는 평등할 것입니다. 과정은 공정할 것입니다. 결과는 정의로울 것입니다."

문재인 정부가 내세우는 세 구호는 그 의미나 관계가 자명하지 않다. '과정'과 '결과'는 논리적, 경험적 구분이 어렵지 않을지라도 그 둘과 '기회'의 관계

---

2) 2017년 7월 15일 발표된 〈문재인 정부 국정운영 5개년 계획〉은 국정기획자문위원회(2017)에 수록되어 있다.

〈표 4-1〉 문재인 정부의 목표·전략·과제

목표	전략	과제
1. 국민이 주인인 정부	1. 소득 주도 성장을 위한 일자리경제	23. 공정한 시장질서 확립
2. 더불어 잘사는 경제	2. 활력이 넘치는 공정경제	24. 재벌 총수일가 전횡 방지 및 소유·지배구조 개선
3. 내 삶을 책임지는 국가	3. 서민과 중산층을 위한 민생경제	25. 공정거래 감시 역량 및 소비자 피해 구제 강화
4. 고르게 발전하는 지역	4. 과학기술 발전이 선도하는 4차 산업혁명	26. 사회적경제 활성화
5. 평화와 번영의 한반도	5. 중소벤처가 주도하는 창업과 혁신성장	27. 더불어 발전하는 대·중소기업 상생 협력

자료: 국정기획자문위원회, 〈문재인 정부 국정운영 5개년 계획〉, 2017년 7월.

는 복잡하다. 과정을 내포하는 결과가 기회의 대상이어야 하고, 기회에 선택이 더해져서 결과로 이어진다고 볼 수 있다. 선택의 대상에 결과와 함께 노력을 포함할 수도 있다.[3] 그러나 그에 대한 논의를 〈문재인 정부 국정운영 5개년 계획〉에서는 찾기 어렵다. 정부의 발표문이나 대통령의 연설문에서도 찾기 어렵다. '평등,' '공정,' '정의' 사이의 차이와 관계에 대해서도 별다른 설명이 없기에 그 의미를 정확히 알기 어렵다. 정의로운 결과와 구분되는 공정한 과정이 무엇인지도 알기 어렵다.[4]

'평등한 기회'는 아니더라도 '공정한 과정'과 '정의로운 결과'의 구체적 내용

---

3) Varian(1974, 1975, 1976)은 여건, 선호, 노력, 성과를 구분하면서 평등을 규정한다. 노력과 성과가 함께 선택의 대상이며, 그 선택과 관련하여 타인의 여건을 부러워할 이유가 없어야만 기회가 평등하다고 할 수 있다. 그리고 그러한 평등이 곧 분배적 정의의 내용이다.

4) Ralws(1971)는 (불)완전한 절차 공정성과 순수한 절차 공정성을 구분한다. (불)완전한 절차 공정성은 결과에 따로 적용되는 공정성 또는 정의의 준거를 전제하지만 순수한 절차 공정성은 그렇지 않다. 그 내용은 다르지만 Nozik(1974)도 분배와 관련하여 절차 공정성만으로 정의를 규정한다.

은 〈문재인 정부 국정운영 5개년 계획〉에서 제시된 국정목표와 전략을 통해 부분적으로나마 드러난다. 특히 '공정'은 5대 국정목표 중 하나인 '더불어 잘 사는 경제'를 달성하기 위한 5대 전략 중 하나에서 등장하는데, '활력이 넘치는 공정경제'가 그것이다. 셋째 국정목표인 '내 삶을 책임지는 국가'를 달성하기 위한 5대 전략 중 하나가 '노동존중·성평등을 포함한 차별 없는 공정사회'이긴 하지만 〈문재인 정부 국정운영 5개년 계획〉에서 '공정'은 역시 '경제'와 결합하여 가장 큰 무게를 갖는다고 볼 수 있다. 다시 말해 '더불어 잘사는 경제'가 곧 '정의로운 결과' 또는 그 일부이고, '공정경제'가 곧 '공정한 과정' 또는 그 일부이다.

'더불어 잘사는 경제'를 달성하기 위한 전략들 중 하나인 '활력이 넘치는 공정경제'는 다시 5대 국정과제로 이어지는데, 그 중 첫째가 '공정한 시장질서 확립'이고, 둘째가 '재벌 총수 일가 전횡 방지 및 소유·지배구조 개선'이고, 셋째가 '공정거래 감시 역량 및 소비자 피해구제 강화'이다. 이 세 과제는 모두 공정거래위원회에 주어졌다. '더불어 발전하는 대·중소기업 상생 협력'이 다섯째 국정과제인데, 이 과제는 중소벤처기업부에 주어졌다. 넷째 국정과제인 '사회적 경제 활성화'는 기획재정부에 주어졌다.

정리하면, 문재인 정부는 '정의로운 대한민국'의 한 요소로서 '더불어 잘사는 경제'를 지목했고, 이 목표를 이루기 위한 전략들 중 하나로 '활력이 넘치는 공정경제'를 선택했고, 그 내용의 일부로 '공정한 시장질서 확립'을 내세운 것이다. 〈문재인 정부 국정운영 5개년 계획〉은 '활력이 넘치는 공정경제'의 내용으로 '재벌 총수 일가 전횡 방지 및 소유·지배구조 개선'과 '공정거래 감시 역량 및 소비자 피해구제 강화'도 함께 나열하는데, 우리는 이 둘을 '공정한 시장질서 확립'의 하위 개념으로 포함시킬 수도 있다. '공정한 시장질서 확립'이 공정거래위원회의 〈2018년 업무계획〉에서는 '공정한 시장경제 확립'으로 바뀌어 제목에 들어가는데, 거기에는 당연히 '재벌 총수 일가 전횡 방지 및 소유·지배구조 개선'과 '공정거래 감시 역량 및 소비자 피해구제 강화'에 해당되는 내용도 들어있다. 문재인 대통령이 거듭 천명한 '공정한 과정'의 핵심도 이런 내용의 공정한 시장질서 또는 시장경제에 있다고 볼 수 있다.

그러나 여전히 모호하다. '공정경제'도 모호하지만 '공정한 시장질서'나 '공정한 시장경제'도 그에 못지않게 모호하다. '공정'과 '시장'이 양립할 수 있는지도 의문이다. 그래서 더 구체적인 진술을 〈문재인 정부 국정운영 5개년 계획〉에서 인용하면, "대·중소기업 간 구조적인 힘의 불균형을 시정하고, 대기업의 불공정한 거래 행태를 개선함으로써 중소기업·소상공인의 공정한 성장 기반[을] 마련(고딕은 필자의 강조)"하는 것이 과제목표의 일부다. 그러나 그것의 주요 내용을 나열하는 진술을 보면 구조가 아니라 행태에 초점이 맞춰져 있음을 알 수 있다. 결국 핵심은 "하도급·가맹·유통·대리점 분야 불공정 행위 근절"에 있고, 그러기 위해 "제도 개선 및 법집행 강화"를 하겠다는 것이다. 앞 진술을 포함하여 거칠게 요약하면, 더불어 잘사는 경제가 정의의 한 요소인데 중소기업에 대한 대기업의 불공정 행위 때문에 그 정의가 제대로 실현되지 못하고 있으므로 관련 제도 개선 및 법 집행 강화를 통해 그런 행위를 막겠다는 것이다.

문재인 정부가 개선하겠다는 불공정 거래 행위 관련 제도는 지금까지 주로 '독점규제 및 공정거래에 관한 법률'(약칭 공정거래법, 1980년 12월 31일 제정)을 비롯한 여섯 법률과 그에 따른 시행령으로 규정해온 것이다. 불공정 거래 행위 일반을 규정하고 금지하는 공정거래법을 제외한 다섯 법률을 제정 순서대로 나열하면, '하도급 거래 공정화에 관한 법률'(약칭 하도급법, 1984년 12월 31일 제정), '가맹사업거래의 공정화에 관한 법률'(약칭 가맹사업법, 2002년 5월 13일 제정), '대·중소기업 상생협력 촉진에 관한 법률'(약칭 상생협력법, 2006년 6월 4일

제정), '대규모유통업에서의 거래 공정화에 관한 법률'(약칭 대규모유통업법, 2012년 1월 1일 제정), '대리점거래의 공정화에 관한 법률'(약칭 대리점법, 2015년 12월 22일 제정) 등이다. 이 다섯 법률 중 상생협력법을 제외한 넷이 모두 공정거래위원회 소관이다. 상생협력법은 중소벤처기업부 소관이다.

3. 문재인 정부가 막으려는 대기업의 불공정거래행위

문재인 정부가 확립하려는 공정한 시장경제를 중소기업에 대한 대기업의 불공정거래 행위가 없는 시장경제로 받아들인다면 우리의 물음은 공정한 시장경제에서 대기업의 불공정거래 행위로 넘어가야 한다. 이와 관련하여 문재인 정부가 강조하는 것 중 하나가 대기업에 의한 중소기업 기술 탈취다. 〈문재인 정부 국정운영 5개년 계획〉과 공정거래위원회의 〈2018년 업무계획〉에서는 '기술 유용'으로 썼으나 중소벤처기업부가 주도한 관계부처 합동 발표문(2018년 2월 12일)에서는 '기술 탈취'로 썼다.[5]

산업재산권 일반은 특허청 소관의 특허법 등으로 다뤄지겠으나 대기업에 의한 중소기업 기술 탈취는 2010년 1월에 신설되고 2011년 3월에 확대 강화된 '하도급법' 제12조의3(기술자료 제공 요구 금지 등)이 적용될 수 있다. 이 조항을 포함한 하도급법 개정안이 올해 3월 30일 국회에서 의결됨으로써 원사업자가 정당한 사유 없이 수급업자의 기술 자료를 요구하거나 유용하는 행위만 아니라 유출하는 행위도 불법 행위로 명시되었다. 그 외에도 몇 가지 개선이 예정되어 있는데, 기술 자료 요구 시 서면에 기재해야 하는 사항을 추가

---

5) 발표문의 제목은 '중소기업 기술탈취 근절 대책'이다.

하거나(하도급법 시행령 제7조의3) '정당한 사유'를 정비하는(기술자료 유용행위 심사지침) 등이다. 중소벤처기업부는 '상생협력법' 제24조의2와 제24조의3이 규정하고 있는 기술자료 임치제도를[6] 활성화하는 방안을 구상하고 있으며, 기술 탈취에 대한 징벌적 손해배상을 강화하기 위한 법률 개정을 언급하기도 한다.

기술 탈취는 물론이고 기술 유용으로 불릴 만한 행위도 마땅히 근절해야 할 행위라는 데 이의가 있을 수 없다. 일반법으로 충분하지 않다면 특별법을 제정하고, 필요하다면 당연 위법 행위를 규정하는 조항도 넣고, 사정에 따라서는 정부가 더 적극적으로 나설 수도 있다. 다만 문제는 그런 법과 제도가 얼마나 유효하냐이다. 치러야 할 비용과 따를 수 있는 부작용도 감안해야 한다.

그런데 대기업과 거래하는 중소기업이 가장 바라는 것은 아마도 더 좋은 거래 조건, 특히 가격일 것이다. 대기업과 중소기업 사이의 거래가 불공정하다고 말하면서 의미하는 것 역시 중소기업에 불리한 거래 가격일 것이다. 〈문재인 정부 국정운영 5개년 계획〉도 공정한 시장질서 확립을 위해 근절해야 할 불공정거래 행위로서 '기술 유용'에 이어 '부당 단가 인하'를 적시한다. 가격 수준이 아닌 가격 변동의 부당성을 지적했다고 해서 다를 것은 없다. 최근에는 최저임금 인상과 연계하여 '납품단가 현실화'를 강조한다.[7] 공정거래위원도 〈하도급거래 공정화 종합대책〉에서 완성차업체와 부품업체의 영업이익률을 증거 사례로 들면서 추진 과제의 방향과 내용을 제시한다.

문재인 정부든 다른 어느 정부든 대기업과 중소기업 사이의 거래 가격 결

---

6) 거래하는 기업의 기술 자료 요구 등을 통한 기술 탈취를 방지하기 위해, 공인된 안전금고에 중소기업의 기술 자료를 보관(임치)하는 기술 보호 제도로서 2008년 8월에 도입하여 시행 중이다.

7) 2018년 4월 5일에 중소벤처기업부를 비롯한 관계부처가 당정협의를 통해 확정해서 추진하겠다고 발표한 「최저임금 인상 등에 따른 중소기업 납품단가 현실화 방안」은 민간 하도급 관련 제도·관행을 포함한다.

<표 4-2> 하도급·가맹사업 부문 불공정거래행위 근절 대책

	하도급	가맹사업
불공정거래행위 명시 및 금지	원사업자의 수급업자에 대한 원가 등 경영정보 요구 금지	가맹점 영업시간 단축 허용요건 완화
	정당한 사유 없는 전속거래 강요행위 금지	판촉행사 시 가맹점주 사전동의 의무화
실태조사	조사 협조 이유 보복조치 금지 및 3배소 대상에 포함	조사 협조 이유 보복조치 금지 및 3배소 대상에 포함
	전속거래 관련 실태조사 실시 및 결과 공개	필수품목, 정보공개 관련 실태조사 실시 및 결과 발표
정보공개		'초과가맹금' 수취여부 등 필수품목 관련 의무기재사항 확대
		가맹본부 특수관계인, 리베이트 관련 사항 정보공개

자료: 공정거래위원회, 〈하도급거래 공정화 종합대책〉, 2017년 12월; 〈가맹분야 불공정관행 근절대책〉, 2017년 7월.

정에 직접 개입하겠다고 나서긴 어려울 것이다. 불리한 거래 가격의 원인으로 지목되는 '구조적인 힘의 불균형'도 문재인 정부는 언급만 하고 직접 시정하려 나서진 않는다. 다만 거래 조건 협상부터 계약 체결과 이행에 이르는 거래의 여러 단계에서 힘의 불균형이 유발하는 불공정거래 행위를 막으려 한다. 예컨대 공정거래위원회는 '하도급법' 제18조(부당한 경영간섭의 금지)에 제2항을 추가하여 원사업자가 "정당한 사유 없이 수급사업자에게 원가자료 등 공정거래위원회가 고시하는 경영상의 정보를 요구하는 행위" 등을 '부당한 경영간섭'으로 명시하는 법률 개정을 추진했고,[8] 작년 12월 29일 국회에서 의결된 개정안에 포함시켰다.

문재인 정부의 공정거래위원회가 '하도급법' 제18조에 명시하여 근절하려는 대기업의 '부당한 경영간섭'은 하나 더 있다. "정당한 사유 없이 수급사업

---

8) '대규모유통업법'은 제정 때부터 제14조(경영정보 제공 요구 금지)를 두고 있다.

자로 하여금 자기 또는 자기가 지정하는 사업자와 거래하도록 구속하는 행위"
가 그것이다.9) 이런 행위가 전속적 거래구조를 만들어냄으로써 힘의 불균형
을 가져온다는 게 공정거래위원회의 설명이다. 힘의 불균형이 전속거래 강요
행위를 가능하게 하고, 그런 행위들이 전속적 거래구조를 만든다고 볼 수도
있다. 인과관계가 어떠하든 전속거래 강요 행위가 결국은 중소기업에 불리한
거래 조건으로 이어지기 쉽다는 것은 분명하다.

중소기업에 대한 대기업의 불공정거래 행위를 근절하기 위한 문재인 정부
의 노력이 그런 행위를 법률에 명시하는 데 그치지는 않은 듯하다. 문재인 정
부의 공정거래위원회는 실태조사를 유난히 강조한다. 작년 12월 29일 국회에
서 의결된 '대리점법' 개정안의 핵심 내용이 대리점 거래에 관한 '서면실태조
사'를 실시할 수 있도록 하는 것이고(제27조의2),10) 같은 날 국회에서 의결된
하도급법 개정안은 수급업자가 공정거래위원회의 실태조사에 협조했다는 이
유로 원사업자가 보복하는 행위를 새로운 위법 행위로 명시하고(제19조),11) 3
배소 적용 대상으로 추가하는 내용을 포함한다(제35조). 하도급과 관련해서는
전속거래의 유무만 아니라 강요 행위 존재 유무도 조사하고, 그 결과를 활용
하여 직권조사도 선제적 방식으로 전환하여 추진하겠다고 〈하도급 거래 공정
화 종합대책〉에서 미리 밝힌 바 있다. 〈2018년 업무계획〉에서는 전속거래

---

9) '공정거래법' 제23조(불공정거래행위의 금지)에 명시된 여섯 행위 중 하나가 "거래의 상대
방의 사업활동을 부당하게 구속하는 조건으로 거래하거나 다른 사업자의 사업활동을 방해
하는 행위"다. 그리고 '대규모유통업법'은 제정 때부터 "부당하게 납품업자 등에게 배타적
거래를 하도록 하거나 납품업자 등이 다른 사업자와 거래하는 것을 방해하는 행위"를 명시
하여 금지하고 있다(제23조).

10) '하도급법', '가맹사업법', '대규모유통업법'에는 '서면실태조사' 조항이 제정 때부터 있었거
나 이미 신설되었다.

11) '공정거래법'은 2014년에 신설된 제23조의3(보복조치의 금지)에 따라 '공정거래위원회의 조
사에 대한 협조'를 이유로 불이익을 주는 행위를 금지한다.

실태조사가 '전속거래 구조 완화' 또는 '전속거래 관행 개선'을 위한 것임을 밝히고 있다. 그러나 하도급을 비롯한 각 부문의 (서면)실태조사가 어떻게 대기업의 중소기업에 대한 불공정 행위의 근절과 거래 조건의 개선으로 이어질지는 지켜볼 일이다.

특정 불공정거래 행위를 법률에 명시하고서 그런 행위의 유무를 공정거래위원회가 조사하는 것이 하도급거래의 공정화를 위한 핵심 전략이라면 가맹사업거래의 공정화를 위한 핵심 전략은 가맹본부로 하여금 정보를 공개하게하는 것이다. 이 전략은 다른 부문의 대책에 앞서 작년 7월에 발표된 〈가맹분야 불공정관행 근절대책〉에서 확인할 수 있다. 그리고 작년 9월 입법예고와올해 2월 국무회의 의결을 거친 '가맹거래법' 시행령 개정안으로 확정되었다.가맹사업법에 따라 가맹본부는 가맹 희망자에게 제공할 정보공개서를 작성하여 공정거래위원회에 등록해야 하는데(제2조, 제6조의2), 이 정보공개서의 내용을 정하는 시행령을 개정하여 의무 기재 사항을 대폭 확대한 것이다. 특히가맹본부가 가맹점주에게 직접 공급하는 필수물품에 관한 사항을 자세히 기재하게 했다. 예컨대 필수품목의 품목별 공급가격 상·하한, 필수품목 공급을통해 수취하는 '초과가맹금'의 유무와 가맹점 평균 규모, 가맹점 매출액 대비필수품목 구매금액 비율 등이 의무기재사항으로 추가되었다. 가맹점주의 비용 상승을 야기하는 리베이트 등 관련 정보를 공개하게 했고, 가맹본부의 특수관계인이 가맹사업 과정에 참여할 경우 그에 관한 정보도 공개하게 했다.

가맹사업거래에 대해 특정 불공정거래행위를 명시하여 금지하는 법률 개정은 없었지만[12] '가맹사업법' 제12조의3(부당한 영업시간 구속금지)와 연결

---

[12] 공정거래위원회의 보도자료는 작년 12월 29일 국회에서 의결된 '가맹사업법' 개정안이 "새로운 위법 행위로 명시"하는 내용을 포함하는 듯이 설명한다. 그러나 사실은 제12조의4(부당한 영업지역 침해금지)의 문구가 "합의하여 … 변경할 수 있다"에서 "변경하기 위해서는

하여 '부당'의 조건을 완화하는 내용이 올해 2월 국무회의에서 의결된 시행령 개정안에 포함되었다(시행령 제13조의3). 가맹본부가 판촉행사를 실시할 경우 사전에 가맹점주들의 동의를 받도록 의무화하는 등 가맹본부의 거래행위를 제한하는 법률 개정도 추진되고 있다. 그리고 공정거래위원회는 하도급거래처럼 가맹사업거래에 대해서도 실태조사를 강조한다. 가맹점주가 공정거래위원회의 실태조사에 협조했다는 이유로 가맹본부가 보복하는 행위를 새로운 위법 행위로 명시하고[13] 3배소 적용 대상으로 추가하는 것이 작년 12월 29일 국회에서 의결된 '가맹사업법' 개정안의 주요 내용이다(제12조의5, 제37조의2). 공정거래위원회가 필수 품목과 정보공개에 대해서는 작년 하반기에 실태점검을 실시했는데, 그 결과를 자진시정 유도와 추가조사를 통한 조치로 잇겠다고 한다.

4. 두 가지 시도: 조정과 담합

문재인 정부의 공정거래위원회가 '공정한 시장경제 확립'을 목표로 추진하는 과제이지만 '불공정 행위 근절'을 위해서라고 말하기 어려운 것들도 있는데, 그 가운데 하나가 하도급법 등에 규정된 분쟁조정제도의 실효성을 제고하는 것이다. 공정거래위원회는 이를 가리켜 '민사적 구제수단 확충'을 통한 '법집행 강화' 또는 '법집행체계 개선'으로 규정한다. 사법과 행정의 시각에서 내린 규정일 텐데, 경제의 시각에서는 대·중소기업 간 거래 조건의 결정에 조금

··· 합의하여야 한다"로 바뀌었을 뿐이다.

13) '공정거래법'은 2014년에 신설된 제23조의3(보복조치의 금지)에 따라 '공정거래위원회의 조사에 대한 협조'를 이유로 불이익을 주는 행위를 금지한다.

더 가까운 지점을 겨냥한 시도로 볼 수 있다.

　분쟁조정제도의 실효성을 제고하기 위해 공정거래위원회가 내놓은 방안은 분쟁조정협의회를 시·도에도 설치하여 지자체도 분쟁조정을 수행할 수 있게 하는 것이다. 현행 하도급법 등은 한국공정거래조정원으로 하여금 분쟁조정협의회를 설치하게 하는데,[14] 이 조항을 고쳐 지자체에도 협의회를 설치할 수 있게 한다는 것이다. 이런 내용의 대리점법 개정안과 가맹사업법 개정안이 올해 2월 28일 국회에서 의결되었고, 같은 내용의 하도급법 개정과 대규모유통업법 개정이 추진되고 있다. 이에 더해 분쟁조정협의회에 조정을 신청했다는 이유로 불이익을 주는 행위를 보복조치로 명시하여 금지하면서 3배소 대상에 포함하는 법률 개정이 있었고, 분쟁조정제도를 수·위탁기업 간 거래를 포함하도록 확대하는 상생협력법 개정이 논의되고 있다.

　하도급분쟁조정협의회에 관해서는 다른 내용의 법률 개정도 있었다. 2009년에 신설된 하도급법 제16조의2는 수급업자가 직접 또는 협동조합을 통해 원사업자에게 하도급대금의 조정을 신청할 수 있는 요건으로서 '원재료의 가격 변동'을 명시하고, 양 당사자 간 합의가 이뤄지지 않을 경우 하도급분쟁조정협의회에 조정을 신청할 수 있게 하는데, 바로 이 조항의 하도급대금 조정 신청 요건을 '원재료의 가격 변동'에서 '공급원가 변동'으로 바꿈으로써 임금 상승도 포함하도록 하는 하도급법 개정안이 작년 12월 29일 국회에서 의결된 것이다. 이 개정으로 인해 하도급의 경우 거래 가격이 조정제도의 대상이 될 가능성이 커졌다. 그러나 지난 5년간의 하도급대금 조정 신청이 2건에 불과하다는 사실이[15] 이 제도의 실효성을 의심하게 한다. 신청 요건의 확대로 이

---

14) 하도급분쟁조정협의회는 사업자단체도 공정거래위원회의 승인을 받아 설치할 수 있다('하도급법' 제24조). 현재 공정경쟁연합회, 중소기업중앙회, 대한건설협회 등 11개 단체에 설치되어 있다.

런 사정이 달라질지는 의문이다.

문재인 정부의 공정거래위원회가 '공정한 시장경제 확립'을 위해 추진하고 있는 법률 개정은 더 있다. 〈하도급거래 공정화 종합대책〉에서 밝혔듯이 공정거래법을 개정하여 '소규모 하도급업체의 거래조건 합리화를 위한 공동행위'에 대해서는 담합 규정의 적용을 배제하겠다는 것이다. "협상력이 약한 소규모 하도급업체들은 원사업자와의 거래조건 협상에서 공동으로 대응하도록 할 필요"가 이 법률 개정의 이유임도 밝혔다. 〈2018년 업무계획〉에서는 범위를 넓혀 '중소기업·소상공인의 거래조건 합리화를 위한 공동행위'에 대해 담합 규정의 적용을 배제하겠다고 했다. 그 목적이 '협상력 격차 보완·해소'에 있음도 거듭 밝혔다.

담합 규정 적용 배제를 위한 정부의 공정거래법 개정안이 아직 공시되지 않았다. 현행 공정거래법에 제19조(부당한 공동행위의 금지) 제2항에 의거해서도 '거래조건의 합리화' 또는 '중소기업의 경쟁력향상'을 위한 공동행위는 제1항의 적용을 배제할 수 있다. 그리고 현행 공정거래법 시행령은 '중소기업의 경쟁력향상'을 위한 공동행위 요건으로 "공동행위에 의한 중소기업의 품질·기술향상 등 생산성 향상이나 거래조건에 관한 교섭력 강화 효과가 명백한 경우"와 "공동행위 외의 방법으로는 대기업과의 효율적인 경쟁이나 대기업에 대항하기 어려운 경우"를 들었다. 현행 공정거래법과 시행령이 이러한데, 문재인 정부의 공정거래위원회가 그것의 어느 조항을 어떻게 바꾸려는지 아직 불분명하다.[16] 더 불분명한 것은 적용배제에 적용될 제한이다. 공정거

---

15) 참여연대의 청구에 공정거래위원회가 공개한 사실이다(2018년 4월 18일자 참여연대 보도자료). 공정거래위원회의 『통계연보』에서는 해당 통계를 찾을 수 없다.

16) 2017년 12월 28일자 신문에 보도된 공정거래위원장의 말을 인용하면, "법에 있는데도 시행이 안 되는 이유는 너무 포괄적이고 추상적이기 때문"이다. "법 개정에서는 내용을 아예 구

래위원회는 '소비자이익 저해 우려'가 없는 경우에 한해 적용을 배제하겠다고 거듭 밝혔고, 〈2018년 업무계획〉에서는 적용배제 대상이 아닌 행위로서 하도급업체들이 공동으로 납품단가 인상을 요구하는 행위를 적시했다. 공동행위 허용의 목적이 '협상력 격차 보완·해소'에 있다고 하면서도 가격 협상에서의 공동행위는 허용하지 않겠다는 것이다. 동일 부처의 동일 발표문에 상이한 진술이 들어 있는 것이다. 이와 관련하여 "경쟁 당국이 경쟁을 제한하는 담합의 예외를 인정하겠다는 것은 매우 조심스러운 상황"이라는 공정거래위원장의 발언도 있었다. 담합 규정 적용 배제는 아예 없거나 유명무실한 일이 될 가능성이 크다.

5. 목표로서의 공정한 재벌체제, 수단으로서의 자율적 변화

〈문재인 정부 국정운영 5개년 계획〉으로 되돌아가서 보면, '더불어 잘사는 경제'를 달성하기 위한 전략들 중 하나가 '활력이 넘치는 공정경제'이고, 그 전략이 포함하는 5대 국정과제 가운데 첫째가 '공정한 시장질서 확립'이다. 그리고 둘째가 '재벌 총수 일가 전횡 방지 및 소유·지배구조 개선'이다. 두 과제는 셋째 과제와 함께 공정거래위원회에 맡겨졌다. 공정거래위원회는 〈2018년 업무계획〉에서 둘째 과제를 '대기업집단의 경제력 남용 방지'로 바꿔 쓰고, 그 아래에 실천과제 셋을 열거한다. 사익편취 및 부당내부거래 근절, 편법적 지배력 확대 차단, 지배구조 개선 유도가 그것이다. 사리에 맞지 않아 더욱 어지러운 제목과 소제목들이다.

체화하려 하고 있다."

재벌과 관련하여 공정거래위원회가 설정한 과제는 공정거래위원회가 하지 않으려는 게 무엇인지 알려준다. 대기업집단의 경제력 남용을 방지하겠다는 것은 총수일가로의 경제력 집중을 억제하지 않겠다는 것이다. 총수일가가 대물림하며 적은 주식지분으로 많은 대기업을 절대적으로 지배하는 재벌체제를 그대로 두겠다는 것이다. 다만 재벌총수가 자신에게 집중된 경제력을 남용하는 일이 없도록 하겠다는 것이다. 나름대로 공정한 재벌체제가 문재인 정부의 공정거래위원회가 설정한 목표라는 것이다.

문재인 정부의 공정거래위원회가 생각하는 공정한 재벌체제는 총수일가의 사익편취가 없는 재벌체제다. 더 구체적으로 말하면, 총수일가의 사익편취 수단으로 널리 사용되는 일감몰아주기 등의 부당내부거래가 없는 재벌체제다.[17] 공정거래법 제23조의2가 규정하는 '특수관계인에 대한 부당한 이익제공'이 없는 재벌체제다. 그렇지만 공정거래위원회가 이 조항을 처음 적용하여 내린 시정명령과 과징금부과처분을 법원이 취소하는 일이 지난해 9월에 있었다. 법원의 판결에 따르면, 부당내부거래가 없는 재벌체제는 이미 현실이다.

문재인 정부의 공정거래위원회가 생각하는 공정한 재벌체제는 편법적 지배력 확대가 없는 재벌체제다. 더 구체적으로 말하면, 공익법인을 통한 지배력 확대가 없는 재벌체제다. 물론 여기서 지배력은 총수일가의 지배력이다. 그렇지만 공정거래위원회는 총수일가가 지배하는 공익법인이 계열회사 주식을 취득·보유하는 것을 지금보다 더 엄격히 제한하거나 금지하는 법률 개정을 추진하지 않는다. 공익법인이 보유하는 계열회사 주식의 의결권 행사를

---

17) 지주회사가 (손)자회사들에게서 거둬들이는 브랜드수수료 등도 공정거래위원회의 관심 대상인 듯하다. 그러나 공정거래위원회가 아직은 그것을 가리켜 사익편취라고 말하지 않으며, 실태 조사 및 결과 공개와 함께 브랜드수수료 관련 사항을 공시 대상에 포함시키는 고시 개정을 추진할 뿐이다.

못하게 하는 법률 개정도 추진하지 않는다. 공정거래위원회가 하겠다는 것은 아직은 실태조사뿐이다.

공정한 재벌체제이기 위해서는 없어야 할 총수일가의 사익편취행위는 재벌기업의 지배구조와 무관하지 않다. 총수일가의 사익편취행위를 막을 수 있으려면 기업지배구조가 어떠해야 하는지를 공정거래위원회가 제시하지는 않는다. 그런 기업지배구조 개선을 위한 어떤 법률 개정도 추진하지 않는다. 재벌총수들을 향해 기업지배구조에 대한 '자율적 변화'를 촉구할 뿐이다.

사실 지금의 재벌체제를 바꿔놓기 위해 공정거래위원회가 할 수 있는 일이 많지 않다. 재벌그룹 계열회사의 출자총액을 다시 제한하거나 금융회사의 비금융 계열회사 주식 보유 또는 의결권 행사를 금지하거나18) 지주회사의 자회사 주식보유 하한을 높이는 등 재벌그룹의 소유구조를 겨냥한 공정거래법 개정을 제외한다면19) 공정거래위원회가 할 수 있는 일이 별로 없다. 아마도 그래서 재벌체제에 대해 문재인 정부의 공정거래위원회가 설정한 목표가 총수일가의 사익편취 근절일 것이다. 그리고 다시 대상을 좁혀 부당내부거래를 통한 사익편취에 집중했을 것이다. 그런데 그마저도 어려울 수 있다. 공정거

---

18) 〈문재인 정부 국정운영 5개년 계획〉에는 '재벌 총수일가 전횡 방지 및 소유·지배구조 개선'의 주요 내용으로 '금융회사의 계열사에 대한 의결권 제한 강화'가 포함되어 있고, 현행 공정거래법 제11조(금융회사 또는 보험회사의 의결권 제한)은 대기업집단 소속 금융회사 또는 보험회사가 국내 계열회사 주식을 소유하고 있을 경우 특정 사안에 대해 해당 계열회사 발행주식의 15% 이내에서만 의결권을 행사할 수 있도록 제한한다. 그렇지만 문재인 정부의 공정거래위원회는 이 비율을 낮추는 등의 법률 개정을 고려하지 않는 것으로 알려져 있다.

19) 더불어민주당의 2017년 대선 공약집에는 경제민주화의 일환으로 재벌과 관련하여 '지주회사의 자회사·손자회사 지분율 요건 강화'가 포함되어 있고, 〈문재인 정부 국정운영 5개년 계획〉에는 '재벌 총수일가 전횡 방지 및 소유·지배구조 개선'의 주요 내용으로 '지주회사 행위제한 규제 강화'가 포함되어 있다. 그리고 현행 공정거래법 제8조의2(지주회사 등의 행위제한 등) 제2항 제1호는 지주회사가 보유해야 하는 자회사 주식 비율의 하한을 정하고 있다. 그렇지만 문재인 정부의 공정거래위원회는 이 비율을 높이는 등의 법률 개정을 고려하지 않는 것으로 알려져 있다.

래법 제23조의2가 대법원의 판결에 의해 최종적으로 사문화된다면 공정거래위원회에게는 남는 수단이 거의 없다. 재벌총수들을 향해 자율적 변화를 촉구하는 것만 남는다.

가능성은 공정거래위원회 밖에 있다. 법무부 소관의 상법 등을 개정하여 기업지배구조가 바뀌도록 하는 것이다. 〈문재인 정부 국정운영 5개년 계획〉에는 '재벌 총수일가 전횡 방지 및 소유·지배구조 개선'의 주요 내용으로 '다중대표소송제·전자투표제 도입, 집중투표제 의무화 등 추진'이 포함되어 있는데, 이 세 과제가 모두 상법 개정 사항이다.[20] 이 셋 가운데 특히 집중투표제가 '사익편취 및 부당내부거래 근절'의 수단으로 유효할 수 있다. 집중투표제를 통해 소수주주가 지지하는 이사 선임이 이뤄지면 총수일가의 사익을 위한 내부거래가 이사회의 승인을 받는 게 예전처럼 쉽지는 않을 것이다. 이와 관련해서 문재인 정부의 법무부가 올해 4월에 의견서를 국회에 제출했다는 보도가 있으나 공개되지는 않고 있다.

6. 맺음말

평등한 기회, 공정한 과정, 정의로운 결과. 문재인 대통령의 취임사에도 등장하는 구호다. 〈문재인 정부 국정운영 5개년 계획〉에서 '정의로운 결과'는 '함께 잘사는 사회'라는 목표로 구체화되고, '공정한 과정'은 '공정경제'라는 전략으로 좁혀진다. 공정경제는 '공정한 시장질서 확립'을 포함하는 다섯 국정

---

20) 다중대표소송제·전자투표제 도입과 집중투표제 의무화는 감사위원 분리선출 방식 도입과 함께 2013년 7월에 박근혜 정부의 법무부가 입법예고한 상법 개정안의 주요 내용이기도 하다.

과제로 이어진다. 문재인 정부의 공정거래위원회는 '공정한 시장질서'를 '공정한 시장경제'로 고쳐 쓰면서 다른 두 국정과제를 그 아래 포함한다.

문재인 정부의 공정거래위원회가 확립하려는 '공정한 시장경제'의 핵심은 대기업과 중소기업 사이의 거래에서 불공정행위가 없는 것이다. 대기업에 의한 기술 탈취, 경영정보 요구, 전속거래 강요 등이 없어야 공정한 시장경제라는 것이다. 그래서 대기업의 특정 행위를 법률에 명시하여 금지하고, 실태조사를 실시하고, 정보공개를 강화하고, 조정제도를 확대한다. 공정거래위원회의 이런 전략이 일부 불공정거래행위를 없애는 데는 유효할 것이다. 가맹사업 분야에서는 특히 그러하다. 그렇지만 의문스럽다. 우리나라에서 중소기업에 대한 대기업의 불공정거래행위의 부재가 '함께 잘사는 사회'의 필요조건임은 분명하지만 전자가 후자를 이루는 데 얼마나 크게 기여할지는 의문이다. '함께'에 방점이 붙으면 더욱 그러하다.

공정거래위원회가 맡은 또 하나의 과제가 '대기업집단의 경제력 남용 방지'다. 경제력 집중이 아닌 경제력 남용을 겨냥한 과제다. 공정거래위원회는 남용 중에서도 부당내부거래를 통한 총수일가의 사익편취에 초점을 맞춘다. '편법적 지배력 확대'도 언급하지만 아직은 핵심이 아니다. 그리고 재벌총수를 향해 '자발적 변화'를 촉구한다. 공정거래위원회의 이런 접근이 어떤 변화를 얼마나 가져올지 의문이다. 그 변화가 '함께 잘사는 사회'를 만드는 데 얼마나 기여할지는 더욱 의문스럽다.

공정거래위원회가 공정거래를 내세우는 것은 자연스럽다. 불공정거래행위를 없애고 부당내부거래를 막겠다고 나서는 것은 당연하다. 그러나 그것만으로는 정의를 세울 수 없다. '정의'를 '함께 잘사는 사회'로 대체하면 더욱 그렇다. 적어도 지금 우리나라에서는 그렇다.

참고문헌

국정기획자문회의. 2017. 『국민의 나라 정의로운 대한민국: 국정기획자문회의 백서』. 문화체육관광부.

Mill, J. S. 1848. *Principles of Political Economy with Some of their Applications to Social Philosophy*. London: John W. Parker.

Nozsick, R. 1974. *Anarchy, State, and Utopia*, Oxford: Blackwell.

Rawls, J. 1971. *A Theory of Justice*. Cambridge: The Belknap Press of Harvard University.

Smith, A. 1776. *An Inquiry into the Nature and Causes of the Wealth of Nations*. London: W. Strahan and T. Cadell.

Stigler, G. 1957. "Perfect competition, historically contemplated." *Journal of Political Economy*, 65(1), pp. 1~17.

Varian, H. 1974. "Equity, envy, and efficiency." *Journal of Economic Theory*, 9(1), pp. 63~91.

_____. 1975. "Two problems in the theory of fairness." *Journal of Public Economics*, 5(3-4), pp. 249~260.

_____. 1976. "Distributive justice, welfare economics, and the theory of fairness." *Philosophy and Public Affairs*, 4(3), pp. 223~247.

참고자료

공정거래위원회. 2017. 〈가맹분야 불공정관행 근절대책〉, 2017년 7월 19일 보도자료. http://www.ftc.go.kr/www/selectReportUserView.do?key=10andrpttype=1andreport_data_no=7360.

_____. 2017. 〈하도급거래 공정화 종합대책〉, 2017년 12월 28일 보도자료. http://www.ftc.go.kr/www/selectReportUserView.do?key=10andrpttype=1andreport_data_no=7596.

_____. 2018. 〈2018년 업무계획〉, 2018년 1월 26일 보도자료. http://www.ftc.go.kr/www/selectReportUserView.do?key=10andrpttype=1andreport_data_no=7646.

중소벤처기업부 외. 2018. 〈최저임금 인상 등에 따른 중소기업 납품단가 현실화 방안〉, 2018년 4월 4일 보도자료. http://www.mss.go.kr/site/smba/ex/bbs/View.do?cbIdx=86andbcIdx=1005840 andparentSeq=1005840.

_____. 2018. 〈중소기업 기술탈취 근절 대책〉, 2018년 2월 12일 보도자료. http://www.mss.

go.kr/site/smba/ex/bbs/View.do?cbIdx=86andbcIdx=1005198andparentSeq=1005198.

참여연대. 2018. 〈하도급대금 조정신청 제도 활성화를 위한 정부의 적극적인 행정 필요〉, 2018
년 4월 18일자 보도자료. https://docs.google.com/document/d/12Fi2E-4DVbPXiiMHQVr
E2vNw vSrlBM5wLlSbD2mRcSc/edit#heading=h.xlxqi0f22aj5.

제2부 공정한 경제와 사회적 형평

제5장

노동조합이 임금 분배에 미치는 영향
1987~2016*

이병희 | 한국노동연구원 선임연구위원

1. 머리말

　노동시장의 이중화가 진행되면서 노동조합의 역할에 대한 논란이 계속되고 있다. 가장 대표적인 부정적 인식은 노동조합이 대기업·정규직·고임금 근로자의 이해를 주로 대변하여 노동시장의 불평등을 심화시킨다는 것이다. 노동조합의 독점적 임금효과는 노조-비노조 부문 간 임금격차와 기업 간 임금격차를 유발하여 임금 불평등을 확대시키는 요인으로 작용할 수 있다. 노조의 임금효과가 독점 때문이 아니라 기업의 수요 독점을 억제하여 발생한 것이라는 반론이 있지만(Kaufman, 2008), 임금효과가 일부 근로자에게만 발생한다면 비경쟁적인 렌트의 배분에 의해 불평등이 증가한다는 결과는 변함이 없을 것이다.

　그러나 노동조합은 임금을 평준화하는 효과도 가질 수 있다. 노조의 임금

＊　이 글은 『노동시장제도와 경제적 불평등』(한국노동연구원) 연구의 일부임을 밝힌다.

인상이 저숙련 근로자의 실직과 임금 하락을 유발하여 임금 불평등을 심화시킬 것이라는 기존의 지배적인 견해에 맞서, 프리먼과 메도프(Freeman and Medoff, 1984)는 노조가 임금을 평준화하는 효과가 있으며, 노조의 독점적 임금효과를 상회하여 순효과로는 임금 불평등을 감소시키고 있음을 입증하였다. 근로자 간 임금격차를 줄이려는 노조의 임금표준화 전략이 임금 분배를 개선하는 대표적인 정책이다. 그렇지만 우리처럼 기업별 교섭구조에서는 노조의 적극적인 전략에 의한 효과가 제한적일 것이라는 지적이 많다. 그러나 연대활동이나 기업 간 임금정책 조율이 제한적이더라도 노동조합에 의한 임금교섭 결과가 비노조 부문의 다른 기업에게도 확산된다면, 의도하지는 않더라도 패턴교섭과 유사하게 임금을 평준화하는 효과를 가질 수 있다. 이는 비노조 부문의 사업주가 노조의 설립을 막기 위하여 적극적으로 대응한 때문이거나(이른바 노조의 위협효과), 아니면 임금 결정이나 인사관리가 체계화되지 않은 상태에서 소극적으로 노조의 교섭 결과를 수용한 때문일 수도 있다.

국내의 초기 연구는 비노조 부문과 비교한 노동조합의 상대적 임금효과에 주목하였다. 대체로 1990년대 중반까지는 노조의 임금효과가 유의하지 않거나 작다가 외환위기 이후부터 증가하는 것으로 추정되고 있다. 노조의 임금효과가 과소 추정되었을 가능성을 지적하는 연구도 있지만(류재우, 2007), 노조의 임금효과가 낮은 수준이라는 점은 공통된다. 노조가 임금분배에 미치는 효과에 대한 연구들은 대체로 노동조합이 임금불평등을 완화한다는 결론을 내렸다(어수봉·이태현, 1992; 이정우·남상섭, 1994; 황덕순, 2005; 강승복, 2014). 이정우·남상섭(1994)은 프리맨(Freeman, 1980)의 방법을 이용하여, 노조의 독점적 임금효과에 의한 임금불평등 확대 효과보다 임금표준화에 의한 임금불평등 축소 효과가 더 크다는 점을 입증하고 있다. 노조가 직종 간 임금격차를 축소하는 효과까지를 포함하면 노조의 임금 평준화 효과가 더 커진다. 황덕순

(2005)은 노동조합 조직률이 높은 산업일수록 변이계수로 측정한 임금 불평등도가 낮고 사업체 규모 간 격차도 적은 상관관계를 제시한다. 노동조합이 임금격차를 확대시킨다는 통념이 사실과 부합되지 않는다고 지적한다. 강승복(2014)은 카드·르뮤·리들(Card, Lemieux and Riddell, 2004)의 방법을 이용하여 노동조합이 전체 임금 분산을 줄이는 효과가 있음을 실증하고 있다. 1994년 이후 임금 불평등의 확대는 노조의 약화와 관련 있다고 해석한다.

그러나 최근 들어 노조가 임금 불평등을 완화하는 효과가 없거나 오히려 확대하는 연구 결과가 제시되고 있다(이정현, 2004; 김창오, 2015; 성재민, 2009). 이정현(2004)은 분위회귀분석을 통해 노조의 임금효과가 1987~1994년까지는 저임금 노동자, 1990년대 중반 중위임금 노동자, 1996년부터 고임금 노동자에서 가장 크게 나타나는 결과를 제시하면서, 노조가 고임금노동자를 위한 조직으로 성격이 변하였다고 주장한다. 김창오(2015)는 1998~2014년 노동패널 자료를 이용하여 노조의 임금 평준화 효과가 2007년 이후 사라졌다는 분석결과를 제시한다. 그는 노동조합의 임금효과가 상위 임금근로자에게 집중되기 때문이라고 지적한다. 성재민(2009)은 노동조합이 임금의 전체 분산을 줄이지만, 그 크기는 미약하다는 분석 결과를 제시한다. 노조 조직률 자체가 낮고, 조합원 비율이 고임금 근로자에서 높기 때문이라고 설명한다. 노동시장제도가 저임금 고용비중에 미치는 효과를 분석한 황·이(Hwang and Lee, 2012)는 단체교섭이 1990년대에 저임금 고용비중을 감소하는 역할을 하였지만 2000년대 들어 이러한 역할이 약화되었음을 제시하고 있다.

본 연구는 국내의 가장 대표적인 조사 자료들을 이용하여 긴 시계열에 걸쳐 노동조합이 임금 불평등에 어떠한 영향을 미쳤는지를 분석한다. 또한 노조가 전체 임금분포에 미치는 영향을 분석하는 데 적합한 분석방법인 무조건 분위회귀(unconditional quantile regression)를 사용한다.

연구 질문은 세 가지다. 첫째, 1987~2016년 동안 30년에 걸쳐 노조가 임금 불평등 증가에 기여하였는가? 지난 30년 동안 노조의 임금 평준화 효과가 미미한 시기는 2008~2013년에 한정되며, 최근 들어 임금분배 개선 효과가 회복되고 있음을 보일 것이다.

둘째, 노조의 임금효과는 비정규직에게도 확대되는가? 민간 부문의 전체 근로자를 대상으로, 사업체 내 노조의 존재보다는 노조 가입이 임금 불평등을 억제한다는 점을 밝힌다. 노조의 조직 기반이 포괄적일수록 노조의 임금 분배 개선 효과가 커진다는 점을 지적할 것이다.

셋째, 노조가 기업 간 임금격차를 줄이는가? 임금 불평등의 증가를 사업체 간/사업체 내로 나누어, 노조가 사업체 간 임금 분배에 미친 영향을 분석한다. 2000년대 중반 이후 노조가 사업체 간 임금 불평등을 억제하지 못하고 있음을 보인다.

2. 분석 자료와 분석 방법

1) 분석 자료

본 연구는 임금구조기본통계조사(고용노동부)와 고용형태별 근로실태조사(고용노동부)를 사용한다. 이 조사들은 지역, 산업, 사업체 규모를 고려하여 층화추출한 사업체에 종사하는 근로자들을 표본 조사하므로, 사업체-근로자 연계 자료(employer-employee matched data)에 해당한다. 수익성, 생산성 등 노동 수요와 관련된 사업체의 정보를 제공하지는 않지만, 근로자별 분석뿐만 아니라 사업체 코드를 이용하여 사업체별 분석을 할 수 있는 장점이 있다.

임금구조기본통계조사는 가장 긴 시계열의 임금 정보를 제공하지만, 민간 부문의 10인 이상 사업체(농림어업, 공공행정, 국방 및 사회보장행정, 가사서비스업, 국제 및 외국기관 제외)[1]에 종사하는 상용 근로자에 한정된다는 한계가 있다. 반면 고용형태별 근로실태조사(고용노동부)는 2006년부터 민간 부문에 종사하는 모든 근로자의 임금 정보를 제공한다. 본 연구에서는 임금구조기본통계조사 1987~2016 자료를 일차적으로 이용하되,[2] 고용형태별 근로실태조사 2006~2016년 자료를 보완적으로 사용한다.

임금 변수는 노동시장에서의 처우와 직접 관련이 있는 시간당 임금을 사용한다. 초과근로도 임금불평등을 낳는 요인이므로 시간당 임금총액을 사용한다. 월 급여액(정액급여+초과급여)에 전년도 연간 특별급여를 12로 나눈 금액을 더하여 월 임금총액을 구하고, 실근로시간(소정근로시간+초과근로시간)으로 나누어 산출하였다. 그리고 임금불평등을 요약하는 지표로는 대수 분산(logarithmic variance)을 사용한다. 대수 분산은 지니계수에 비해 하위 임금분포에 더 많은 가중치를 부여하는 특성을 가지므로 노조의 임금 평준화 효과를 과소 측정할 수 있으며, 피구-달턴(Pigou-Dalton) 이전원리를 충족하지 않는 한계가 있다. 그러나 가법 분해 공리(Additive Decomposability)를 충족하여 불평등 변화를 쉽게 분해할 수 있는 장점을 가진다. 본 연구에서는 전체 분산을 사업체 간 분산과 사업체 내 분산으로 분해하기 위해 대수 분산을 사용하였다.

분석기간 동안 조사항목이나 변숫값의 변화가 다소 있다. 회귀분석을 할 때 모든 시기에 걸쳐 동일한 변수로 통제할 수 있도록 변숫값을 조정하였다. 사용한 통제변수는 성, 잠재적 노동시장경력년수(연령−교육−6)와 그 제곱값,

---

1) 1999년부터 5인 이상 사업체와 농림어업으로 조사대상을 확대하였지만, 이전 시기와의 일관성 유지를 위해 10인 이상 비농림어업 사업체로 분석대상을 한정하였다.
2) 본 연구의 관심인 사업체 내 노조 유무에 관한 정보는 1987년부터 조사되었다.

〈표 5-1〉 표본 특성

		1987		1994		2008		2016	
		평균	표준편차	평균	표준편차	평균	표준편차	평균	표준편차
남성		0.646	1.292	0.713	1.543	0.689	1.422	0.647	1.686
잠재적 경력(년수)		14.1	28.3	16.9	40.6	18.2	34.8	21.2	43.8
학력	중졸 이하	0.391	1.319	0.245	1.468	0.066	0.764	0.037	0.665
	전문대졸	0.046	0.564	0.081	0.930	0.182	1.184	0.167	1.315
	대졸 이상	0.123	0.888	0.177	1.303	0.356	1.471	0.424	1.745
근속(년수)		3.892	11.947	5.237	18.248	6.298	21.469	6.623	25.993
규모	30~99인	0.257	1.181	0.285	1.540	0.276	1.372	0.286	1.594
	100~299인	0.220	1.120	0.205	1.376	0.193	1.213	0.196	1.402
	300~499인	0.083	0.747	0.069	0.865	0.062	0.740	0.051	0.780
	500인 이상	0.303	1.243	0.225	1.424	0.183	1.186	0.168	1.321
산업	광업	0.017	0.347	0.006	0.257	0.003	0.168	0.001	0.125
	전기가스수도업	0.006	0.212	0.007	0.288	0.009	0.292	0.007	0.295
	건설업	0.027	0.440	0.057	0.789	0.023	0.461	0.048	0.756
	도소매 음식숙박업	0.052	0.599	0.090	0.975	0.099	0.918	0.108	1.096
	사업개인 공공서비스업	0.261	1.187	0.327	1.600	0.467	1.532	0.514	1.764
직업	고위 사무직	0.182	1.043	0.205	1.378	0.297	1.403	0.291	1.604
	저위 사무직	0.222	1.123	0.289	1.546	0.328	1.442	0.368	1.703
사업체 내 노조		0.322	1.263	0.477	1.704	0.324	1.437	0.267	1.561

자료: 고용노동부, 임금구조기본통계조사.

학력 더미(중졸 이하, 고졸, 초대졸, 대졸 이상), 근속년수와 그 제곱값, 사업체 규
모 더미(10~29인, 30~99인, 100~299인, 300~499인, 500인 이상), 산업(광업, 제조업,
전기가스수도업, 건설업, 도소매음식숙박업, 사업개인공공서비스업), 직업(고위 사무직,
저위 사무직, 생산직), 사업체 내 노조 유무다. 〈표 5-1〉을 보면, 1987~2016년
동안 노동력의 중장년화와 고학력화, 노동수요 측면에서 제조업과 생산직, 대
규모 사업체의 고용 비중 감소가 두드러진다.

2) 분석 방법

본 논문의 관심은 노조가 임금불평등에 미치는 영향이다. 노조의 임금효과
는 임금분포의 위치에 따라 다를 것이므로, 분위별로 노조의 영향을 추정하는
것이 바람직하다. 본 연구는 피르포·포르텡·르뮤(Firpo, Fortin and Lemieux,
2009)가 제안한 무조건 분위회귀(unconditional quantile regression)를 사용한다.

통상적인 분위회귀는 관측되는 특성들이 동일하다고 가정한 조건 분포에
서 특정 설명변수가 각 분위에서의 종속변수에 미치는 효과를 측정한다는 점
에서 조건 분위회귀다. 예를 들어 통상적인 분위 회귀를 통해 추정한 노조 가
입의 임금효과가 10분위보다 90분위에서 낮다면, 노조 가입 여부를 제외한
설명변수들이 모두 동일한 집단 내의 불평등을 노조가 줄인다는 것을 의미한
다. 그러나 이것만으로는 노조가 전체 임금 불평등을 줄인다는 것을 의미하
지 않는다. 노조가 조합원의 임금을 비조합원에 비해 더 올리는 집단 간 임금
효과가 집단 내 임금 불평등 감소보다 더 크다면 전체 임금 불평등은 커지기
때문이다(Firpo, Fortin and Lemieux, 2009).[3] 노조가 임금 불평등에 미치는 영
향을 추정하고자 하는 본 연구의 목적에 비추어, 노조를 제외한 설명변수들이
임금분포에 영향을 미쳐서는 안 된다. 즉, 전체 임금분포 상에서 노조가 분위
별로 미치는 영향을 추정해야 한다. 어떠한 특성도 통제하지 않은 전체 분포
의 임금분위값에 해당 설명변수가 미치는 효과를 추정하는 무조건 분위회귀
가 연구목적에 부합한다.

---

[3] 조건 분위회귀분석과 무조건 분위회귀분석의 추정결과는 상당히 다르다. 노조가 분위별 임
금에 미치는 효과를 추정한 Firpo, Fortin and Lemieux(2009)에 따르면, 조건 분위회귀분석
에서는 저임금 분위일수록 노조의 임금효과가 컸지만, 무조건 분위회귀분석에서는 중간 분
위에서 노조의 임금효과가 크게 나타났다.

무조건 분위회귀를 간략히 설명하면 다음과 같다.[4] 실제 분포를 재중심 영향함수(recentered influence function)를 이용하여 가상적인 분포를 만들 수 있다. 특정 설명변수의 변화가 종속변수의 무조건 분포에 미치는 한계효과를 계산하기 위해, 재중심 영향함수는 영향함수 개념에 기반한다. 종속변수인 분포 통계량[5]이 분위 τ의 분위수 $q_\tau = F^{-1}(\tau)$ 라면, 재중심 영향함수는 다음과 같이 정의된다.

$$RIF(Y;\ q_\tau, F_Y) \equiv q_\tau + IF(Y;\ q_\tau, F_Y)$$

두 번째 항의 영향함수(influence function)는 개별 관측치의 변화가 종속변수의 분포 통계량에 미치는 영향을 측정하는 함수다. 영향함수는 다음과 같이 정의된다.

$$IF(Y;\ q_\tau, F_Y) = \frac{\tau - I(Y \le q_\tau)}{f_Y(q_\tau)}$$

$I(\cdot)$는 개별 관측치 Y가 q_τ보다 작거나 같으면 1, 그 외는 0인 지시함수며, $f_Y(q_\tau)$는 분위수 q_τ의 밀도함수다.

영향함수의 기댓값 $E(IF(Y;\ q_\tau, F_Y)) = 0$ 이므로, $E(RIF(Y;\ q_\tau, F_Y)) = q_\tau$ 이다. 커널밀도함수를 이용하여 개별 관측치에 대한 RIF를 추정할 수 있으므로, 이를 종속변수로 하여 다음과 같이 RIF-회귀분석을 수행한다.

$$RIF_{\tau, Y_i} = \alpha_\tau + \beta_\tau X_i + \epsilon_i$$

$$추정계수\ \beta_\tau = \frac{\partial E(RIF_\tau | X)}{\partial X} = \frac{\partial q_\tau(X)}{\partial X}$$

---

4) 이하의 설명은 김계숙·민인식(2013), 김현경 외(2015)를 참조하였다.
5) 예를 들면 분포 F로부터 얻는 분위수, 분산, 지니계수 등.

는 설명변수 X가 1단위 증가하면 무조건 분위수 q_τ가 얼마나 변하는지에 관한 한계효과를 보여준다.

3. 기초 통계

1) 임금 불평등 추이

〈그림 5-1〉에 임금 불평등 추이를 제시하였다. 1987~2016년간 로그임금 분산 추이를 보면, 1987년 이후 임금 불평등은 감소하여 1994년에 가장 낮은 수준을 기록하였다. 그 이후 증가추세로 반전하여 2008년까지 불평등이 증가하다가, 2009년 이후 다소 감소하고 있다. 한편 10인 미만 사업장과 비정규직을 포함하여 전체 임금근로자로 확대하여 보면, 임금 불평등 수준은 높지만,

〈그림 5-1〉 임금 불평등 추이(로그임금 분산)

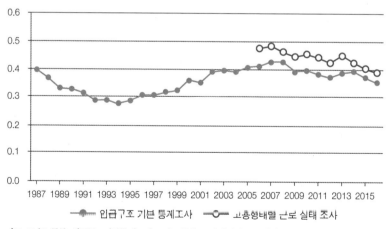

자료: 고용노동부, 임금구조기본통계조사; 고용노동부, 고용형태별 근로실태조사.

글로벌 금융위기 이후 하락 추세는 유사하다.

최근의 임금 불평등 감소 추세는 통념과 다르다. 국세청의 소득세 자료를 이용하여 최상위 임금 비중의 추세를 분석한 홍민기(2015)에 따르면, 상위 10%의 점유율은 1990년대 후반부터 증가한다. 구체적으로는 1996년부터 상승하기 시작하여 2007년에 정점을 기록하였으며, 이후에도 정체 상태를 보인다. 그 연구에 비추어 보면, 이 글에서 사용하는 자료가 고임금을 과소 포착하여, 최근의 고임금 근로자의 임금 상승을 제대로 반영하지 못하는 문제를 안고 있다. 그러나 노조가 최상위 임금에 미치는 영향이 제한적일 것이므로, 노조가 임금 불평등에 미치는 영향에 대한 분석에는 그다지 문제를 낳지 않을 것으로 생각한다. 이 글은 임금 불평등 추세의 원인을 규명하는 것이 아니므로, 각년도 또는 임금 불평등이 감소 또는 증가하는 시기별로 나누어 노조의 영향을 분석하고자 한다.

〈그림 5-2〉는 임금 불평등 추이를 임금분위수 배율로 다시 살펴본 것이다.

〈그림 5-2〉 임금 불평등 추이(분위수 배율)

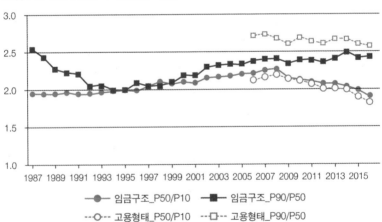

자료: 고용노동부, 임금구조기본통계조사; 고용노동부, 고용형태별 근로실태조사.

1987-1994년 동안 중위 임금 대비 상위 90분위 임금(P90/P50)이 크게 하락하였으며, 하위 10분위 임금 대비 중위 임금(P50/P10)은 거의 변화가 없다. 중간과 하위 임금 근로자의 임금 상승이 두드러진 시기였다. 반면 임금 불평등이 크게 증가하는 1994~2008년 동안 P90/P50의 증가가 두드러지고 P50/P10도 증가하였다. 중간 임금근로자도 임금이 상대적으로 상승하였지만 상위 임금 근로자의 임금 상승이 더 커서 임금 불평등 증가로 나타난 것이다. 2008~2016년 동안에는 P90/P50이 소폭 증가하였으며, P50/P10의 하락이 두드러진다. 하위 임금근로자의 임금이 상대적으로 증가하여 임금 불평등이 다소 감소하였다. 고용형태별 근로실태조사에서도 2008~2016년 동안 P50/P10이 하락하여, 하위 임금근로자의 임금이 개선되었음을 확인할 수 있다.

2) 노조 조직률 추이

기업별 노조가 모든 근로자를 대변하는지, 아니면 조합원만을 대변하는지에 따라 노조의 효과는 달라질 것이다. 이에 본 연구는 노조 조직률(union density)을 사업체 내 노조 유무(union presence)와 조합원 여부(union membership)로 측정하여, 노조의 효과를 나누어 살펴보고자 한다.

임금구조기본통계조사는 2007년까지 사업체 내 노동조합 유무에 대해 조사하였으며, 2008년 이후에는 근로자 개인별로 노조 가입 정보를 제공하고 있다. 이 글은 정보의 연속성을 유지하기 위하여 고용형태별 근로실태조사와 2008년 이후 임금구조기본통계조사 자료에서 노조에 가입했다는 근로자가 1명이라도 존재하는 경우엔 노조 사업장으로 처리하였다.

〈그림 5-3〉은 사업체 내 노조 유무와 조합원 비율로 측정한 노조 조직률의 추이를 보여준다. 임금구조기본통계조사의 조사기준월은 4월이므로, 1987년

〈그림 5-3〉 노동조합 조직률 추이

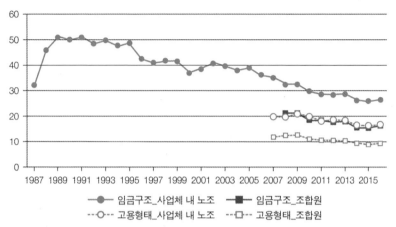

자료: 고용노동부, 임금구조기본통계조사; 고용노동부, 고용형태별 근로실태조사.

자료는 노동자 대투쟁 이전의 노조 조직률을 보여준다. 민간 부문 10인 이상 사업체의 상용근로자 가운데 노조가 있는 사업장에 종사하는 근로자의 비율은 1987년 32.2%에서 1989~1993년 동안 50% 수준으로 급증하였다. 1996년부터 지속적으로 감소하여 2016년 26.7%를 기록하고 있다. 조합원 비율은 사업체 내 노조 조직률보다 훨씬 낮지만 감소 추세는 마찬가지다. 2008년 21.3%에서 2016년 16.4%로 감소하였다.[6]

10인 미만 사업장과 비정규직을 포함하여 민간 부문의 전체 근로자로 확대하면, 사업체 내 노조 비율은 2016년 16.9%, 조합원 비율은 9.3%로 더욱 낮은데, 노조 조직률의 감소 추세는 마찬가지다.

〈그림 5-4〉는 사업체 내 노조 유무로 측정한 노조 조직률을 임금 분위별로

---

6) 2008년 이후 전체 근로자 가운데 노조 사업장에 종사하는 근로자 비율은 조합원 비율보다 매년 10%p 내외 높다.

<그림 5-4> 임금분위별 노동조합 조직률 추이(민간 부문 10인 이상 상용근로자, 사업체 내 노조 유무)
(단위: %)

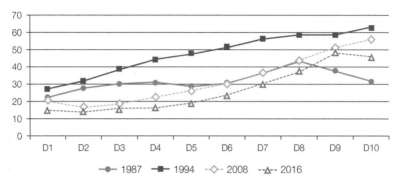

자료: 고용노동부, 임금구조기본통계조사.

제시한 것이다. 첫째, 노동조합운동이 대중화되기 이전 시기인 1987년에 사업체 내 노조 조직률은 7~9분위에서 높지만 임금분위별로 차이가 크지 않다. 둘째, 노동조합운동이 활성화되고 단체교섭이 정착된 이후인 1994년에는 노조 조직률이 상위 임금분위에서 가장 높긴 하지만, 1987년과 비교하여 모든 임금분위에서 증가하였으며, 특히 중상위 임금분위에서 많이 증가하였다. 셋째, 임금 불평등이 가장 높았던 2008년에는 임금이 높은 분위일수록 노조 조직률도 높게 나타난다. 한편 1994년과 비교하면 모든 임금분위에서 노조 조직률이 감소하였다. 다만, 상위 임금분위에서 감소폭이 작아서, 노조 조직률의 감소가 균등하지 않다. 넷째, 2016년에도 임금이 높을수록 노조 조직률이 높은 특징은 동일하다. 2008년과 비교하면, 사업체 내 노조 조직률의 감소 추세는 이어지지만, 10분위에서 크게 감소하였다. 1987년과 비교하면 사업체 내 노조 비율은 크게 하락하였는데, 상위 9분위와 10분위에서는 여전히 높은 수준이다.

〈그림 5-5〉에는 민간 부문의 전체 근로자로 확대하여 조합원 비율로 측정

<그림 5-5> 임금분위별 노동조합 조직률 추이(민간 부문의 전체 근로자, 조합원 비율)

(단위: %)

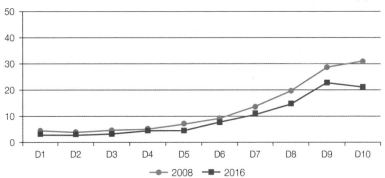

자료: 고용노동부, 고용형태별 근로실태조사.

한 노조 조직률을 제시하였다. 조합원 비율은 임금 수준이 높을수록 높은 특징을 보인다. 2016년에 하위 3분위까지 저임금 근로자의 조합원 비율은 3% 미만이며, 7분위 이상에서 10%를 넘는다.

두 지표로 측정한 노조 조직률은 노조의 조직 기반이 고임금 근로자임을 보여준다. 그러나 노동조합의 효과는 노조의 조직 기반만이 아니라 비조합원의 이해도 대변하느냐에 따라 달라질 것이다. 다음 절에서 살펴보자.

4. 노동조합의 임금 분배 효과

무조건 분위회귀 분석으로 2016년 노조가 임금 분배에 미치는 영향을 추정하였다. <표 5-2>에는 임금분위별 노조의 임금효과와 노조의 임금 분산효과를 제시하였다. 인적 특성과 일자리 특성을 통제하였을 때 중위 임금 분위에서 노조의 임금효과가 가장 크며, 저임금 분위에서 노조는 유의하게 임금을

〈표 5-2〉 노조의 임금 분배 효과(RIF-regression, 2016)

	P10		P50		P90		대수 분산	
	Coef.	(S.E)	Coef.	(S.E)	Coef.	(S.E)	Coef.	(S.E)
노조	0.018	(0.002)***	0.097	(0.003)***	-0.088	(0.004)***	-0.030	(0.002)***
남성	0.091	(0.002)***	0.339	(0.003)***	0.184	(0.003)***	0.028	(0.001)***
경력	0.011	(0.000)***	0.029	(0.000)***	0.032	(0.000)***	0.009	(0.000)***
경력 제곱	0.000	(0.000)***	-0.001	(0.000)***	0.000	(0.000)***	0.000	(0.000)
중졸 이하	-0.025	(0.008)***	0.047	(0.006)***	-0.050	(0.005)***	-0.025	(0.003)***
전문대졸	0.102	(0.003)***	0.163	(0.004)***	0.028	(0.004)***	-0.046	(0.002)***
대졸 이상	0.130	(0.003)***	0.392	(0.004)***	0.362	(0.004)***	0.093	(0.002)***
근속	0.024	(0.000)***	0.070	(0.000)***	0.019	(0.001)***	-0.004	(0.000)***
근속 제곱	0.000	(0.000)***	-0.001	(0.000)***	0.001	(0.000)***	0.001	(0.000)***
30~99인	0.054	(0.003)***	0.047	(0.003)***	-0.038	(0.004)***	-0.036	(0.002)***
100~299인	0.056	(0.003)***	0.118	(0.004)***	0.023	(0.004)***	-0.022	(0.002)***
300~499인	0.094	(0.003)***	0.219	(0.005)***	0.100	(0.006)***	-0.021	(0.003)***
500인 이상	0.052	(0.002)***	0.356	(0.003)***	0.561	(0.006)***	0.188	(0.002)***
광업	0.135	(0.007)***	0.199	(0.014)***	-0.044	(0.019)**	-0.114	(0.016)***
전기가스수도	-0.069	(0.003)***	0.093	(0.006)***	0.352	(0.015)***	0.141	(0.007)***
건설업	-0.034	(0.004)***	0.037	(0.007)***	-0.140	(0.007)***	-0.051	(0.003)***
도소매음식숙박	-0.134	(0.004)***	-0.097	(0.004)***	0.028	(0.005)***	0.092	(0.002)***
사업개인공공	-0.115	(0.002)***	-0.101	(0.003)***	-0.038	(0.004)***	0.047	(0.001)***
고위 사무직	0.079	(0.003)***	0.315	(0.004)***	0.331	(0.005)***	0.101	(0.002)***
저위 사무직	0.073	(0.003)***	0.233	(0.003)***	0.164	(0.003)***	0.008	(0.002)***
상수항	8.708	(0.005)***	8.372	(0.005)***	9.414	(0.006)***	0.019	(0.003)***
N	681,755		681,755		681,755		681,755	
Adj R-sq	0.729		0.640		0.604		0.128	

주: 여성, 고졸, 10~29인, 제조업, 생산직이 기준 집단임.
   *는 10%, **는 5%, ***는 1% 수준에서 유의함.
자료: 고용노동부, 임금구조기본통계조사.

증가시키는 반면, 고임금 분위에서는 임금을 하락시키는 것으로 나타났다. 마지막 행은 노조 조직률이 1%p 상승할 경우 임금 분산을 3.0% 줄이는 것으로 이어진다.[7] 노조가 임금 분배를 개선하는 역할을 하고 있음을 확인할 수 있다.

<그림 5-6〉 임금분위별 노조의 임금효과 추이(민간 부문 10인 이상 상용근로자)

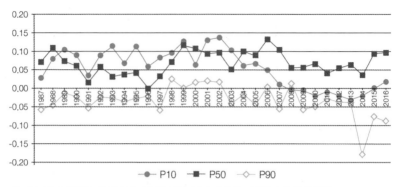

주: 〈표 5-2〉와 동일한 모형으로 추정한 결과임. 전체 추정결과는 〈부표 1〉에 제시하였음.
자료: 고용노동부, 임금구조기본통계조사.

〈그림 5-6〉은 임금분위별 노조의 임금효과의 추이를 제시한 것이다. 주요
한 특징을 요약하면 다음과 같다. 첫째, 노동조합이 대중화된 직후에 임금분
위별 노조의 임금효과는 크게 변하였다. 노조의 임금효과는 하위 임금 근로
자에서 가장 크고 상위 임금 근로자에서 가장 작게(심지어는 음의 효과) 나타났
다. 이러한 임금분위별 노조의 효과는 2000년대 초반까지 지속되었다. 둘째,
임금 인상 효과가 가장 큰 분위가 2000년대 중반부터는 중상위 분위로 옮겨
갔으며, 노조가 저임금 근로자를 보호하는 역할은 2000년대 후반에 거의 사
라졌다가 2016년에 와서야 다시 나타났다. 셋째, 노조가 고임금 근로자의 임
금 상승을 억제하는 효과는 2000년대 초반을 제외하고는 계속되었으며, 최근
들어 더욱 강화되었다. 이상의 분석 결과는 노조의 조직 기반이 중상위 임금
근로자지만, 노조의 임금효과는 중간 분위에서 가장 크다는 것을 보여준다.

〈그림 5-7〉에서 1994년과 2016년 임금분위별 노조의 임금효과를 비교하

---

7) 추정계수의 해석은 Fournier and Koske(2012)를 참조.

〈그림 5-7〉 1994년과 2016년 임금분위별 노조의 임금효과 비교(민간 부문 10인 이상 상용 근로자)

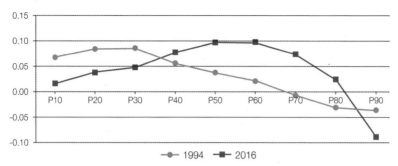

사료: 고용노동부, 임금구조기본통계조사.

였다. 노조의 임금효과가 1994년에는 저임금 근로자에서 가장 컸지만, 2016년 중간 근로자로 이동하였음을 보여준다. 그러나 노조가 고임금 근로자의 임금 인상에 치중한다는 통념과 다르다는 점도 확인할 수 있다.

〈그림 5-8〉은 무조건 분위회귀분석으로 추정한 노조의 임금분산 효과와 상대적 임금효과 추이를 보여준다.

시기별로 나누어 보면, 첫째, 로그임금 분산이 감소하던 1987-1994년 동안 노조는 임금 분산 감소에 기여하였다. 노조가 활성화된 1988~1990년 동안 비노조 부문과 비교하여 노조의 상대적 임금효과는 6% 내외로 크지 않지만,[8] 〈그림 5-6〉에서 보듯이, 하위 임금근로자의 임금을 인상하고 상위 임금 근로자의 임금을 억제하여 임금을 평준화하는 효과가 컸다.

둘째, 임금 불평등이 증가하기 시작한 1994~2007년 동안에도 노조는 여전히 임금 불평등을 줄이는 효과를 가지고 있다. 외환위기 이후 노조의 임금프

---

8) 미국 민간부문의 노조 임금프리미엄이 20% 내외(Blanchflower and Bryson, 2008), 일본이 30% 내외(Visser and Checchi, 2011)에 이른다. 기업별 교섭제도를 가진 나라가 상대적으로 노조의 임금프리미엄이 큰 경향이 있지만, 우리는 낮은 수준이라는 점이 특징적이다.

<그림 5-8> 노조의 임금분산 효과와 상대적 임금효과 추이(민간 부문 10인 이상 사업체의 상용근로자)

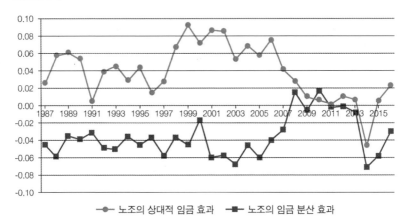

주: 추정결과는 <부표 2>에 제시하였음.
자료: 고용노동부, 임금구조기본통계조사.

리미엄이 증가하였지만, 노조는 중간 임금근로자의 임금을 인상시키는 한편
으로 저임금 근로자의 임금 인상에도 기여하였기 때문이다.

셋째, 2008~2013년 동안 로그임금 분산이 감소하던 시기에 노조가 임금
분산을 줄이는 효과가 미미하거나 금융위기가 발생한 직후에는 오히려 늘리
는 것으로 추정되었다. 흥미로운 것은 이 시기에 노조의 임금 프리미엄이 미
미하다는 점이다. 비노조 부문과 비교한 노조 부문의 독점적인 임금효과는
사라진 것이다. 반면 임금분위별 노조의 임금효과를 보면, 중상위 분위 근로
자에 집중되고, 저임금근로자를 대변하는 효과가 크게 약화되었다. 이는 외
환위기 당시와 달리 글로벌 금융위기가 노동시장에 미친 충격이 노동시장 약
자에 집중되었다는 사실과 관련 있다고 생각된다. 금융위기와 연이은 저성장
국면에서 노조가 중상위 근로자의 임금을 유지하는 역할에 치중하였음을 보
여준다.

넷째, 2014년 이후에는 임금 분배를 개선하는 노조의 효과가 회복되고 있다. 노조의 상대적 임금효과는 여전히 미미하다. 그러나 분위별로 보면, 노조의 임금효과는 중간 임금분위에서 가장 높고, 저임금 근로자에서도 노조의 효과가 회복되고 있으며, 고임금 근로자의 임금을 억제하는 효과를 가진다. 즉, 노조의 임금효과는 중간 임금분위에서 가장 높고, 임금 수준에 따라 역U자 형태를 띠고 있다. 중위 임금수준이 평균 임금수준보다 낮을수록 노조가 중위 근로자를 대표한다는 중위투표자 모형(median voter model)에 부합하는 모양이다. 그러나 이하의 분석에서 보듯이, 비정규직을 포함하지 않은 분석결과라는 점에서, 제한된 중위투표자 행태라고 해야 할 것이다.

5. 고용형태별 노조의 임금 분배 효과

고용형태별 근로실태조사는 민간 부문에 종사하는 모든 근로자를 조사하기 때문에, 비정규직과 10인 미만의 소규모 사업체를 포함하였을 때 노동조합의 영향이 달라지는 지를 분석할 수 있다. 특히 외환위기 이후 비정규직의 확산에 대응한 노조의 행동이 임금 불평등에 어떠한 영향을 미쳤는지가 관심이다.

고용형태별 근로실태조사는 근로자 개인별로 조합원 여부를 묻고 있다. 앞서처럼, 사업체별로 조합원이 1명 이상 있느냐에 따라 사업체 내 노조 유무를 식별할 수 있다. 〈표 5-3〉에서 고용형태별 노조 조직률을 살펴보았다. 2016년 비정규직의 노조 가입 비율은 1.4%에 그친다. 그러나 사업체 내 노조가 있는 비율은 12.5%로, 훨씬 높다. 우리나라에서는 개인의 노조 가입 여부보다 사업체 내 노조 유무가 임금에 더 큰 영향을 미치며, 노조가 있으면 비조합원

〈표 5-3〉 고용형태별 노동조합 조직률 추이(민간 부문의 전체 근로자)

		2007	2008	2009	2010	2011	2012	2013	2014	2015	2016
노조 존재	정규직	0.215	0.216	0.236	0.215	0.209	0.205	0.201	0.184	0.181	0.186
	비정규직	0.147	0.138	0.135	0.159	0.115	0.142	0.142	0.120	0.121	0.125
노조 가입	정규직	0.147	0.156	0.166	0.148	0.146	0.141	0.139	0.124	0.122	0.124
	비정규직	0.023	0.029	0.018	0.015	0.014	0.015	0.011	0.012	0.012	0.014

자료: 고용노동부, 고용형태별 근로실태조사.

도 임금 프리미엄을 누린다고 알려져 있다(강창희, 2003; 성재민, 2009). 그러나 노조의 이러한 역할이 비정규직이 확산되는 시기에도 유지되는지는 불확실하다. 본 연구에서는 노조 유무와 함께 고용형태별로 노조 가입 여부를 구분하여 노조의 임금효과를 분석하고자 한다.

2016년 민간 부문의 전체 임금근로자를 대상으로 노조가 임금분산에 미치는 효과를 무조건 분위회귀분석으로 추정하였다. 〈표 5-4〉의 (1)행은 사업체 내 노조 존재의 임금분산 효과를 추정한 것이다. 추정된 노조의 임금분산 효과가 -2.8%인데, 〈표 5-2〉에서 10인 이상 사업체에 종사하는 상용근로자를 대상으로 추정한 -3.0%에 비해 작지만, 노조는 임금 불평등을 줄이는 효과를 가지는 것으로 추정되었다.

(2)행은 사업체 내 노조 유무에 더하여 노조 가입을 추가하여 추정한 것이다. 놀랍게도 노조 가입 여부가 노조 존재 효과를 압도하고 있다. 노조 존재의 임금 분산 감소 효과는 사라지고, 노조 가입률이 1%p 증가하면 임금 분산이 6.5% 감소하는 것으로 추정되었다. 이는 노조 존재의 효과가 비조합원에게는 영향을 미치지 못하고 있음을 의미한다.

(3)행에서는 노조의 가입 여부를 정규직과 비정규직 여부로 구분하여 추정하였다. 정규직의 노조 가입도 임금 분산을 줄이는 효과를 가지지만, 비정규

〈표 5-4〉 노조의 임금 분배 효과(민간 부문의 전체 근로자, RIF-regression, 2016)

	(1)		(2)		(3)	
	Coef.	(S.E)	Coef.	(S.E)	Coef.	(S.E)
노조 존재	-0.028	(0.002) ***	0.008	(0.003) ***	0.008	(0.003) ***
노조 가입			-0.068	(0.003) ***		
정규직_노조 가입					-0.057	(0.003) ***
비정규직_노조 가입					-0.285	(0.010) ***
비정규	0.136	(0.002) ***	0.131	(0.002) ***	0.136	(0.002) ***
남성	0.052	(0.002) ***	0.052	(0.001) ***	0.051	(0.001) ***
경력	0.009	(0.000) ***	0.009	(0.000) ***	0.009	(0.000) ***
경력 제곱	0.000	(0.000) ***	0.000	(0.000) ***	0.000	(0.000) ***
중졸 이하	0.026	(0.003) ***	0.027	(0.003) ***	0.027	(0.003) ***
전문대졸	-0.009	(0.002) ***	-0.010	(0.002) ***	-0.010	(0.002) ***
대졸	0.077	(0.002) ***	0.075	(0.002) ***	0.076	(0.002) ***
대학원졸	0.416	(0.004) ***	0.410	(0.004) ***	0.411	(0.004) ***
근속	0.007	(0.000) ***	0.007	(0.000) ***	0.007	(0.000) ***
근속 제곱	0.000	(0.000) ***	0.000	(0.000) ***	0.000	(0.000) ***
5인 미만	0.083	(0.002) ***	0.083	(0.002) ***	0.082	(0.002) ***
30-299인	0.008	(0.002) ***	0.008	(0.002) ***	0.008	(0.002) ***
300인 이상	0.277	(0.002) ***	0.275	(0.002) ***	0.274	(0.002) ***
Adj R-sq		0.190		0.190		0.191
N			814,301			

주: 여성, 고졸, 5~29인, 제조업, 생산직이 기준 집단임. 산업과 직업은 대분류 수준에서 추가로 통제하였음.
　　***는 1% 수준에서 유의함.
자료: 고용노동부, 고용형태별 근로실태조사.

직의 노조 가입은 임금 분산을 훨씬 크게 줄이는 것으로 나타난다. 특히 비정규직 고용형태의 임금 분산 증가 효과를 넘어서는 것으로 추정되어, 비정규직의 노조 조직화가 고용형태로 인한 임금 불평등을 억제하는 것으로 추정되었다.[9]

---

9)　김정우(2012)는 노조 가입의 임금효과가 정규직에서 미미한 반면 기간제 근로자에서는 훨씬 크다는 추정결과를 제시하고 있다.

〈표 5-5〉 노조 존재와 가입의 임금 분산 효과 추이(민간 부문의 전체 근로자, RIF-regression, 2016)

		2007	2008	2009	2010	2011	2012	2013	2014	2015	2016
(1)	노조 존재	0.022***	0.020***	-0.009***	0.011***	0.012***	0.024***	-0.016***	-0.092***	-0.052***	-0.028***
	비정규직	0.136***	0.094***	0.172***	0.153***	0.155***	0.115***	0.147***	0.139***	0.137***	0.136***
(2)	노조 존재	0.054***	0.044***	-0.008**	0.024***	0.056***	0.095***	0.019***	-0.052***	-0.017***	0.008***
	노조 가입	-0.056***	-0.040***	-0.002***	-0.027***	-0.080***	-0.130***	-0.066***	-0.077***	-0.067***	-0.068***
	비정규직	0.132***	0.091***	0.172***	0.151***	0.149***	0.104***	0.142***	0.133***	0.133***	0.131***
(3)	노조 존재	0.054***	0.044***	-0.008**	0.024***	0.054***	0.094***	0.019***	-0.052***	-0.017***	0.008***
	정규직 노조가입	-0.039***	-0.024***	0.007**	-0.021***	-0.066***	-0.122***	-0.060***	-0.072***	-0.056***	-0.057***
	비정규직 노조가입	-0.345***	-0.247***	-0.172***	-0.135***	-0.359***	-0.294***	-0.229***	-0.170***	-0.304***	-0.285***
	비정규직	0.152***	0.141***	0.099***	0.177***	0.153***	0.156***	0.108***	0.145***	0.135***	0.137***

주: 추정 모형은 〈표 5-4〉와 동일함. ***는 1%, **는 5% 수준에서 유의함.
자료: 고용노동부, 고용형태별 근로실태조사.

2007~2016년에 걸쳐 민간 부문의 전체 근로자를 대상으로 노조의 임금 분산 효과를 추정한 결과를 〈표 5-5〉에 제시하였다. 노조 존재와 가입을 나누어 추정하였다.

(1)열을 보면, 노조는 임금 분배 개선에 기여하지 못하다가 2013년 이후 개선에 기여하고 있다. (2)에서 노조 존재와 노조 가입을 함께 추정하면, 2011년 이후 노조 가입의 임금 분산 감소 효과가 크게 증가하였다. (3)에서 노조 존재와 함께 고용형태별로 노조 가입을 포함하여 추정하면, 정규직의 노조 가입도 임금 분배를 개선하는 데 기여하지만, 비정규직의 노조 가입의 효과가 훨씬 큰 것으로 나타난다. 취약한 근로자로 노조의 조직기반이 넓을수록 임금 불평등을 크게 줄일 수 있음을 시사한다.

6. 노동조합과 사업체 간 및 사업체 내 임금분산

본 연구는 사업체-근로자 연계자료를 사용하고 있으므로, 대수 분산의 특성을 살려 임금 분산을 사업체 간 분산과 사업체 내 분산으로 나눌 수 있다. $y_t^{i,j}$를 시기 t에 사업체 j에 고용된 근로자 i의 로그 임금이라고 하면, 다음과 같은 항으로 표시할 수 있다. $y_t^{i,j} \equiv \overline{y_t^j} + [\, y_t^{i,j} - \overline{y_t^j}]$. 여기서 $\overline{y_t^j}$는 사업체 j의 평균 임금이다. 이 식을 이용하여 임금 분산은 다음과 같이 분해할 수 있다. $var_i(y_t^{i,j}) \equiv var_j(\overline{y_t^j}) + var_i(y_t^{i,j} |\ i \in j)$. 첫째 항은 사업체별 평균임금의 분산이며, 둘째 항은 사업체별 근로자 비중으로 가중된 사업체 내 임금 분산이다.

〈그림 5-9〉는 전체 임금분산을 사업체 간 임금 분산과 사업체 내 임금 분산으로 나누어 제시한 것이다. 추이를 보면, 첫째, 사업체 간 임금 분산이 사업체 내 임금 분산보다 더 크다. 또한 민간 부문 전체 근로자에서 사업체 간 임금 분산이 훨씬 크게 나타난다. 둘째, 사업체 내 임금 분산의 변화는 크지 않는 데 비해 사업체 간 임금 분산의 변화가 더 크다.[10]

두 시기 간 임금 분산의 변화는 사업체 간 임금 분산의 변화와 사업체 내 임금 분산의 변화로 다음과 같이 분해할 수 있다(Benguria, 2015).

$$\Delta var_i(y_t^{i,j}) = \Delta var_j(\overline{y_t^j}) + \Delta var_i(y_t^{i,j} |\ i \in j)\ .$$

〈표 5-6〉에서 세 시기로 나누어 추정한 결과를 보면, 첫째, 임금 분산이 감소한 1987~1994년 동안 사업체 간/사업체 내 임금 분산이 모두 감소하였다.

---

[10] 미국의 1978~2013년 동안 임금 불평등 증가에서 기업의 영향을 분석한 Song et al.(2016)에서는 사업체 내 임금 분산이 사업체 간 임금 분산보다 수준 측면에서 더 크다. 그러나 임금 분산 증가의 2/3가 사업체 간 임금 분산의 증가에 기인한다는 분석 결과는 비슷하다.

〈그림 5-9〉 사업체 간 및 사업체 내 임금 분산 추이

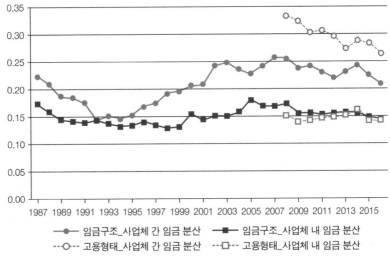

자료: 고용노동부, 임금구조기본통계조사; 고용노동부, 고용형태별 근로실태조사.

〈표 5-6〉 임금 분산 변화의 사업체 간 및 사업체 내 임금 분산 변화의 기여

	기간	전체	사업체 간	사업체 내
임금구조기본통계조사	1987~1994	-0.120	-0.079	-0.042
		(100.0)	(65.3)	(34.7)
	1994~2008	0.150	0.110	0.041
		(100.0)	(73.1)	(27.0)
	2008~2016	-0.072	-0.046	-0.026
		(100.0)	(63.6)	(36.5)
고용형태별 근로실태조사	2008~2016	-0.078	-0.070	-0.008
		(100.0)	(89.7)	(10.3)

자료: 고용노동부, 임금구조기본통계조사; 고용노동부, 고용형태별 근로실태조사.

특히 사업체 간 임금 분산 감소가 더 크다는 점이 흥미롭다. 둘째, 임금 불평등이 증가한 1994~2008년 동안 사업체 간/사업체 내 분산이 모두 증가하였다. 임금 불평등의 증가도 사업체 간 임금 분산 증가의 영향이 더 크다. 셋째,

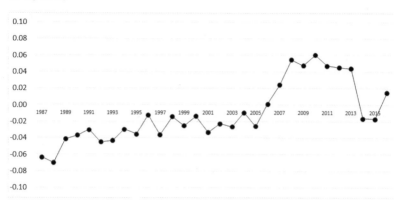

〈그림 5-10〉 노조의 사업체 간 임금 분산 효과(민간 부문 10인 이상 사업체의 상용근로자, RIF-regression)

주: 추정모형은 〈표 5-2〉와 동일함. 2016년 추정결과는 〈부표 3〉에 제시하였음.
자료: 고용노동부, 임금구조기본통계조사.

임금 불평등이 감소한 2008~2016년에도 사업체 간 임금 분산의 감소가 사업체 내 임금 분산의 감소보다 크다. 임금 불평등 변화가 주로 사업체 간 임금 분산의 변화에 의해 발생하였는데, 노조가 어떤 영향을 미쳤는지를 살펴보자.

로그 실질 임금을 사업체별 고정 효과를 설명변수로 하여 회귀하면, 예측 임금의 분산은 사업체 간 분산, 잔차 임금의 분산은 사업체 내 분산이다. 이제 무조건 분위회귀분석을 각각에 적용하여 노조가 사업체 간 분산과 사업체 내 분산에 미치는 효과를 추정할 수 있다(Baumgarten, Felbermayr and Lehwald, 2016).

〈그림 5-10〉은 노조의 사업체 간 임금분산 효과 추이를 제시한 것이다. 추이를 보면, 1990년대 초반까지 노조는 사업체 간 임금 분산을 줄이는 효과가 컸지만, 임금 불평등이 증가하기 시작한 1990년대 중반부터 그 효과가 약화되었으며, 2000년대 중반부터는 오히려 노조가 사업체 간 임금 분산을 증가하는 데 기여하였다. 특히 임금 불평등이 증가한 2008~2013년 동안 노조는

사업체 간 임금 분산을 확대하는 역할을 하였다.

기업 간 임금을 의도적으로 조율하지 않더라도, 기업별 노조의 임금결정이 다른 기업에게도 확산되어 사업체 간 임금 불평등을 줄이는 효과는 2000년대 중반 이후 사라졌다. 초기업적인 임금 평준화 정책의 부재에 따라 기업 간 임금격차가 확대되는 추세를 노조가 막지 못하였음을 의미한다.

7. 요약과 시사점

노동시장 불평등과 관련하여 노조의 역할을 둘러싼 논란이 크다. 본 연구는 1987~2016년에 걸쳐 노조가 임금 불평등에 미치는 영향을 무조건 분위회귀분석을 통해 실증 분석하였다. 주요한 발견은 다음과 같다.

첫째, 지난 30년 동안 노조의 임금 평준화 효과가 미미한 시기는 2008~2013년에 한정되며, 최근 들어 임금분배 개선 효과가 회복되고 있다. 노조의 조직기반이 고임금 근로자로 이동하고 있지만, 노조의 임금효과는 중간 임금 분위에서 가장 높고, 임금 수준에 따라 역U자의 형태를 띠고 있다. 분석 대상에 비정규직을 포함하면 노조의 임금 평준화 효과는 작아지지만, 여전히 유의하게 나타난다.

둘째, 노조 유무와 노조 가입을 함께 포함하여 추정한 결과에 따르면, 2010년대 들어 노조 존재보다는 노조 가입이 임금 분산을 줄이는 효과가 크다. 이는 노조가 비조합원을 포함한 전체 근로자를 대변하던 역할을 잃고 있지만, 노조의 조직기반이 포괄적일수록 임금 불평등을 감소시킬 수 있음을 시사한다.

셋째, 기업별 교섭이 대부분인 상황에서 노조가 사업체 간 임금분산을 줄이는 효과는 2000년대 중반 이후 사라졌다. 기업 간 임금격차가 확대되는 추세를 노조가 막지 못하고 있다.

이상의 분석 결과는 노동조합 조직률이 지속적으로 감소하는 상황에서 노조가 임금 불평등을 야기하는 요인이라고 말할 수 없음을 보여준다. 노조가 고임금 근로자를 대변한다고 말할 수도 없다. 그러나 노조의 임금 평준화 효과는 크지 않으며, 비정규직의 확대에 대응하여 노조의 조직기반을 확대하지 못하였으며, 기업 간 임금 격차 확대를 억제하지 못하고 있는 것도 사실이다. 노조가 임금 분배 개선에 기여하기 위해서는 노조 조직률뿐만 아니라 노조의 조직 기반과 이해 대변 범위도 확충해야 할 것이다.[11] 또한 노조의 연대임금 정책뿐만 아니라 초기업적 교섭을 활성화하는 정책적 노력이 필요하다.

이 글은 지난 30년간의 노동조합의 효과가 어떻게 변화해왔는지를 추이를 중심으로 살펴보았다. 그러나 임금 불평등 변화에서 노조의 전략과 행동이 어떤 영향을 미쳤는지를 심층적으로 분석하지는 못했다. 또한 기업 간 임금 격차 확대가 노동시장 불평등의 주된 원인 중의 하나임을 확인했지만, 기업 간 임금 불평등이 확대하는 원인에 대한 연구로 나아가지는 못했다. 사업체-근로자 연계 패널 자료는 이러한 질문에 대한 답을 줄 수 있을 것이다. 후속 연구과제로 남아 있음을 밝힌다.

---

[11] 노동조합 및 노동관계조정법 제29조 1항은 "노동조합의 대표자는 그 노동조합 또는 조합원을 위하여 사용자나 사용자단체와 교섭하고 단체협약을 체결할 권한을 가진다"고 명시하고 있는데, 노조의 이해대변 범위가 조합원으로 한정되어 있다. 법의 개선이 요구된다.

참고문헌

강승복. 2014. 「임금분포, 최저임금에 대한 세 가지 에세이」. 한양대 경제학 박사학위논문.

강창희. 2003. 「노동조합 임금효과의 재고찰: 개인 내 직장 내 직위를 고려하여」. 노동패널 학술대회 발표문.

김계숙·민인식. 2013. 「무조건분위회귀를 이용한 도시지역 임금불평등 변화 분해」. ≪국토계획≫, 48(3), 56~74쪽.

김기승·김명환. 2013. 「노동조합은 정규직과 비정규직 간의 임금격차를 줄이는가」. ≪산업관계연구≫, 23(1), 71~92쪽.

김정우. 2012. 「정규직노동자와 기간제노동자의 노동조합 임금효과 비교연구」. 인하대 경제학 박사학위논문.

김창오. 2015. 「노동조합은 근로자의 임금불평등에 어떠한 영향을 미치는가? 노동조합 임금효과의 임금분위별 변화추이 분석」. 노동패널 학술대회 발표문.

김현경·강신욱·장지연·이세미·오혜인. 2015. 「시간제 일자리의 확산이 소득불평등과 빈곤에 미치는 영향」. 한국보건사회연구원.

류재우. 2007. 「노동조합과 임금구조」. ≪노동경제논집≫, 30(1), 31~53쪽.

성재민. 2009. 「한국의 임금불평등에 관한 연구」. 고려대 경제학 박사학위논문.

어수봉·이태헌. 1992. 「노동조합의 임금평등효과」. ≪한국노동연구≫, 3, 27~76쪽.

유형근. 2014. 「노동조합 임금정책의 점진적 변형」. ≪한국 사회학≫, 48(4), 23~56쪽.

이정우·남상섭. 1994. 「한국의 노동조합이 임금분배에 미치는 영향」. ≪경제학연구≫, 41(3), 251~277쪽.

이정현. 2004. 「한국노동조합은 어느 노동자집단을 위한 조직인가」. ≪인사·조직연구≫, 12(2), 105~142쪽.

홍민기. 2015. 「최상위 임금 비중의 장기 추세(1958~2013)」. ≪산업노동연구≫, 21(1), 191~220쪽.

황덕순. 2005. 「노동조합이 임금격차에 미치는 효과에 대한 시론적 분석과 연대임금정책」. ≪동향과 전망≫, 63, 65~93쪽.

Baumgarten, D., G. Felbermayr, and S. Lehwald. 2016. "Dissecting between-plant and within-plant wage dispersion - Evidence from Germany." *Ifo Working Paper*, No. 216.

Benguria, F. 2015. "Inequality Between and Within Firms: Evidence from Brazil." Available at. SSRN 2694693.

Blanchflower, D. G. and A. Bryson. 2008. "What Effect Do Unions Have on Wages Now and

Would Freeman and Medoff be Surprised?" In J. T. Bennett and B. E. Kaufman(eds.). *What do unions do? A twenty-year perspective*. New Brunswick, NJ: Transaction Publishers, pp. 79~113.

Card, D., J. Heining and P. Kline. 2013. "Workplace Heterogeneity and the Rise of West German Wage Inequality." *The Quarterly Journal of Economics*, 128(3), pp. 967~1015.

Card, D, T. Lemieux and W. C. Riddell. 2004. "Unions and wage inequality." *Journal of Labor Research*, 25(4), pp. 519~559.

Firpo, S., N. M. Fortin, and T. Lemieux. 2009. "Unconditional Quantile Regressions." *Econometrica*, 77(3), pp. 953~973.

Fournier, J. M., and I. Koske. 2012. "Less Income Inequality and More Growth—Are they Compatible? Part 7. The Drivers of Labour Earnings Inequality—An Analysis Based on Conditional and Unconditional Quantile Regressions." *OECD Economics Department Working Papers*, No. 930.

Freeman, R. B. and J. L. Medoff. 1984. *What Do Unions Do?*. New York: Basic Books.

Hwang, D. and B. Lee. 2012. "Low wages and policy options in the Republic of Korea: Are policies working?" *International Labour Review*, 151(3), pp. 243~259.

International Labour Organization. 2017. *Global Wage Report 2016/17: Wage Inequality in the Workplace*. Geneva.

Moser, C. 2016. "How Could Wage Inequality Within and Across Enterprises be Reduced?" a background paper to Global Wage Report 2016/17.

Song, J., D. J. Price, F. Guvenen, N. Bloom, T. von Wachter. 2016. "Firming Up Inequality." *NBER Working Paper*, No. 21199.

Visser, J. and D. Checchi. 2011. "Inequality and the Labour Market: Unions." In W. Salverda, B. Nolan and T. Smeeding(eds.). T*he Oxford Handbook of Economic Inequality*. Oxford: Oxford University Press, pp. 230~256.

〈부표 1〉 임금분위별 노조의 임금효과(민간부문 10인 이상 사업체의 상용근로자)

	P10	P20	P30	P40	P50	P60	P70	P80	P90
1987	0.026 ***	0.029 ***	0.037 ***	0.048 ***	0.071 ***	0.090 ***	0.084 ***	0.009 **	-0.056 ***
1988	0.081 ***	0.102 ***	0.101 ***	0.103 ***	0.109 ***	0.094 ***	0.059 ***	0.011 ***	-0.046 ***
1989	0.105 ***	0.119 ***	0.098 ***	0.082 ***	0.073 ***	0.059 ***	0.033 ***	0.005 *	-0.012 ***
1990	0.089 ***	0.121 ***	0.124 ***	0.084 ***	0.061 ***	0.039 ***	0.017 ***	-0.004	-0.019 ***
1991	0.036 ***	0.050 ***	0.052 ***	0.029 ***	0.016 ***	-0.006 **	-0.024 ***	-0.048 ***	-0.051 ***
1992	0.089 ***	0.086 ***	0.086 ***	0.062 ***	0.058 ***	0.027 ***	0.005	-0.012 ***	-0.023 ***
1993	0.114 ***	0.116 ***	0.096 ***	0.066 ***	0.031 ***	0.017 ***	-0.002	-0.035 ***	-0.024 ***
1994	0.068 ***	0.086 ***	0.085 ***	0.057 ***	0.038 ***	0.021 ***	-0.005	-0.030 ***	-0.035 ***
1995	0.115 ***	0.106 ***	0.084 ***	0.057 ***	0.041 ***	0.010 **	-0.006	-0.011 **	-0.025 ***
1996	0.060 ***	0.040 ***	0.033 ***	0.017 ***	0.000	-0.008 *	-0.027 ***	-0.034 ***	-0.022 ***
1997	0.084 ***	0.069 ***	0.068 ***	0.055 ***	0.032 ***	0.006	-0.018 ***	-0.043 ***	-0.058 ***
1998	0.097 ***	0.100 ***	0.111 ***	0.087 ***	0.072 ***	0.049 ***	0.027 ***	0.026 ***	0.028 ***
1999	0.127 ***	0.145 ***	0.150 ***	0.142 ***	0.116 ***	0.078 ***	0.052 ***	0.015 ***	0.003
2000	0.065 ***	0.086 ***	0.120 ***	0.117 ***	0.108 ***	0.093 ***	0.056 ***	0.041 ***	0.016 **
2001	0.131 ***	0.139 ***	0.134 ***	0.110 ***	0.094 ***	0.067 ***	0.037 ***	0.019 ***	0.020 ***
2002	0.138 ***	0.138 ***	0.143 ***	0.122 ***	0.096 ***	0.068 ***	0.038 ***	0.018 ***	0.016 **
2003	0.104 ***	0.110 ***	0.108 ***	0.081 ***	0.052 ***	0.044 ***	0.026 ***	-0.003	-0.038 ***
2004	0.062 ***	0.102 ***	0.120 ***	0.107 ***	0.099 ***	0.095 ***	0.070 ***	0.024 ***	-0.017 ***
2005	0.067 ***	0.081 ***	0.102 ***	0.096 ***	0.090 ***	0.073 ***	0.050 ***	0.005	-0.043 ***
2006	0.050 ***	0.095 ***	0.103 ***	0.124 ***	0.133 ***	0.108 ***	0.075 ***	0.037 ***	0.005
2007	0.011 ***	0.055 ***	0.079 ***	0.092 ***	0.103 ***	0.094 ***	0.056 ***	-0.001	-0.055 ***
2008	-0.002	0.021 ***	0.043 ***	0.054 ***	0.056 ***	0.074 ***	0.060 ***	0.028 ***	0.013 **
2009	-0.005	0.009 **	0.032 ***	0.048 ***	0.058 ***	0.069 ***	0.057 ***	0.000	-0.055 ***
2010	-0.019 ***	0.010 ***	0.035 ***	0.051 ***	0.067 ***	0.072 ***	0.050 ***	0.002	-0.050 ***
2011	-0.007 ***	-0.003	0.009 ***	0.028 ***	0.041 ***	0.041 ***	0.036 ***	0.009 **	-0.029 ***
2012	-0.020 ***	0.004 **	0.034 ***	0.048 ***	0.057 ***	0.051 ***	0.048 ***	0.020 ***	-0.034 ***
2013	-0.030 ***	0.000	0.035 ***	0.055 ***	0.065 ***	0.054 ***	0.050 ***	0.015 ***	-0.038 ***
2014	-0.020 ***	0.006 **	0.018 ***	0.035 ***	0.036 ***	0.008 **	-0.039 ***	-0.115 ***	-0.177 ***
2015	0.002	0.017 ***	0.041 ***	0.072 ***	0.095 ***	0.097 ***	0.071 ***	0.023 ***	-0.078 ***
2016	0.018 ***	0.037 ***	0.048 ***	0.077 ***	0.097 ***	0.098 ***	0.074 ***	0.024 ***	-0.088 ***

주: 1) 〈표 5-2〉와 동일한 회귀모형으로 추정한 결과임.
　　2) ***는 1%, **는 5%, *는 10% 수준에서 유의함.
자료: 고용노동부, 임금구조기본통계조사.

〈부표 2〉 노조의 임금분산 효과와 상대적 임금효과 추이(민간 부문 10인 이상 사업체의 상용근로자)

	노조의 임금분산 효과 (RIF-regression)		노조의 상대적 임금효과 (OLS)	
1987	-0.046	(0.001) ***	0.026	(0.001) ***
1988	-0.059	(0.001) ***	0.058	(0.001) ***
1989	-0.036	(0.001) ***	0.061	(0.001) ***
1990	-0.038	(0.001) ***	0.054	(0.001) ***
1991	-0.032	(0.001) ***	0.005	(0.001) ***
1992	-0.049	(0.001) ***	0.039	(0.001) ***
1993	-0.051	(0.001) ***	0.045	(0.001) ***
1994	-0.037	(0.001) ***	0.029	(0.001) ***
1995	-0.045	(0.001) ***	0.044	(0.001) ***
1996	-0.037	(0.001) ***	0.015	(0.001) ***
1997	-0.058	(0.002) ***	0.028	(0.001) ***
1998	-0.037	(0.002) ***	0.067	(0.001) ***
1999	-0.045	(0.002) ***	0.092	(0.001) ***
2000	-0.018	(0.002) ***	0.072	(0.001) ***
2001	-0.059	(0.002) ***	0.086	(0.001) ***
2002	-0.058	(0.002) ***	0.086	(0.002) ***
2003	-0.067	(0.002) ***	0.052	(0.002) ***
2004	-0.046	(0.002) ***	0.068	(0.002) ***
2005	-0.060	(0.002) ***	0.059	(0.001) ***
2006	-0.040	(0.002) ***	0.076	(0.001) ***
2007	-0.028	(0.002) ***	0.041	(0.002) ***
2008	0.015	(0.002) ***	0.028	(0.001) ***
2009	-0.005	(0.002) ***	0.009	(0.001) ***
2010	0.017	(0.002) ***	0.007	(0.001) ***
2011	-0.002	(0.002)	0.002	(0.001)
2012	-0.001	(0.002)	0.011	(0.001) ***
2013	-0.008	(0.002) ***	0.007	(0.001) ***
2014	-0.071	(0.002) ***	-0.046	(0.001) ***
2015	-0.058	(0.002) ***	0.006	(0.001) ***
2016	-0.030	(0.002) ***	0.022	(0.001) ***

주: 1) 〈표 5-2〉와 동일한 회귀모형으로 추정한 결과임.
　　2) ***는 1%, **는 5%, *는 10% 수준에서 유의함.
자료: 고용노동부, 임금구조기본통계조사.

〈부표 3〉 노조의 사업체 간 임금 분산 효과 (RIF-regression, 2016)

	Coef.	(S.E)
노조	0.015	(0.001) ***
남성	0.002	(0.001) **
경력	-0.002	(0.000) ***
경력 제곱	0.000	(0.000) ***
중졸 이하	0.005	(0.002) **
전문대졸	-0.045	(0.001) ***
대졸 이상	-0.010	(0.001) ***
근속	0.002	(0.000) ***
근속 제곱	0.000	(0.000) ***
30~99인	-0.032	(0.001) ***
100~299인	-0.029	(0.001) ***
300~499인	-0.046	(0.002) ***
500인 이상	0.176	(0.001) ***
광업	-0.072	(0.009) ***
전기가스수도	0.194	(0.004) ***
건설업	-0.016	(0.002) ***
도소매음식숙박	0.061	(0.001) ***
사업개인공공	0.060	(0.001) ***
고위 사무직	-0.015	(0.001) ***
저위 사무직	-0.015	(0.001) ***
상수항	0.146	(0.002) ***
N		681,755
Adj R-sq		0.101

주: 여성, 고졸, 10~29인, 제조업, 생산직이 기준 집단임. *는 10%, **는 5%, ***는 1% 수준에서 유의함.
자료: 고용노동부, 임금구조기본통계조사.

제6장

'부동산공화국' 해체, 어떻게 할 것인가?

전강수 | 대구가톨릭대학교 경제통상학부 교수

1. '평등지권(平等地權)' 국가에서 '부동산공화국'으로 추락한 대한민국

1) '평등지권' 국가가 '부동산공화국'으로 추락한 경위

대한민국은 제국주의가 정착시킨 식민지 지주제를 성공적으로 해체하고
평등지권 사회를 성립시킨 몇 안 되는 나라 가운데 하나이다. 일본 제국주의
통치하에서 한국의 토지는 일본인 대지주를 중심으로 한 대지주 계층에 집중
되어 갔고, 토지가 없거나 적었던 다수의 농민들은 지주의 토지를 빌려 경작
하며 고율의 소작료를 부담했다. 식민지 조선에서 대지주 계층은 1910년대의
토지조사사업, 1920년대의 산미증식계획과 같은 지주 중심적 농정 덕분에 급
속히 성장했으며, 1930년대 이후 노골적인 지주 중심적 농정이 후퇴한 후에
도 토지소유 규모를 유지했다. 식민지기 조선 농민들이 춘궁기에 초근목피(草
根木皮)로 연명할 정도로 가난했던 근본 원인은 식민지 지주제의 유지·강화에
서 찾을 수 있다.

해방이 되자 식민지 지주제를 해체하고 경작할 토지를 나눠달라는 요구가 농민들에게서 분출한 것은 당연한 일이었다. 유상 방식이기는 했으나 토지 소유자에게서 토지를 몰수해서 경작농민에게 분배하는 엄청난 개혁이 성공했다는 것은 당시 농민들의 요구가 얼마나 강력했는지 여실히 보여준다. 한국 정부는 농지 중에서 모든 소작지와 3정보 이상 소유지를 몰수하여, 당해 농지의 소작농, 영세농, 순국선열 유가족, 피고용 농가에게 분배했다. 농지개혁의 결과, 해방 연도인 1945년 말 35%에 지나지 않았던 자작지의 비중은 1951년에 96%까지 급상승했다. 경자유전의 원칙에 따라 농지 소유의 상한을 3정보로 정하고 소작을 금지했기 때문에, 농업 분야에서 식민지하에서와 같은 대토지소유가 다시 살아나는 것은 제도적으로 불가능했다.

〈그림 6-1〉은 농지개혁의 효과를 상징적으로 보여준다. 이 그림은 전 세계 26개국을 대상으로, 1960년 무렵의 토지분배 상태를 지니계수로 추산하여 횡축에 표시하고, 각 나라의 1960~2000년간 연평균 경제성장률을 종축에 표시한 것이다. 1960년 당시 한국의 토지분배 상태는 타이완, 일본 등과 함께 26개국 중 최고 수준이었다. 타이완과 일본이 한국과 마찬가지로 유상몰수-유상분배 방식의 농지개혁을 단행했다는 것은 잘 알려진 사실이다. 제2차 세계대전 후 농지개혁으로 평등지권 사회를 실현한 세 나라가 공통적으로 장기간 높은 경제성장률을 달성했다는 사실은 무척 흥미롭다. 이와는 대조적으로, 〈그림 6-1〉의 좌하 쪽에 토지독점이 심각했음에도 토지개혁에 실패한 중남미 국가들이 모여 있다는 점에 주목할 필요가 있다. 지니계수가 0.9에 달한다는 것은 토지분배가 극도로 불평등함을 의미하는데, 1960년 무렵 페루, 베네수엘라, 콜롬비아, 파라과이, 과테말라 등 중남미 국가가 바로 그런 상태였다. 한국, 타이완, 일본과는 반대로 이 나라들의 장기 경제성장률은 극히 낮은 수준이다.

〈그림 6-1〉1960년 토지소유 평등도와 1960~2000년간 경제성장의 상관관계

연 평균 경제성장률(%)

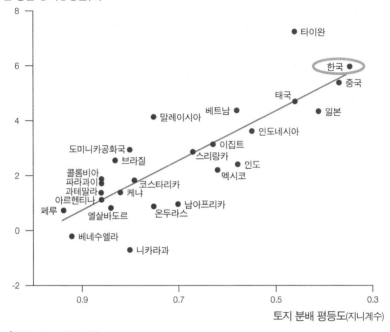

자료: Deininger(2003: 18).

1960년 무렵의 토지분배 상태와 그 후의 장기 경제성장률 사이에 뚜렷한 상관관계가 존재한다는 것을 확인할 수 있는데, 이유가 무엇일까? 전강수 (2010)는 토지분배 상태가 평등할수록 식량 증산, 교육 확산을 통한 우수 노동력 양성, 신흥 자본가 출현 등이 용이해진다는 점을 들었다. 유종성(2016)은 제2차 세계대전 후 토지개혁의 성패가 불평등에 결정적인 영향을 미쳤으며, 토지개혁에 실패한 경우 심한 불평등이 발생하고 그것이 정치 과정상의 후견주의, 엽관주의, 정책 포획 등을 초래하여 그 후 경제성장을 저해했다고 분석했다. 실제로 1920~1939년과 1953~1969년 사이에 농업 부문 부가가치 생산의 연평균 증가율은 1.38%에서 4.27%로 크게 상승했고, 농업생산성의 연평

균 증가율도 0.94%에서 2.76%로 올라갔다. 1945~1960년 사이에 대학교와 대학생 수는 19개 대학, 7,819명에서 63개 대학 9만 7,819명으로 급증했다. 대학 교육이 이처럼 눈부시게 발전한 배경에는 농지개혁으로 자영농이 된 농민의 소득수준 향상이 자리하고 있었다(전강수, 2010: 308).

농지개혁은 일제 식민지 통치하에서 지배세력으로 군림했던 지주층을 일거에 소멸시켰다. 1945년 말 현재 총 20만 명에 달했던 지주 가운데 1955년까지 17만 명이 농지를 몰수당했고, 3만 명은 농지개혁이 실시되기 전에 사전 방매 등을 통해 지주 지위를 벗어던졌다. 이는 고율 소작료 수탈이 사라졌음을 의미하는 동시에, 새로운 경제발전에 필요한 법과 제도의 제정을 방해할 기득권층이 소멸했음을 뜻한다(전강수, 2010: 308~309).

발전국가론 지지자들과 뉴라이트 학자들은 한국이 역사상 유례없는 고도성장을 이룩한 원인을 박정희의 리더십에서 찾는다(김일영, 2004; 이영훈, 2016). 그러나 이들의 견해는 모름지기 중대한 경제적 변화는 아래로부터의 동력 없이는 불가능하다는 간단한 원리를 간과하고 있다. 이들의 주장과는 달리, 오히려 박정희는 '부동산공화국' 성립에 결정적인 계기를 제공함으로써 한국 사회 내부에 지속적 성장을 어렵게 만드는 장애 요인을 심어 놓았다는 점에서, 상찬은커녕 비난을 받아야 마땅한 인물이다.

박정희 정권은 1960년대 후반부터 도시 토지 문제에 대한 대비책을 마련하지 않은 상태에서 무분별하게 부동산 개발을 밀어붙였다. 대표적으로 경부고속도로 용지 확보와 정치 자금 마련을 목적으로 추진한 강남 개발은 한강 연안 공유수면 매립 사업과 함께 강남 지역을 아파트 밀집 지역으로 만들면서 지가 폭등을 야기했다(손정목, 2003; 전강수, 2012). 이때부터 본격적으로 시작된 부동산 투기는 그 후에도 약 10년을 주기로 계속 발발했고, 부동산은 한국 정부와 국민들에게 최대 화두로 부상했다. 물론 어느 나라건 도시화가 진행되면 지가와 부동산 가격은 상승한다. 유동성이 크게 늘기라도 하면 지가는 폭등한다. 한 나라 안의 특정 지역에서 개발이 이뤄지면 그곳의 지가가 올라간다. 이를 본 사람들이 대거 부동산 매입에 나서면 그 지역에 투기 열풍이 불게 된다. 정상적인 정부라면 개발에 따르는 부작용을 우려해서, 개발을 추진하기 전에 투기대책을 수립한다. 좀 더 성숙한 정부라면 투기의 근본 원인인 부동산 불로소득을 차단하거나 상시적으로 환수할 수 있는 제도를 구비해둔다.

제2차 세계대전 후 타이완 정부가 바로 그렇게 했다. 타이완과 한국은 농지개혁을 실시하여 지주제를 타파했다는 점에서 동일하지만, 타이완은 부동산 불로소득 차단·환수 효과가 큰 지가세(地價稅)와 토지증치세(土地增值稅)를 중과하는 제도를 일찌감치 도입했던 반면(川瀨光義, 1992: 제4장), 한국은 도시토지와 임야, 잡종지에 대해 아무런 대비책도 세우지 않았다. 박정희와 장제스(蔣介石)는 둘 다 독재자였지만 토지정책에서는 확연히 달랐다. 이병천(2003)은 박정희 개발독재와 장제스 개발독재의 차이에 주목하면서, 전자가 일본의 파시즘적 국가주의에 원류를 두고 있는 반면 후자가 쑨원(孫文)의 삼민주의(三民主義)를 계승한 데서 원인을 찾았다. 쑨원이 토지가치의 공적 징수를 주창한 헨리 조지(Henry George)를 신봉하여 그의 정책 처방을 삼민주의의 핵심 내용으로 포함시켰다(정태욱, 2015)는 사실을 생각하면, 이병천(2003)의 주장은 정곡을 찔렀음을 알 수 있다. 제2차 세계대전 후 타이완 정부처럼 정부가 책무를 다하는 나라에서는 부동산 불패 신화 따위가 발붙일 틈이 없다.

반면, 박정희 정권은 부동산 투기를 막고 불로소득을 차단하기 위한 사전 조치나 제도 도입에 노력하기는커녕, 오히려 정권 담당자들이 정치자금 조달을 위해 개발 사업을 활용하여 직접 투기에 가담하기까지 했다(손정목, 2013; 황석영, 2010). 한국은 1967년에야 부동산투기억제세라는 이류의 자본이득세를 도입했다. 1973년 말부터는 토지의 투기적 보유나 과다 보유를 억제하기 위해 재산세를 중과하려는 시도를 했다. 그러나 그것은 주거용 토지에 대해서는 세율이 낮았고 조세 중과 대상 토지의 범위가 매우 제한적이어서 효과를 발휘하기 어려웠다(전강수, 2012: 28). 1974년과 1978년의 부동산 대책이 주목되기는 하지만 그것들은 이미 토지투기의 광풍이 온 나라를 휩쓸고 간 뒤에 취해진 사후약방문에 불과했다.

부동산 투기 제어 장치가 마련되지 않은 상태에서, 정부가 앞장서서 개발을 밀어붙이고 투기에 가담하기까지 했으니 지가 폭등이 일어나는 것은 당연한 일이었다. 한국감정원의 조사에 따르면, 1963~1977년 사이에 주거지역 지가는 서울시 전역에서 87배 수준으로 상승한 반면, 강남 지역에서는 176배 수준으로 폭등했다. 같은 기간 서울의 소비자 물가지수가 약 6.4배 상승한 것을 생각하면 강남 지역 지가 상승세가 어느 정도였는지 짐작할 수 있을 것이다(≪동아일보≫, 1978.4.12). 〈그림 6-2〉는 1960년대 후반 이후 전국의 지가 변동 양상을 보여준다. 1970년대 후반 특정 지역이 아닌 전국의 연평균 지가 상승률이 70%에 육박했다는 사실은 박정희 정권 당시의 지가 폭등이 가공할 만한 양상으로 진행되었음을 나타낸다. 이정우(2011)의 계산에 의하면, 1953~2007년 사이에 한국의 지가 총액은 1만 배 넘게 폭등했는데, 역대 각 정권이 지가 폭등에 얼마나 책임이 있는지 분해해본 결과 박정희 정권의 책임이 무려 55%를 차지했다.

1960년 이전까지는 한국에서 부동산 투기는 없었다고 한다. 식민지 지주제 하의 지주들은 토지 매매를 통한 자본이득보다는 소작료 수취에 몰두했고, 해방 후에도 한동안 토지는 이용의 대상이었지 투기의 대상은 아니었다. 강남개발 이전에 그 지역에서 땅을 사 모으는 사람들이 있었지만 극소수였다. 농지개혁 후 1960년대 전반기까지만 해도 한국 국민의 대다수를 차지했던 수많은 소농들과 그 후예들은 자발적인 근로 의욕과 창의력, 높은 저축열, 뜨거

〈그림 6-2〉 평균지가 변동률

(단위: %)

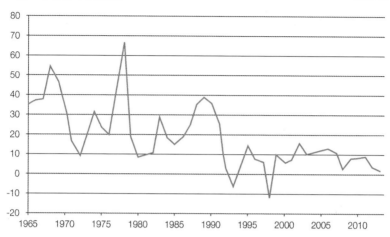

자료: 조태형 외(2015: 〈부록 2〉)의 통계를 사용하여 작성.
주: 1) 1994년까지는 조태형 외(2015)의 추정치이며, 1995년 이후는 국민대차대조표 통계.
    2) 평균지가는 지가총액을 면적으로 나눈 값(원/m²).

운 교육열과 학습열, 이윤을 노린 모험적 기업가 정신으로 충만했다. 그들에게서 투기를 통해 불로소득을 얻으려는 경향은 찾아보기 어려웠다. 박정희 정권의 강남개발은 이런 땅을, 국민 대다수가 주기적으로 부동산 투기 열풍에 휩쓸리며 부동산 불패신화를 신봉하고 강남을 부러워하는 몹쓸 탐욕의 땅으로 바꾸어버렸다(전강수, 2012: 29~30). 마침내 부동산은 대한민국에서 소득과 부의 양극화, 주기적 불황, 지역 격차의 주요 원인으로 자리 잡았다. '평등지권' 국가가 '부동산공화국'으로 전락하고 만 것이다.

2) 높은 땅값, '부동산공화국'의 상징

세계 최고 수준의 지가와 부동산 가격은 한국이 '부동산공화국'으로 전락했음을 상징적으로 보여준다. 한때 한국 땅을 전부 팔면 미국의 반을 살 수 있

〈그림 6-3〉 토지자산/GDP 배율의 국제 비교(1965~2015)

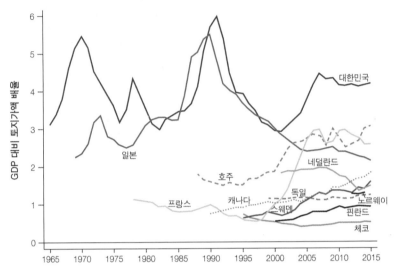

자료: 이진수·남기업(2017b).

고, 캐나다를 여섯 번, 프랑스를 여덟 번 살 수 있다는 이야기가 있었다(이정
우, 2015: 40). 부동산 가격이 폭등하던 시절에 회자되던 이야기이기는 했으나
전혀 근거 없는 말은 아니었다. 〈그림 6-3〉과 〈그림 6-4〉는 OECD 통계정보
시스템을 통해 토지자산 정보를 제공하고 있는 11~12개국을 대상으로 '토지
자산/GDP' 배율과 토지를 비롯한 여러 비금융자산의 구성비를 계산한 것이
다. '토지자산/GDP' 배율은 11개국 중 한국이 최고 수준으로, 일본, 독일에
비해 각각 2배, 3.5배 높은 수준이고, 핀란드에 비해서는 4배 이상 높은 수준
이며, 한국과 인구밀도가 비슷한 네덜란드에 비해서도 3배가량 높은 수준이
다. 국가 전체 비금융자산에서 토지가 차지하는 비중도 53.6%로 최고 수준인
데, 2위인 에스토니아의 44.7%에 비해서도 월등하게 높다.

한국처럼 지가와 부동산 값이 장기적으로 상승하는 가운데 주기적으로 폭

〈그림 6-4〉 OECD 12개국의 국부 구성 비율(2014, 비금융자산)

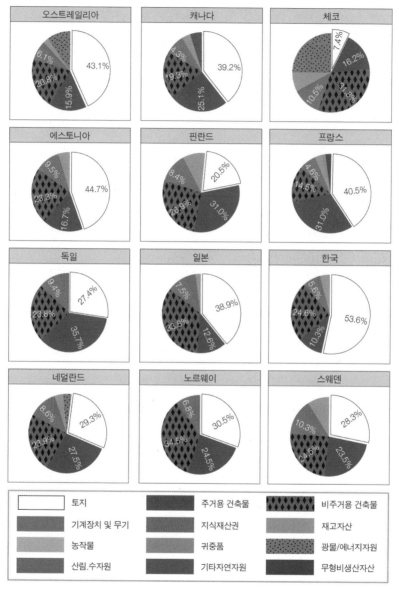

오스트레일리아	캐나다	체코
43.1%, 15.9%, 20.8%, 6.1%	39.2%, 25.1%, 19.3%, 4.3%	7.4%, 16.2%, 31.8%, 10.5%

에스토니아	핀란드	프랑스
44.7%, 16.7%, 23.3%, 9.5%	20.5%, 31.0%, 26.9%, 8.4%	40.5%, 31.0%, 14.5%, 4.6%

독일	일본	한국
27.4%, 35.7%, 23.8%, 9.4%	38.9%, 12.6%, 38.8%, 7.5%	53.6%, 10.3%, 24.6%, 5.6%

네덜란드	노르웨이	스웨덴
29.3%, 27.5%, 23.9%, 8.6%	30.5%, 24.5%, 34.5%, 6.8%	28.3%, 23.5%, 24.5%, 10.3%

범례:
- 토지
- 주거용 건축물
- 비주거용 건축물
- 기계장치 및 무기
- 지식재산권
- 재고자산
- 농작물
- 귀중품
- 광물/에너지자원
- 산림.수자원
- 기타자연자원
- 무형비생산자산

자료: 이진수·남기업(2017b).

등을 반복하는 사회에서는 부동산으로 인한 양극화 문제, 주거문제, 가계부채 문제, 기업가의 창업비용 문제, 자영업자의 임대료 부담 문제 등이 발생할 수밖에 없고, 그로 인한 사회적 갈등과 불안이 불가피하다. 높은 주거비 그리고 주택 마련 때문에 생기는 무거운 가계부채 부담은 내수 위축의 주범이다. 부동산 불로소득 획득 기회가 여기저기 수시로 생겨서, 땀을 흘리기보다 지대 추구 행위에 몰두하는 기업과 국민이 늘어나고, 그 결과 자원의 효율적 배분이 어려워진다. 지대 추구의 대열에 끼지 못한 사람들은 사업을 시작하기도 어렵고, 장사를 성공시키기도 어렵다. 이 모든 것이 경제성장을 어렵게 만드는 쪽으로 작용한다. 게다가 최근 한국에서는 주거비 부담으로 생계 압박을 크게 받는 청년들이 결혼과 출산을 포기하는 바람에 출산율이 역사상 최저 수준으로 떨어져서, 국가의 지속 가능성까지 의심해야 하는 상황까지 벌어지고 있다.

〈그림 6-5〉는 소유자 유형별 상위 1% 토지 소유자의 토지 소유 비중 추이를 그린 것인데, 한국 대기업들이 생산적 투자를 등한히 하는 데에도 부동산

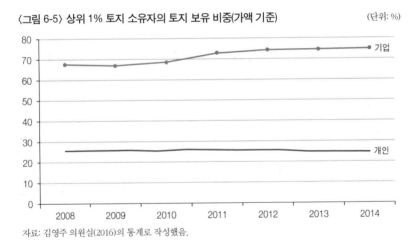

〈그림 6-5〉 상위 1% 토지 소유자의 토지 보유 비중(가액 기준)　　　　　　(단위: %)

자료: 김영주 의원실(2016)의 통계로 작성했음.

의 그림자가 짙게 드리우고 있음을 상징적으로 보여준다. 이 그림에서는 개인에 비해 기업의 소유 집중도가 엄청나게 높다는 사실과, 2008~2014년에 기업의 토지소유 집중도가 현저하게 상승(상위 1% 소유 비중이 68.5%에서 75.2%로 상승)한다는 사실을 확인할 수 있다. 이 기간 동안에 상위 1% 기업이 소유한 부동산은 546조 원에서 966조 원으로 77%p 증가했고, 상위 10대 기업이 소유한 부동산은 180조 원에서 448조 원으로 무려 147%p 폭증했다. 한국의 대기업들이 부동산 매입에 얼마나 열을 올렸는지 알 수 있다. 종합부동산세 감세로 인한 부동산 보유세 부담 완화와 법인세 감세로 인한 내부 유보금 증가가 주요 원인이었다. 이는 한국 경제의 중추인 대기업들이 생산적 투자는 외면한 채 지대 추구 행위에 몰두했음을 보여주는 명백한 증거이다. 최근에 한국 경제에 저성장 기조가 고착된 것은 우연이 아니다.

2. 부동산이 초래한 불평등의 실상

2014년 프랑스 경제학자 토마 피케티(Thomas Piketty)의 『21세기 자본』 영어판(*Capital in the 21ˢᵗ Century*)이 출간된 이후 불평등은 세계 경제학계의 최대 화두로 떠올랐다. 피케티는 이 책에서 한 나라의 순자산을 국민순소득으로 나눈 β값과 자본소득 분배율을 의미하는 α값을 중요한 변수로 취급한다. 그는 주요 선진국을 대상으로 β값 변동의 장기 추이를 집중적으로 분석하는데, 20세기 중반에 200% 내지 300% 수준으로 떨어졌던 β값이 1970년대 이후 급격히 올라가는 것을 밝혀냈다. 이 값이 올라간다는 것은 자산의 힘이 커진다는 의미이고 그러면 자본소득 분배율도 올라가서 결국 소득과 부의 불평등이 심화된다는 것이 피케티의 주장이다.

주상영(2015)은 피케티의 방법을 사용하여 한국의 β값이 주요 선진국 중에서 최고 수준에 도달했음을 밝혔다. 한국의 β값이 이처럼 높은 것은 전체 자산 중에서 토지자산이 차지하는 비중이 다른 선진국에 비해 높기 때문이다. 2016년 현재 국민순자산 중에서 토지자산이 차지하는 비중은 53.4%이고, 토지자산에 주거용 건물과 비주거용 건물을 합한 부동산자산이 차지하는 비중은 무려 74%에 달한다(한국은행·통계청, 2017). 높은 β값은 소득과 부의 불평등과 세습자본주의의 도래를 초래하는 중대 요인이라는 피케티의 논리를 받아들인다면, 한국은 높은 부동산 가격이 불평등을 초래하고 있는 대표 사례로 자리매김하는 것이 마땅하다.

필자가 몇 사람과 함께 분석한 바에 따르면, 한국에서는 GDP의 30%를 넘는 엄청난 규모의 부동산 소득이 발생하고 있다(남기업·전강수·이진수·강남훈, 2017). 하지만 지금까지 부동산에서 발생하는 소득이 소득 불평등의 주된 원인임을 주장하는 연구는 거의 나오지 않았다. 이는 기존 연구가 대부분 자가소유 부동산에서 발생하는 귀속 임대료와 자본이득의 상당 부분을 누락한 채 연구를 진행했기 때문이다. 〈표 6-1〉은 두 소득을 포함하는 새로운 방식으로 부동산소득을 추산한 결과를 보여준다.[1] 실현 자본이득을 기준으로 계산할 때 한국에서는 2007~2015년 9년 동안 해마다 450~500조 원의 부동산소득이 발생한 것으로 드러난다. GDP 대비 비율은 2008년에 42.6%로 가장 높았고 그 이후에는 경향적으로 하락하지만, 9년 내내 부동산소득은 GDP의 30%를 초과했고, 9년 평균은 무려 37.8%에 달하는 어마어마한 규모였다. 실현 자본이득이 아니라 잠재 자본이득(명목 보유 손익)을 기준으로 하면, 부동산소득 비중의 9년 평균은 GDP 대비 34.1%로, 실현 자본이득과 임대소득의 합에 약간

---

1)   자세한 추산 방법은 남기업·전강수·이진수·강남훈(2017: 110~121) 참조.

<표 6-1> 부동산소득(실현 자본이득＋임대소득) 추산 　　　　　　　(단위: 조 원, %)

연도	2007	2008	2009	2010	2011	2012	2013	2014	2015
실현 자본이득	275.5	291.9	297.5	299.1	300.3	285.0	263.9	240.3	227.0
임대소득	167.9	178.6	189.0	201.9	214.6	221.9	230.4	242.4	255.1
합계	443.4	470.5	486.4	501.1	514.9	507.0	494.3	482.7	482.1
합계/GDP	42.5	42.6	42.2	39.6	38.6	36.8	34.6	32.5	30.8

자료: 남기업·전강수·강남훈·이진수(2017: 122).

<표 6-2> 부동산소득(잠재 자본이득 ＋ 임대소득) 추산 　　　　　　(단위: 조 원, %)

연도	2007	2008	2009	2010	2011	2012	2013	2014	2015
잠재 자본이득	549.3	182.8	181.4	243.8	231.9	115.2	107.6	166.7	198.2
임대소득	167.9	178.6	189.0	201.9	214.6	221.9	230.4	242.4	255.1
합계	717.2	361.4	370.4	445.7	446.5	337.1	338.0	409.1	453.3
합계/GDP	68.7	32.7	32.2	35.2	33.5	24.5	23.6	27.5	29.0

자료: 남기업·전강수·강남훈·이진수(2017: 123).

못 미치지만, 이 또한 2007년 이후 한국의 부동산소득이 엄청난 규모였음을 보여주는 점에서는 다를 바 없다(<표 6-2> 참조).

　부동산소득이 아무리 크다 하더라도 국민들에게 골고루 돌아간다면 큰 문제가 아니다. 하지만 이런 일은 부동산 소유가 평등하게 분포되어 있는 경우에나 일어난다. 대한민국은 농지개혁으로 한때 평등지권 사회를 구현했지만, 수십 년이 지나는 사이에 토지와 부동산은 다시 소수의 수중에 집중되었고 평등지권은 옛말이 되고 말았다. 확인 가능한 통계에 따르면, 해방 직후 전체 농가의 10%에 해당하는 지주들이 전체 경지의 65%를 소유하고 있었던 반면, 2014년에는 가액 기준으로 개인 토지 소유자 중 상위 10%가 전체 개인 소유지의 65%를, 법인 토지 소유자 중 상위 1%가 전체 법인 소유지의 75.2%를

〈표 6-3〉 지니계수 분해를 통한 소득 원천별 불평등 기여도 계산

소득 원천	귀속임대소득·자본이득 미포함			귀속임대소득·자본이득 포함		
	절대기여도	상대기여도	한계효과	절대기여도	상대기여도	한계효과
근로소득	0.306	0.776	7.1	0.214	0.541	-0.1
사업소득	0.072	0.181	-2.2	0.053	0.135	-2.2
부동산소득	0.011	0.027	0.4	0.121	0.307	5.8
재산소득	0.002	0.006	0.1	0.002	0.005	0.2
이전소득	0.004	0.010	-5.4	0.005	0.013	-3.7
총소득	0.394	1.000	0.0	0.395	1.000	0.0

자료: '2016년 재정패널 조사' 데이터를 사용하여 계산했음. 통계분석은 이진수(고려대 행정학과 박사과정)의 도움을 받았음.
주: 1) 균등화 가처분소득으로 계산했음.
    2) 한계효과란 각 개별소득이 1% 변할 때 총소득의 지니계수가 몇 % 변하는지를 보여주는 지표임.

소유하고 있다(김영주의원실, 2016). 두 통계는 성질이 달라서 바로 비교하기는 어렵지만, 한국의 토지소유 분포가 농지개혁 이전 상황을 방불할 정도로 다시 불평등해졌다는 것은 분명히 확인할 수 있다. 농지개혁이 일시적으로 구현했던 높은 토지소유 평등성은 70년이 지나지 않아 소멸해버렸다. 농지개혁 이전에 비해 달라진 점이라면 토지문제의 중심이 농지가 아니라 도시토지로 이동했다는 사실뿐이다. 이와 같이 토지소유가 불평등하게 분포되어 있는 상황에서 막대한 규모의 부동산소득이 발생했다면, 그 상당 부분은 부동산 과다소유 개인 혹은 법인에게 돌아갔을 터이고 그것은 틀림없이 소득 불평등의 중요한 원인으로 작용했을 것이다.

그렇다면 부동산소득이 소득 불평등에 미치는 영향을 좀 더 구체적으로 파악할 수는 없을까? 〈표 6-3〉은 '2016년 재정패널 조사' 데이터를 그대로 사용하여 각 개별소득(근로소득, 사업소득, 부동산소득 등)의 불평등 기여도를 계산한 결과와, 위에서 추산한 부동산소득을 포함해서 각 가구의 소득을 다시 계산하

고 그 결과로 나오는 각 개별소득(근로소득, 사업소득, 부동산소득 등)의 불평등 기여도를 계산한 결과를 비교한 표이다.[2] 이 표에 의하면, 잠재 자본이득과 귀속임대소득을 포함시키지 않을 경우 부동산소득은 총소득의 지니계수에 2.7%밖에 기여하지 않는 반면, 양자를 포함시킬 경우 부동산소득의 상대적 기여도는 30.7%로 급등한다. 그리고 각 개별소득이 1% 변할 때 총소득의 지니계수가 몇 % 변하는지를 보여주는 한계효과도, 전자의 경우 0.4에 불과한 반면 후자의 경우 5.8로, 모든 소득 중 가장 높은 수치를 나타내고 있다. 이 분석 결과는 항간에 회자되는 '한국에서는 부동산이 소득 불평등의 주범'이라는 말이 사실임을 증명한다.

3. '부동산공화국', 어떻게 해체할 것인가?

'평등지권' 국가가 '부동산공화국'으로 전락한 이유도, '부동산공화국'이 흔들림 없이 지속되는 이유도 부동산 소유자가 누리는 불로소득에 있다. 부동산 불로소득이 생기지 않는다면, 누가 이용할 생각 없이 토지와 부동산을 매입하고 소유하려고 할 것이며, 무엇 때문에 부동산 가격이 주기적으로 폭등하고 토지와 부동산이 소수에게 집중되는 현상이 발생하겠는가? 부동산공화국을 해체하는 일은 부동산 정책 몇 가지를 변경하는 것만으로는 불가능하다. 무엇보다도 먼저 근본 원인인 부동산 불로소득을 차단·환수할 수 있는 제도적 틀을 갖추지 않으면 안 된다.

부동산 불로소득을 효과적으로 차단·환수하는 방법에는 두 가지가 있다.

---

[2] 부동산소득 중 자본이득은 잠재 자본이득을 사용했는데, 이는 계산의 편의를 위한 것이다.

하나는 토지보유세를 강화(이상적으로는 토지가치세를 도입)하는 것이고, 다른 하나는 국공유지를 확대하여 시장원리대로 운용하는 것이다. 전자가 지대와 자본이득의 사적 전유를 허용하는 대신에 과세를 통해 그 상당 부분을 환수하는 것이라면, 후자는 국가와 공공기관이 직접 부동산소득을 전유하여 민간의 불로소득 취득을 방지하는 것이다. 전자는 토지가치세제, 후자는 토지공공임대제라 불린다.

부동산 불로소득을 차단·환수하되 시장친화적인 방식으로 하는 것이 중요한데, 토지가치세가 시장친화적이라는 사실은 이미 잘 알려져 있고, 토지공공임대제를 시장친화적인 방법으로 운용하는 것도 얼마든지 가능하다. 토지가치세제든, 토지공공임대제든 부동산 불로소득 환수 정책을 시행하면 정부에 추가 수입이 생기기 마련이다. 이 수입은 가급적 모든 국민에게 똑같이 혜택이 돌아가도록 사용할 필요가 있다. 추가 수입을 이렇게 사용한다면, 결과적으로 모든 국민이 평등지권을 누리게 되므로 부동산 불로소득 차단·환수 정책은 평등지권 사회를 구현하는 길이 되기도 한다. 필자는 이와 같은 정책 틀을 '시장친화적 토지공개념'이라 불러 왔다.

1) 토지보유세 강화

(1) 토지보유세의 중요성

많은 사람들이 부동산 불로소득을 지가 차액, 즉 자본이득으로 보기 때문에 그에 대한 대책으로는 부동산 자본이득세를 떠올린다. 한국에서도 1974년에 실현 자본이득에 과세하는 양도소득세가 도입되어 지금까지 부과되고 있다. 양도소득세는 부동산 불로소득을 일부 환수하는 기능을 하지만, 동결효과와 조세 전가 등의 부작용이 있을 뿐 아니라, 지대소득을 전혀 건드리지 못한다는 한계를 내포한다. 이 세금은 부동산을 팔 때 부과하기 때문에 부동산 소유자로 하여금 부동산 매각을 꺼리게 만들어서 거래를 위축시킨다. 또 팔지 않고 보유하면서 지대소득을 향유하는 행위에 대해서는 전혀 효과를 발휘하지 못한다. 게다가 매도자가 우위에 서는 가격 상승기에는 세금 부담이 매수자에게 전가되기도 쉽다. 따라서 부동산 불로소득은 발생한 후에 자본이득세로 환수하기보다 아예 발생하지 않도록 차단하는 것이 현명한데, 그 가장 좋은 수단은 토지보유세다.

토지보유세는 부동산 불로소득 차단 효과가 큰 것은 물론이고 다른 여러 가지 장점을 갖고 있다. 이 세금은 제대로 부과할 경우 토지 소유자가 차지하는 지대소득을 줄일 뿐 아니라 부동산 가격을 안정시켜서 부동산 자본이득도 줄인다. 더욱이 올바로 설계할 경우 양도소득세의 결함인 동결효과나 조세전가를 유발하지도 않는다. 양도소득세와는 달리 토지보유세는 보유 중에 부과하기 때문에, 부동산 소유자는 매각을 꺼리기는커녕 오히려 불필요한 부동산을 매각하는 쪽으로 움직인다. 또 토지는 공급이 고정되어 있어서 세금부담이 사용자에게 전가되지 않고 온전히 소유자에게 귀착된다. 애덤 스미스(Adam Smith), 존 스튜어트 밀(John S. Mill), 알프레드 마셜(Alfred Marshall), 아서 피구(Arthur Pigou), 존 코먼스(John R. Commons), 콜린 클라크(Colin Clark), 윌리엄 비크리(William Vickrey) 등 쟁쟁한 경제학자들이 한결같이 토지보유세를 상찬한 것은 그것이 이런 장점을 갖기 때문이었다.

한국에서 토지공개념의 시조로 알려진 헨리 조지(Henry George)는 토지보유세의 원형이라 할 수 있는 토지가치세를 주장했다. 토지가치세는 지대세라고도 불리는데, 토지지대의 대부분을 징수하는 세금이다. 헨리 조지는 명저 『진보와 빈곤(*Progress and Poverty*)』에서 네 가지 조세원칙으로 토지가치세를 평가한 바 있다. 그가 기준으로 삼은 조세원칙은 중립성, 경제성, 투명성(확실성), 공평성 네 가지였다. 중립성은 조세가 경제를 위축시키지 않아야 한다는 원칙이고, 경제성은 조세 징수에 따르는 행정비용이나 사회적 비용이 적어야 한다는 원칙이다. 또 투명성(확실성)은 세원이나 조세 징수 과정이 투명해야 한다는 원칙이고, 공평성은 사회로부터 혜택을 많이 받을수록 많은 부담을 지게 해야 한다는 원칙이다. 헨리 조지는 토지가치세가 네 기준 모두에서 최상의 점수를 받는 세금임을 명쾌하게 논증했다.

최근에는 OECD나 IMF 등 국제기구도 토지보유세가 모든 세금 중 가장 성장친화적이라는 견해를 피력하거나(Brys, 2016), 효율성과 형평성 양면에서 보유세 강화를 강력하게 추진할 필요가 있다고 주장했다. 특히, 노레가르드(Norregaard, 2013)는 선진국의 경우 부동산 보유세를 GDP의 2% 이상 수준으로 강화할 것을 권고했다.

단, 토지와 건물의 결합체인 부동산에 부과하는 보유세는 가장 좋은 세금인 토지보유세와 가장 나쁜 세금의 하나인 건물보유세가 결합된 것이라는 점에 유의할 필요가 있다. 건물보유세가 나쁜 세금인 이유는 건축 행위를 위축시킬 뿐 아니라 조세 전가가 크게 일어나기 때문이다. 따라서 가능한 한 부동산 보유세는 토지 중심으로 부과하는 것이 바람직하다. 현실에서는 토지보유세 중심의 과세보다는 토지·건물 통합과세를 시행하는 경우가 많은데, 그렇더라도 토지보유세의 장점이 어느 정도 유지되기 때문에 최선은 아니지만 차선책 정도는 된다고 볼 수 있다.

한국은 부동산 불로소득의 규모가 엄청나서 이미 '부동산공화국'이라는 별명이 붙었음에도 대책은 미흡하다. 양도소득세와 토지 관련 부담금의 불로소득 환수 비율은 매우 낮다. 그보다 더 큰 문제는 불로소득을 사전에 차단하는 보유세도 다른 선진국에 비해 부담이 가볍다는 사실이다. 한국의 GDP 대비 보유세 비율(2015년 기준)은 0.8%로 OECD 평균(1.12%)에 비해 낮은 수준이

<그림 6-6> OECD 국가별 보유세 실효세율 추이(1970~2015)

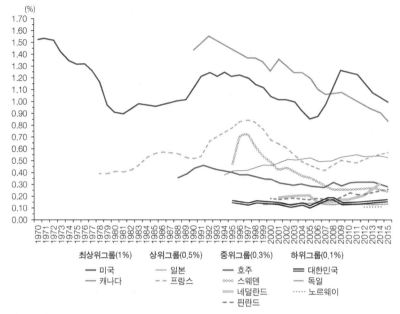

자료: 이진수·남기업(2017a).

다. 이 비율보다 더 확실하게 보유세 부담의 정도를 나타내는 실효세율(보유세 액/부동산가액)을 보면, 한국은 현재 계산이 가능한 OECD 12개 국 가운데 독일, 노르웨이와 함께 0.1%대로 가장 낮은 국가군에 속한다(<그림 6-6> 참조).

부동산 조세 구조의 면에서도 한국은 문제를 드러낸다. 보유세와 거래세를 합한 전체 부동산세 총액 중 보유세 비중이 너무 낮은 대신 거래세 비중이 너무 높기 때문이다. 2015년 현재 한국의 거래세 비중은 71.3%로, OECD 35개 국 중에서 라트비아(88.9%)와 터키(79.1%) 다음으로 높다. 참고로 미국, 슬로바키아, 에스토니아는 이 비율이 0%, 뉴질랜드는 1.7%, 캐나다는 7.6%로 극히 낮은 수준이다. 이 나라들은 보유세 중심으로 부동산 세제를 운용하는 것이다. 한국에서 주기적으로 투기가 발생하고 부동산이 치부(致富)의 주요 수단이 된 것은 이상에서 언급한 부동산 세제의 결함과 무관하지 않다.

　과세 기술의 측면에서도 큰 문제가 존재한다. 과세의 근거 자료로 사용되는 부동산 공시가격이 현저하게 형평성을 결여하고 있기 때문이다. 보유세액은 '{공시가격−과세기준 금액}×공정시장가액비율×세율'의 공식으로 계산하는데, 부동산 공시가격의 실거래가 반영률이 부동산유형별·지역별·가격대별로 큰 차이가 있어서 세 부담의 불균형을 초래하고 있다. 같은 가액이라도 어떤 부동산을 어디에 소유하느냐에 따라 세 부담은 크게 달라지는 것이다. 필자가 1가구 1주택자가 시가 15억 원짜리 아파트를 세종시에 보유하는 경우와 15억 원짜리 단독주택을 울산시에 보유하는 경우의 세 부담을 계산해본 결과, 전자는 재산세와 종합부동산세를 합쳐서 246만 원을 부담하는 반면, 후자는 종부세는 내지 않고 재산세만 116만 6400원을 부담하는 것으로 드러났다. 이런 불공평은 보유세 강화 정책을 시행하기 전이라도 하루빨리 바로잡아야 한다. 주택, 토지와 전혀 다른 과세 방식을 적용하고 있는 상가·건물 보유세의 경우, 과표 현실화율이 현저하게 낮아서 사실상 큰 특혜를 누리는 것으로 드러나고 있다.

(2) 부동산 보유세제 개편 방안

　한국의 지대추구 경향을 걱정하는 사람이라면 누구든 보유세 강화에는 동의할 것이다. 하지만 문제는 어떤 방식으로 정책을 추진할 것인가이다. 정책 추진의 기본 방향과 목표, 그리고 방법을 결정하는 것은 만만한 과제가 아니다. 보유세에 대해서는 이런저런 비토 논리가 퍼져 있기도 하고 조세저항을 우려하는 사람들도 많다. 그래서 경제 관료들이 추진하기를 기피하는 정책 과제이기도 하다. 얼마 전 보유세제 개편 방향을 결정할 재정개혁특별위원회가 출범하기는 했지만, 위원 면면을 볼 때 부동산의 특성과 토지의 공공성을 충분히 인지하고 있는 개혁적 성향의 인물은 소수여서, 과연 경제 관료의 입김을 배제하고 '부동산공화국'을 해체할 만한 실효성 있는 대책을 내놓을지 의심스럽다.

필자의 생각으로 가장 이상적이면서도 조세저항 문제까지 해결할 방안은 종부세를 폐지하는 대신 그보다 장점이 많은 국토보유세를 도입해서 세수를 충분히 확보하고 그것을 전 국민에게 토지배당으로 똑같이 분배하는 것이다. 이는 토지보유세와 기본소득을 결합하는 방안으로, 전 국민이 국토에 대해 평등한 권리를 갖고 있음을 전제한다. 필자는 한신대 강남훈 교수와 공동 집필한 한 논문에서 국토보유세를 도입해서 세수를 15.5조 원 늘리고 이를 전 국민에게 1인당 연간 30만 원씩 토지배당으로 지급하는 방안을 제안했다(전강수·강남훈, 2017). 그 논문에서 우리는 이 방안을 시행할 경우 전체 가구의 95%가 순수혜 가구가 된다는 시뮬레이션 결과도 제시했다.

세수를 15조 원 이상 늘리겠다고 하고 모든 토지 소유자를 대상으로 부과한다고 하니, 아무리 순수혜 가구가 많아서 조세저항 문제는 발생하기 어렵다고 말하더라도 정치인이나 경제 관료들이 이 방안을 선뜻 받아들이려고 하지는 않을 것이다. 그래서 고육지책이기는 하지만, 현행 보유세 체계(종부세·재산세 체계)의 유지를 전제로 한 개편 방안을 모색하지 않을 수 없다.

현행 보유세 체계를 유지한 채로 보유세를 강화할 경우, 두 가지 방법을 생각해볼 수 있다. 하나는 즉각 시행 가능한 방안으로, 부동산 공시가격 제도를 개선하는 동시에 종부세의 공정시장가액비율을 상향 조정하는 것이다. 이 방안은 법률을 개정할 필요 없이 행정 조처만으로 시행 가능하다는 장점이 있다. 공시가격의 부동산 유형별·지역별·가격대별 불균형 문제를 해소하는 동시에 실거래가 반영률을 상향 조정하고, 종부세 공정시장가액비율을 현행 80%에서 100%로 높이면 된다. 공정시장가액비율은 (공시가격－과세기준 금액)

에 곱해서 과세표준을 계산할 때 적용하는 비율인데, 현재 종부세의 경우 80%, 주택 재산세의 경우 60%, 토지 및 건축물 재산세의 경우 70%이다. 종부세의 공정시장가액비율을 100%로 높인다는 말은 (공시가격-과세기준 금액)을 그대로 과세표준으로 사용한다는 뜻이다.

다른 하나는 종부세의 과표 구간과 세율을 참여정부 당시로 복원하는 방안이다. 이명박 정부는 집권 첫해에 종부세 무력화에 전력투구하여 세 부담을 크게 완화하는 방향으로 과표 구간과 세율을 대폭 개편했는데, 이를 참여정부 당시의 세율 체계로 복원한다는 말이다. 이것은 법률 개정을 요하는 방안으로, 전자보다는 시간이 많이 걸릴 뿐만 아니라 국회에서 통과되지 않을 가능성도 존재한다.

세율 체계를 참여정부 당시로 복원한다고 해서 세 부담도 그때 수준으로 늘어나는 것은 아니다. 그때는 세대별 합산 과세였던 것이 인별 합산으로 바뀌었고 과세 기준 금액도 달라졌기 때문에, 과세 대상자 수와 세 부담은 참여정부 수준으로는 증가하지 않는다. 이 방안은 공시가격과 종부세 공정시장가액비율을 개선하는 앞의 방안과 병행할 수 있는데, 그 경우 세 부담이 어떻게 변할지는 단언하기 어렵다.

현행 보유세 체계 유지를 전제로 보유세를 강화할 경우, 변수는 공시가격 실거래가 반영률 조정, 종부세 공정시장가액비율 변경, 종부세 과표구간·세율 개편 등 세 가지다. 필자는 이 세 변수를 조합해서 보유세제 개편 시나리오를 만들어 보았다. 공시가격 실거래가 반영률 조정은 현행 혹은 70%, 80%, 90%, 100%로 균일적 상향을 한다고 가정하자. 종부세 공정시장가액비율은 현행 비율을 유지하거나 100%로 상향하는 두 가지 경우를, 종부세 과표구간·세율은 현행대로 유지하는 경우와 참여정부 수준으로 변경하는 경우 두 가지를 상정하자. 세 변수에서 각각 5가지, 2가지, 2가지의 경우를 가정하므로 총

〈표 6-4〉 부동산 보유세 개편 시나리오별 세수 효과 추계 (단위: 조 원)

개편 내용	시나리오	공정시장 가액비율	실거래가 반영율	재산세액	종부세액	보유세액
실거래가 반영률 상향	1	현행(80%)	현행	10.2	1.5	11.7
	2	현행(80%)	70%	11.9	1.9	13.8
	3	현행(80%)	80%	13.9	2.5	16.4
	4	현행(80%)	90%	15.9	3.2	19.1
	5	현행(80%)	100%	17.9	4.0	21.9
실거래가 반영률 상향+ 공정시장가액 비율 상향	6	100%	현행	10.2	2.0	12.1
	7	100%	70%	11.9	2.5	14.4
	8	100%	80%	13.9	3.3	17.1
	9	100%	90%	15.9	4.2	20.1
	10	100%	100%	17.9	5.3	23.2
과표구간·세율 변경+실거래가 반양률 상향	11	현행(80%)	현행	10.2	2.3	12.5
	12	현행(80%)	70%	11.9	2.8	14.8
	13	현행(80%)	80%	13.9	3.8	17.7
	14	현행(80%)	90%	15.9	4.9	20.8
	15	현행(80%)	100%	17.9	6.2	24.1
과표구간·세율 변경+실거래가 반양률 상향+ 공정시장가액 비율 상향	16	100%	현행	10.2	2.9	13.1
	17	100%	70%	11.9	3.7	15.6
	18	100%	80%	13.9	5.0	18.8
	19	100%	90%	15.9	6.4	22.4
	20	100%	100%	17.9	8.1	26.0

주: 부가세(surtax)는 미포함.
자료: 〈가계금융복지조사〉 2011년 및 2016년 데이터, 국세통계(http://stats.nts.go.kr), 국가통계포털 (http://kosis.kr). 통계분석은 이진수(고려대 행정학과 박사과정)의 도움을 받았음.

20개의 시나리오를 생각해 볼 수 있다. 〈표 6-4〉는 20개 시나리오를 적용할 경우 재산세와 종부세의 세수가 어떻게 변할지 '가계금융복지조사' 데이터를 활용하여 추계한 결과를 보여준다. 자세한 추계 방법은 뒤의 보론을 참고하기 바란다.

　보유세 강화의 목표를 어느 수준으로 잡느냐에 따라 어떤 시나리오를 채택할지가 결정된다. 만일 문재인 대통령이 대선 후보 시절 약속한 GDP 1% 수준으로 보유세를 강화하려고 하면, '시나리오 7'을 선택할 수 있다. 2015년 현재 GDP 대비 부동산 보유세 비율은 0.8%인데, 이를 1%로 올리려면 부동산 보유세 세수를 약 3.2조 원 늘려야 한다(GDP를 1,600조 원으로 가정). '시나리오 7'은 현재 부동산유형별·지역별·가격대별로 중구난방 상태인 공시가격의 실거래가 반영률을 균일하게 70%로 조정하고, 종부세의 공정시장가액비율을 100%로 올리는 방안이다. 이 시나리오를 채택할 경우 '종부세＋재산세'는 2.7조 원 증가한다. 지방교육세, 농특세 등 부가세(surtax)는 '종부세＋재산세'의 14% 수준이므로 이를 반영하면, 보유세 증가액은 3.1조 원이 될 전망이다.

　IMF에서 권고하는 GDP 2% 수준으로 보유세를 강화하고자 할 경우(Norregaard, 2013) 부동산 보유세 세수는 약 19.2조 원 늘어야 한다. 20개 시나리오 중 이 목표 실현에 가장 근접한 것은 '시나리오 20'이다. 이 시나리오는 종부세의 공정시장가액비율을 100%로 올리고 공시가격의 실거래가 반영률을 균일하게 100%로 조정하는 동시에 과표구간과 세율을 참여정부 때와 똑같이 만드는 방안이다. 이 시나리오를 채택할 경우 '종부세＋재산세'는 14.4조 원 증가하고, 부가세까지 포함하면 보유세 총액은 16.3조 원 증가할 전망이다. 현행 보유세 체계를 유지한다는 전제하에서 도입 가능한 방안들 중에서 가장 강력한 시나리오임에도 GDP 2% 수준에 도달하려면 약 3조 원이 부족하다. 목표치 19.2조 원을 달성하려면 종부세 과세기준을 인하하여 과세대상을 확대할 필요가 있다. '시나리오 20'을 정책으로 시행할 경우, 종부세는 현재의 2.8배 수준으로 늘어나고, 재산세도 1.8배 수준으로 늘어나서 조세저항이 심각해질 우려가 있다. 따라서 이 방안은 시간을 두고 많은 논의와 사회적 합의를 거친 후에 추진해야 한다.

문재인 정부가 대선 후반부터 현재까지 줄곧 부동산 보유세 강화에 미온적인 태도를 보여온 것을 감안할 때 '시나리오 6'을 선택할 가능성도 배제할 수 없다. 이 시나리오는 모든 항목을 그대로 유지하면서 종부세의 공정시장가액비율만 현행 80%에서 100%로 올리는 방안이다. 이 방안을 채택할 경우, 재산세는 현행대로 유지되고 종부세 세수만 0.5조 원 증가할 전망이다. 이 시나리오는 보유세 강화의 정도가 미약해서 정책 효과를 거두기 어려울 뿐 아니라, 현행 공시가격제도의 문제점을 방임한다는 결정적인 한계를 갖고 있다.3)

---

3) 이 글 탈고 후인 2018년 4월 9일 문재인 정부는 부동산 보유세제 개편을 논의하도록 하기 위해 정책기획위원회 산하에 재정개혁특별위원회를 설치했다. 재정개혁특위는 두 달이 넘는 기간 동안 보유세제 개편에 대해 논의한 끝에, 2018년 6월 22일 공정시장가액 비율 인상과 세율 변경을 조합하여, 세수 효과가 최소 1,949억 원, 최대 1조 2,952억 원에 불과한 종합부동산세 개편 시나리오들을 제시했다. 개편방안 발표 후 '찔끔 증세다', '공시가격 현실화 문제는 건드리지 않았다'는 비판이 쏟아지자, 7월 3일에는 세수 효과가 약 1조 1천억 원으로 추정되는 최종 권고안을 발표했다. 여러 시나리오 중에서는 제법 강한 쪽으로 최종 결정했지만, 이것조차 세수 효과가 문재인 대통령이 후보 시절 제시한 3조 2천억 원의 1/3 수준에 불과한 방안이었다. 심지어 최종 권고안 발표 이틀 뒤에 기획재정부는 그 권고안조차 수용하지 않고 세수 효과가 약 7,400억 원에 불과한 정부 개편안을 발표했다. 특히 주목되는 것은 주택과 종합합산 토지의 종부세는 약간 강화하면서, 지불 능력이 큰 대기업이나 건물주에게 부과하는 별도합산 토지 종부세는 전혀 건드리지 않았다는 사실이다. 필자가 이 글에서 미리 우려했던 사태가 그대로 벌어진 셈이다. 특히 재벌·대기업과 건물주의 이해를 옹호하는 자세를 보인 기획재정부의 개편안은 '촛불정권'이라 불리는 문재인 정부가 내놓았다고 하기에는 부끄러운 내용이다. 앞으로 이 방안대로 보유세제 개편이 이뤄진다면, 부동산 불로소득 차단이나 공평과세 실현, 그리고 양극화 해소의 길은 한참 멀어질 수밖에 없다.

2) 토지공공임대제 도입[4]

(1) 토지공공임대제의 장점

이미 토지사유제가 확립된 곳에서는 감세나 토지배당 지급을 통해 토지보유세 강화 정책에 대한 저항을 완화할 수 있을지 모르지만 완전히 해소하기는 어려울 것이다. 토지보유세로 지대 대부분을 환수하는 것도 이론적으로는 가능하지만 현실적으로 거의 불가능하다. 토지보유세가 지대에 가까운 수준으로 높아지면 지가는 제로(0)에 가까워지는데, 이는 사실상 토지 몰수라는 비판이 나올 것이기 때문이다.

논란의 여지가 없이 토지 사용료를 징수하고 토지 불로소득을 차단하는 방법은 토지를 아예 공공이 소유하는 것이다. 토지비축 제도를 활용하여 국공유지를 확대하거나 택지 개발 과정에서 확보하는 공공택지를 매각하지 않고 계속 보유하면서 민간에 임대하여 임대료를 시장가치대로 징수하면, 토지 사용의 자유를 보장하면서도 토지 불로소득을 원천적으로 차단할 수 있다. 이 방법을 활용하는 제도가 바로 토지공공임대제다.

토지공공임대제의 이상은 '토지 임대가치의 완전 환수, 자유로운 토지이용 보장 그리고 평등지권의 실현'으로 요약할 수 있다. 이를 실현하기 위해서는 토지 사용자에게 토지 사용의 자유와 임대기간 중 토지 사용권 처분의 자유를 부여해야 하며 임대료가 자유시장의 원리에 따라 결정되도록 해야 한다. 공공이 임대료를 시장 임대가치대로 걷으면 토지 자체에 가격이 성립하는 일은 없다. 따라서 이론상 이상적인 토지공공임대제 하에서는 토지 매매시장이 소

---

4) 이하 토지공공임대제에 관한 서술은 전강수(2007)와 허문영·전강수·남기업(2009)의 내용을 요약하면서 업데이트한 것이다. 따라서 두 연구에 포함되어 있던 내용은 별도의 출처 표기를 하지 않음을 밝혀둔다.

멸한다. 단, 공공이 토지 임대인이 되고 민간이 토지 임차인이 되는 토지 임대시장은 여전히 작동한다. 또한 토지 사용료 수입을 모든 국민에게 혜택이 공평하게 돌아갈 수 있는 방식으로 지출해야 하는데, 그렇게 하면 토지를 사용하지 않는 사람도 토지에 대한 권리를 누릴 수 있다.

이처럼 토지공공임대제는 토지 사용자에게 사용하는 만큼 사용료를 징수하기 때문에 토지 불로소득을 효과적으로 차단할 수 있다. 게다가 토지 사용의 자유가 보장되고 사용권의 매매도 허용되기 때문에 자유 경쟁의 효력이 완벽하게 발휘된다. 요컨대 토지공공임대제는 시장친화적이다.

이런 이상적인 형태는 아니지만, 국공유지를 임대하고 그 대가로 임대료를 징수하는 제도는 세계 곳곳에서 다양한 형태로 실시되어 왔다. 싱가포르와 홍콩은 나라 전체에 토지공공임대제를 도입하여 운영해왔으며, 네덜란드, 스웨덴, 핀란드, 이스라엘 등은 국지적으로 토지공공임대제를 적용해왔다. 영국의 전원도시(Garden City)와 호주의 캔버라, 미국 뉴욕의 배터리 파크 시티(Battery Park City)처럼 토지공공임대제의 원리를 도시개발에 적용하여 성공시킨 사례도 있고, 미국의 토지단일세 마을처럼 공동체적으로 이 원리를 적용한 경우도 있다. 사회주의 국가 중국은 1980년대에 도시 토지 유상 사용 방식을 처음 도입한 이래 이 제도를 계속 확대해왔다. 한국도 비록 큰 효과를 거두지는 못했지만, 토지임대부 주택 공급으로 토지공공임대제의 원리를 도입하고자 시도한 바 있다.

국공유지가 충분히 확보될 경우에 토지공공임대제는 부동산 불로소득을 원천적으로 차단하고 평등지권 사회를 실현하는 데 가장 효과적인 제도이다. 하지만 문제는 국공유지가 충분치 않은 경우이다. 한국은 다른 선진국에 비해 국공유지 비율이 유독 낮다. 국공유지가 전체 국토의 약 30%밖에 안 되는데다 그중에 민간에 임대해서 사용료를 징수할 수 있는 쓸 만한 땅은 거의 없다. LH공사 등이 확보한 공공택지를 활용할 수는 있겠으나, 그것은 막대한 부채에 시달리는 토지개발 담당 공기업들이 극도로 기피하는 방법이다. 따라서 한국에 토지공공임대제를 도입하려면 제도 도입을 목표로 장기 토지비축 계획을 수립해서 국공유지를 확대하는 것이 선결 조건이다. 그러기 위해서는 막대한 토지비축 자금을 확보해야 하는데, 장기채를 활용하는 등 금융기법을 동원한다고 하더라도 그다지 쉬워 보이지는 않는다.

(2) 북한 토지제도 개편 방향으로서의 토지공공임대제

한국에 당장 적용하기 곤란한 제도를 왜 거론하는지 의문이 생길 것이다. 그러나 북한 지역을 함께 생각하면 이야기가 달라진다. 이미 토지가 국공유 상태인 북한에서는 토지공공임대제는 즉각 도입 가능한 대안이 될 수 있다. 2018년 4월 27일 이후 두 차례의 남북 정상회담이 성사되고 6월 12일에는 마침내 북미 정상회담이 싱가포르에서 열리면서 남북한 경제교류의 가능성이 고조되고 있다. 4월 27일의 남북정상회담에서 문재인 대통령은 김정은 국무위원장에게 '한반도 신경제구상'을 전달했다고 한다. 하지만 조만간 북한이 개혁·개방의 길로 들어선다면, 제일 먼저 필요한 것은 한반도 신경제구상과 같은 개발 지도가 아니라 북한 토지제도 개편 방안이다. 부동산 불로소득이 발생하지 않도록 미리 제도적 틀을 마련해 두지 않는다면 북한 개발은 '부동산공화국'을 한반도 전체로 확대하는 결과를 낳을 수밖에 없기 때문이다.

북한 토지제도에 관해서는 1990년대에 활발한 연구가 이뤄졌지만 최근에는 연구가 시들해졌다. 하지만 남북 정상회담 이후 접경지역 땅값이 들썩거린다고도 하고, 북한 토지문서를 어떻게 처리해야 할지를 다루는 보도까지 나오는 상황이므로, 향후 연구가 다시 활발해질 것으로 전망된다. 차제에 한국 정부는 토지공공임대제 도입을 전제로 한 북한 토지제도 개편 방안을 조속히 마련하여 적절한 시기에 북한 당국에 제안할 필요가 있다.

1990년 비크리(William Vickrey), 모딜리아니(Franco Modigliani), 솔로우(Robert Solow), 토빈(James Tobin) 등 4명의 노벨 경제학상 수상자들을 포함하는 30명의 저명 경제학자들은 구소련 대통령 고르바초프에게 보낸 공개서한에서, 소련 토지의 사유화에 반대하면서 다음과 같이 경고한 바 있다.

① 민간에게 불하할 토지가 많은 상황에서 단기간에 불하한다면 제값을 받을 수 없다.

② 토지 사용 능력이 뛰어난 사람도 목돈이 없으면 불하를 받을 수 없다. 반면에 토지가치를 매년 지대로 나누어 징수한다면 거액을 대출 받기 어려운 사람도 토지를 취득할 수 있다.

③ 투기꾼이 불하 받은 토지를 전매한다면 생산적 노력이 없이도 큰 이익을 남길 수 있기 때문에 사회에 불평등과 불만을 야기할 것이다.

④ 미래의 정치 상황에 대한 불안감으로 인해 불하 가격이 낮아질 수 있다. 반면에 지대를 매년 징수한다면 미래에 좋은 정부 정책이 실시될 경우 그 혜택을 미래의 국민이 누릴 수 있다.

⑤ 투자가들은 모험을 기피하는 경향이 있고 일반적으로 미래는 불확실하기 때문에 불하 가격이 낮아질 가능성이 많다.

⑥ 미래의 지대는 현세대가 아니라 미래의 세대에게 귀속시키는 것이 정당하다.

이들의 경고는 북한 토지제도 개편에도 그대로 적용될 수 있다. 여기에 몇 가지를 추가하자면, 다음과 같다.

⑦ 국공유지의 사유화가 국내의 가용 자금을 대거 흡수하여 금융공황을 초래할

수 있다.

⑧ 토지가 잉여자금을 가진 구 특권층이나 남한 사람들의 수중으로 들어가 버릴
   가능성이 크다.

⑨ 정부는 일시에 거액의 토지 매각 대금을 갖게 되겠지만 이것을 미래 세대를
   위해 남겨두지 않고 지출해버릴 가능성이 크다.

⑩ 통일 이후 북한 지역에서는 사회적 인프라의 대대적 개편이 필요할 텐데, 대
   부분의 토지를 사유화해버릴 경우 인프라 건설 비용이 훨씬 더 많이 소요될
   것이다.

⑪ 북한 몰수토지 원소유자들의 반환·보상 요구가 높아질 수 있다.

비크리, 모딜리아니, 솔로우, 토빈 등이 토지 사유화를 반대하는 대신 고르
바초프에게 제시한 대안이 바로 토지공공임대제였다. 그들은 토지공공임대
제를 도입할 경우, 첫째, 자연이 인류에게 부여한 것을 일부 국민이 부당하게
많이 차지하면서 다른 사람을 배제하는 일이 사라지고, 둘째, 자본 형성과 생
산 의욕을 억제하거나 자원의 효율적 배분에 지장을 주지 않는 가운데 사회에
유익한 정부 활동에 필요한 수입을 조달할 수 있으며, 셋째, 유틸리티(전기, 수
도 등)의 서비스가 규모의 경제를 갖출 경우 유틸리티의 요금을 적정하게 책
정하여 그 효율적인 사용을 도모할 수 있다고 주장했다.

이 공개서한의 초안을 작성한 사람은 버지니아 테크(Virginia Tech) 대학 경
제학과의 티드먼(Nicolaus Tideman) 교수였다. 그를 직접 만난 자리에서 공개
서한에 대해 물었더니, 이렇게 대답했다. "고르바쵸프가 직접 읽고 러시아에
반드시 시행해야 한다는 뜻으로 사인을 했다고 들었다. 하지만 그 후 공산당
의 쿠데타가 발발하고 그것을 옐친이 진압하면서 러시아의 토지제도는 공공
임대제가 아니라 사유제로 방향을 잡았다."

북한 지역에 토지공공임대제를 도입할 경우, 국공유지의 사유화가 초래할 부작용들은 대부분 방지할 수 있다. 매년 토지 사용료를 납부할 수만 있으면 누구나 토지 사용권을 가질 수 있기 때문에 토지 사용 능력이 뛰어난 사람이 토지를 취득하지 못하는 일이 없을 것이며, 투기꾼이 농간을 부리거나 잉여자금을 가진 구 특권층과 남한 사람들의 수중에 토지가 집중되는 일도 없을 것이다. 정부는 토지임대료라는 안정적인 공공 수입의 원천을 영구적으로 확보하게 될 것이고, 미래의 토지 임대료에 대한 권리는 미래 세대가 주장할 수 있게 될 것이다. 대량의 토지 불하로 인한 부작용들, 즉 금융공황이나 토지 불하가격의 하락을 염려할 필요도 없을 것이다. 그뿐만 아니라 북한 몰수토지의 원소유자들이 소유권 회복을 주장할 명분도 크게 약화될 것이다.

사실 토지공공임대제가 토지사유제보다 우수한 이유는 시장원리와 토지의 공공성을 동시에 살릴 수 있기 때문이다. 토지공공임대제는 토지 사용자에게 사용하는 만큼 사용료를 징수하고 그 수입은 공공을 위해 지출하기 때문에, 토지의 공공성을 실현하고 평등지권을 보장한다. 그리고 토지 사용료의 결정에 자유 경쟁의 원리가 적용되고, 토지 사용의 자유가 보장될 뿐 아니라 사용권의 매매도 허용되기 때문에, 자유 경쟁의 효력이 완벽하게 발휘된다.

하지만 현실의 토지공공임대제를 보면 여러 가지 문제점을 노정하고 있는 경우가 적지 않다. 처음에는 제대로 운영되다가도 시간이 가면서 제도의 원칙이 후퇴한 경우도 있다. 홍콩, 이스라엘, 네덜란드, 호주 등지에서는 토지 사용권을 사실상의 소유권으로 만들려는 노력이 끊이지 않아서 제도의 원칙이 크게 후퇴했다. 토지 사용권을 사실상의 소유권으로 만들기 위해 토지 사용자들이 동원한 수단은 임대기간을 확장하고 임대료 납부 방식을 연불 방식에서 일시불 방식으로 전환하거나 임대료 조정을 중단하도록 정치적 압력을 행사하는 것이었다. 임대기간이 길어지면 자연적으로 토지 사용자들의 권리가 강해지고 토지의 시장 임대가치의 변화에 따른 임대료의 조정이 곤란해진다. 그리고 임대료를 일시불로 납부하게 하고 임대료 조정을 중단할 경우 토지가치 상승분의 공적 환수가 불가능해진다.

이처럼 제도의 원칙이 후퇴하면 공공 임대료가 시장 임대료와 괴리되는 일이 발생한다. 실제로 토지공공임대제를 시행하고 있는 지역에서도 토지 투기가 일어나는 경우가 적지 않은데 이는 바로 양 임대료의 괴리에 기인하는 것이다. 토지공공임대제가 토지 불로소득의 환수라는 제도 본연의 임무를 제대로 달성하지 못하고 있는 것이다.

사회주의 국가로서 토지공공임대제를 도입했다고 알려진 중국의 경우는 북한 토지제도 개편의 모델로서 매우 중요한 의미를 갖고 있는데, 여기서도 공공 임대료와 시장 임대료의 괴리가 제도의 효과를 반감시키고 있다.

중국의 도시 토지는 행정배정 방식, 유상매각(出讓) 방식, 임대(年租) 방식, 기업출자 방식, 수탁경영 방식 등 다섯 가지 방식으로 민간에 양도되는데, 무상으로 양도되는 행정배정 방식, 기업출자방식, 수탁경영방식의 비중이 여전히 높다. 유상매각 방식의 경우, 토지 사용권이 일시불로 민간에 양도되고 사용권 가격도 입찰방식이나 경매방식이 아닌 주로 협의방식을 통해 결정된다는 결정적인 문제를 안고 있다. 토지 사용자가 토지를 인수하면서 임대료를 일시에 납부하기 때문에 토지 인수 후에 시장 임대료가 상승할 때 그것과 이미 납부한 공공 임대료의 차액은 토지 사용자가 차지하게 된다.

조성찬(2018)은 중국에서 최초로 유상매각이 이뤄진 선전(深圳) 경제특구를 대상으로 임대기간 중 시장 임대료를 추산하여 공공 임대료와 비교했는데, 공공 임대료는 시장 임대료의 6.7~13.3%에 불과했다. 바꿔 말하면 토지 사용자가 무려 86.7~93.3%의 지대를 가만히 앉아서 차지하게 된다는 말이다. 중국의 도시 토지 시장에서 토지 사용권 확보를 둘러싼 각종 부정부패와 토지 사용권 투기가 빈발하는 것은 바로 그 때문이다. 임대료를 매년 납부토록 하는 임대방식은 토지공공임대제의 이상에 근접한 방식이지만 그 비중은 아직 매우 낮은 수준이다. 2000년대에 들어 중국 정부는 사유화되고 있는 지대를 환수하기 위해 부동산 보유세를 도입한다는 방침을 발표하고 제도 도입을 위한 실험을 진행해왔지만, 아직까지 제도화 단계에 이르지는 못했다.

(3) 북한에 도입할 토지공공임대제 모델

토지공공임대제를 성공시키려면 토지 불로소득 환수, 토지 보유의 안정성 보장, 제도 유지 비용(정치적 비용 포함)의 최소화 등 세 마리 토끼를 동시에 잡아야 한다. 필자는 이를 염두에 두고 북한 지역에 적용할 토지공공임대제의 모델을 설계한 바 있는데, 아래에 그 주요 내용을 소개한다.

① [임대기간과 계약 갱신권] 토지공공임대제를 시행하는 나라들의 사례를 검토해보면, 임대기간은 5년~영구(永久)까지 다양하지만, 보통 50년이다. 하지만 50년이란 기간은 토지 사용권을 사실상의 소유권으로 인식하게 만들기에 충분한 기간이므로 임대기간을 그보다는 단축할 필요가 있다. 임대기간이 단축될 경우 토지 사용의 안정성이 문제가 될 수 있으므로 이에 대한 대비책을 마련해야 한다. 임대기간을 10~20년으로 하되 임차인에게 계약 갱신 권한을 부여하면 토지 사용권의 소유권화 방지와 토지 사용의 안정성 보장이라는 두 가지 목표를 동시에 달성할 수 있다. 단, 주거 용지나 용적률이 높은 상업 용지의 경우 임대기간을 30년 내지 50년 정도로 길게 잡아도 무방하다. 이 경우 10년 정도를 단위로 하여 임대료를 재책정하는 일은 필수불가결하다.

② [임대료 책정] 임대료 책정 방식에는 공개 입찰, 협상, 정부 공시가치를

기준으로 한 산정 등의 방법이 있지만, 소규모 토지나 사회적 수요가 적은 토지를 제외하고는, 원칙적으로 공개입찰 방식으로 임대료를 책정한다. 그래야 임대료 결정에 자유경쟁의 원리가 관철될 수 있기 때문이다. 단, 임대기간 만료 시 기존 임차인이 계약을 갱신하여 계속 사용하는 토지의 경우에는, 공개입찰 방식을 적용하기 곤란하므로 협상으로 임대료를 책정한다.

③ [임대료 납부] 임대료 납부는 매년 지대를 재평가해서 임대료를 징수하는 연불 방식으로 해야 시장 임대가치를 환수하기에 유리하다. 그러나 그 방식은 제도 운용 비용이 많이 든다는 점을 고려해서, 변형된 일시불 방식과 임대료를 생계비 지수 등에 연동시켜 조정하는 연불 방식을 적용한다. 변형된 일시불 방식이란, 10년 치 임대료를 대상으로 공개입찰을 시행하고 분할 납부할 수 있도록 하는 것이다. 공공 임대료가 시장 임대료에서 크게 괴리될 경우 추가 임대료를 부과한다. 그리고 연불 방식으로 할 경우, 1년치 임대료를 대상으로 공개입찰을 시행하고 그 후의 임대료는 생계비 지수 등에 연동시켜 조정한다.

④ [주거용지에서의 임대료 감면] 모든 북한 주민에게 북한 토지에 대한 평등한 권리가 있음을 감안하여, 주거 용지에 한해 일정액의 임대료를 균일하게 감면한다. 감면 기준은 도시 근교의 평균적인 주택의 토지 임대료로 한다. 기준 이하의 주택에 거주하는 사람에게는 그 주택의 토지 임대료와 기준 토지 임대료의 차액을 현금으로 지불한다.

⑤ [보증금 예치] 임차인이 임대료를 납부하지 않거나, 가치가 사라진 잔존 건축물을 방치한 채 도망가 버리는 경우에 대비하여, 일정액의 보증금을 예치하도록 한다. 보증금의 이자는 임대료에서 공제해준다.

⑥ [정부의 토지 회수] 임차인이 임대료를 납부하지 않거나 토지를 심각하

게 오남용하는 경우, 그리고 특별한 공공 목적이 있을 경우, 정부는 토지를 회수할 권한을 갖는다. 공공 목적으로 토지를 회수할 경우 정부는 임차인에게 토지개량물의 잔존 가치를 전액 보상한다. 단, 임차인이 임대료를 납부하지 않거나 토지를 심각하게 오남용하는 경우에는 보상하지 않는다.

⑦ [토지 사용권의 처분] 임차인에게 임대 기간 중 토지 사용권을 자유롭게 처분(매각, 임대, 저당, 증여, 상속 등)할 수 있도록 허용한다. 임차인은 계약 갱신 권한과 함께 임대기간 내 토지 사용권의 자유 처분권을 갖게 되는 셈이다.

⑧ [건물 등 토지 개량물의 불하] 북한 지역에서 현재 국유로 되어 있는 기존 주택의 건물은 가능한 한 신속하게 민간에게 불하하되, 불하 시 건물 구입의 우선권은 현재 거주자에게 부여한다. 불하 가격은 건물의 잔존 가치에서 일정액을 공제한 금액으로 결정한다. 일정액을 공제하는 이유는 북한 지역의 모든 주민이 그 동안 건물 등의 자본 형성에 기여해왔다는 사실을 감안하기 때문이다. 이렇게 하면 도시 근교의 평균적인 주택에 거주하고 있는 주민의 경우, 사실상 무상 불하를 받을 것으로 예상된다. 그리고 북한의 현재 국공유로 되어 있는 산업용 및 상업용 건물 중 일부는 국공유를 유지하고, 나머지는 모두 민간에게 불하한다. 불하가격은 건물의 잔존 가치로 한다.

이 모델은 여러 가지 장점을 갖고 있다. 첫째, 임대기간이 짧기 때문에 임차인이 토지 사용권을 소유권으로 간주하는 경향을 방지할 수 있다. 그러고도 임차인에게 계약 갱신 권한을 부여하므로 토지 사용의 안정성은 보장된다. 둘째, 임대료 책정 시 자유경쟁의 원리가 제대로 관철되며, 추가 임대료 부과가 가능하므로 공공 임대료와 시장 임대료의 괴리를 최소화할 수 있다.

셋째, 일시불의 분납 방식이나 연불 방식으로 임대료를 징수하기 때문에 자금력이 부족한 사람들도 쉽게 토지 사용권을 획득할 수 있다. 넷째, 북한 주민들이 주택을 무상으로 취득할 수 있게 하며 그들이 부담해야 할 토지 임대료도 아주 저렴한 수준으로 유지할 수 있다.

4. 마무리

이 글에서는 토지보유세 강화와 토지공공임대제 도입으로 발생할 추가 수입과 관련하여 단지 국민 모두가 공평하게 혜택을 누리도록 사용한다는 원칙을 언급하는 것으로 그쳤다. 하지만 사실 추가 수입을 어떻게 사용할 것인가는 중요하고도 어려운 문제이다. 위에서 주장한 것처럼 추가 세수를 전 국민에게 토지배당으로 지급할 수 있지만, 그 방법은 수입 규모가 일정 크기를 넘어설 때에만 의미가 있다. 그렇다면 기존 종부세처럼 추가 수입을 부동산 교부세로 지방에 교부할 수도 있겠는데, 이는 납세자와 수혜자가 괴리되어 제도의 지속 가능성에 문제가 생긴다. 다른 한 가지 방법은 출산율 제고처럼 국가의 미래가 걸린 과제에 추가 수입을 집중적으로 투입하는 것이다. 예컨대 '요람에서 대학까지' 국가가 책임진다는 슬로건 아래 국가재건 프로젝트를 추진하면서 부동산 불로소득 환수액을 전액 여기에 투입하는 방안을 생각해볼 수 있다. 이는 단순한 복지가 아니라 출산율 제고를 최고 목표로 하는 초대형 국가프로젝트이므로 명분상 국민 다수의 지지를 받기가 용이하고, 잘 설계하면 선별 복지의 한계를 효과적으로 극복할 수도 있다. 아무튼 부동산 불로소득 환수로 생기는 추가 수입을 어떻게 사용할지는 좀 더 심층적인 분석이 필요한 중요한 연구 대상이다. 이는 추후의 과제로 남겨둔다.

[보론] 부동산 보유세 개편 시나리오별 세수 효과 추계 방법

① 2016년 재산세와 종부세의 실제 과세표준과 실효세율에, '가계금융복지조
사' 데이터로 시뮬레이션해서 구한 과세표준 변동률과 실효세율 변동률을
적용하여 과세표준 총액과 실효세율을 추계하였다. 이는 박준·김재환
(2015)의 추계 방법을 활용한 것이다. 단, 박준·김재환(2015)은 재산세의 경
우, 실거래가 반영률 격차를 과표 상승률로 잡았으나, 필자는 재산세와 종
합부동산세 모두 '가계금융복지조사' 데이터로 과표 상승률을 추계하였다.

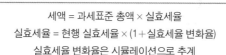

추계 방법
과세표준 총액 = 현행 과세표준 총액 × (1+과표 상승률) 과표 상승률은 시뮬레이션으로 추계

세액 = 과세표준 총액 × 실효세율 실효세율 = 현행 실효세율 × (1+실효세율 변화율) 실효세율 변화율은 시뮬레이션으로 추계

② '가계금융복지조사' 데이터는 2011년 자료를 사용하였다. 굳이 시간이 많
이 지난 이 자료를 사용한 것은 그 이후의 데이터에서는 부동산 자산의 상
세 구분이 이뤄지지 않았기 때문이다. 2011년과 2016년간의 부동산 가격
상승을 고려하기 위해, 그 기간 동안의 평균 부동산 자산 가액의 변화율을
구해서 2011년도 각 가구의 부동산 가액에 적용하였다. 그때 적용한 변화
율은 14.3%이다. '가계금융복지조사' 2011년 데이터상 조사 대상 가구는
총 10,517가구이다.

③ 공시가격의 실거래가 반영 비율은 주택은 67%(2013년 현재 단독주택과 공동주택 실거래가 반영 비율의 가중 평균), 토지는 61.2%를 적용하고(박준·최수·송하승, 2015: 46), 건축물은 50%를 적용하였다.

④ '가계금융복지조사' 데이터 상에서 종부세액 산출 시, 재산세 공제액은『국세통계연보』상 과거 3개년의 평균 공제 비율(주택분은 27.5%, 종합합산 토지분은 25%)을 사용하였다.

⑤ 별도합산 토지의 경우, '가계금융복지조사' 데이터상 해당 가구가 1가구에 불과하여 유의미한 변화율을 추계할 수 없었다. 따라서 종합합산 토지의 과표 변동률과 실효세율 변동률을 준용하였다.

⑥ 2011년 '가계금융복지조사'에서는 부동산 자산을 주택, 건물, 토지로 상세 구분하여 각 가구의 보유 가액을 조사했는데, 여기서 토지 가액은 종합합산 토지로, 건물 가액의 64.7%는 별도합산 토지로, 건물 가액의 35.3%는 건축물 가액으로 간주했다.

⑦ 재산세 산출 시 건물 가액의 64.7%에는 별도합산 토지의 세율을 적용하였고, 건물 가액의 35.3%에는 기타건축물 세율 0.25%를 적용하였다.

참고문헌

김영주 의원실. 2016. 「보도자료: 1% 기업 부동산 보유액 966조 원, 상위 10개 기업 부동산 보유액 6년 새 147% 폭증」.

김일영. 2004. 『건국과 부국』. 생각의 나무.

남기업·전강수·이진수·강남훈. 2017. 「부동산과 불평등 그리고 국토보유세」. ≪사회경제평론≫, 54.

박준·최수·송하승. 2015. 『부동산 공시가격 조정이 지방재정에 미치는 영향에 관한 연구』. 국토연구원.

박준·김재환. 2015. 「부동산 공시가격 현실화에 따른 지방재정 파급효과 분석」. ≪국토연구≫, 85.

손정목. 2003. 『서울 도시계획 이야기 3』. 한울.

이병천. 2003. 「개발독재의 정치경제학과 한국의 경험」. 이병천 편. 『개발독재와 박정희시대』. 창비.

이영훈. 2016. 『한국경제사 2』. 일조각.

이정우. 2011. 「개발독재가 키운 두 괴물, 물가와 지가」. 유종일 편. 『박정희의 맨얼굴』. 시사IN북.

_____. 2015. 「한국은 왜 살기 어려운 나라인가?」. 이정우·이창곤 외. 『불평등 한국, 복지국가를 꿈꾸다』. 돌베개.

이진수·남기업. 2017a. 「주요국의 부동산 세제 비교 연구 ①-보유세 실효세율 비교」. ≪토지+자유 리포트≫, 14.

_____. 2017b. 「주요국의 토지가격 장기추이 비교」. ≪토지+자유 리포트≫, 16.

전강수. 2007. 「북한 지역 토지제도 개혁 구상」. ≪통일문제연구≫, 19-2.

_____. 2010. 「평등지권과 농지개혁 그리고 조봉암」. ≪역사비평≫, 91.

_____. 2011. 「공공성의 관점에서 본 한국 토지보유세의 역사와 의미」. ≪역사비평≫, 94.

_____. 2012. 「1970년대 박정희 정권의 강남개발」. ≪역사문제연구≫, 28.

정태욱. 2015. 「손문 평균지권의 자유주의적 기원과 중국 공화혁명에서의 전개과정」. ≪법철학연구≫, 18-2.

조성찬. 2018. 「중국과 북한의 경제체제 전환을 위한 공공토지임대제」. 김윤상 외. 2018. 『헨리조지와 지대개혁』. 경북대학교 출판부.

조태형·최병오·장경철·김은우. 2015. 「우리나라의 토지자산 장기 시계열 추정」. BOK 경제리뷰.

주상영. 2015. 「피케티 이론으로 본 한국의 분배 문제」. ≪경제발전연구≫, 21-1.

한국은행·통계청. 2017. 『2016년 국민대차대조표(잠정)』.

최문영·전강수·남기업. 2009. 『통일내비 북한 도시세도 개선방향 연구』. 통일연구원.

황석영. 2010. 『강남몽』. 창비.

川瀨光義. 1992. 『臺灣の土地政策』. 靑木書店.

Brys, Bert, Sarah Perret, Alastair Thomas and Pierce O'Reilly. 2016. "Tax Design for Inclusive Economic Growth." *OECD Taxation Working Papers*, No. 26.

Norregaard, John. 2013. "Taxing Immovable Property: Revenue Potential and Implementation Challenges." *IMF Working Paper* WP/13/129.

제7장

공정과세의 원칙과 과제*

강병구 | 인하대학교 경제학과 교수

1. 문제 제기

일반적으로 바람직한 조세체계가 갖추어야 할 조건으로 효율성, 공평성, 투명성, 책임성 등이 제시되고 있지만, 조세는 무엇보다도 공정해야 한다. 세금이 공정해야 한다는 것을 부정하는 사람은 없지만, 어떠한 방식의 세금이 공정한가에 대해서는 이견이 존재할 수 있다. 동일한 수준의 소득에 대해서 같은 세금을 납부하는 것이 공평하다고 할지라도 소득의 종류에 따라 세 부담을 달리해야 한다고 생각할 수도 있다. 소득이 증가함에 따라 세 부담이 더 커져야 한다는 사실에는 동의하더라도 그 정도에 대해서는 다양한 의견이 있을 수 있다. 공정(公正)하다는 것을 공평하고 정의로운 것으로 해석할 경우 조세는 수평적일 뿐만 아니라 수직적으로도 공평해야 하고, 그를 통해 분배적

* 이 논문은 2018년 한국조세재정연구원 '2018년 재정전문가네트워크' 사업의 지원을 받아 수행된 연구이다.

정의를 실현해야 한다.

OECD 회원국과 비교할 때, 우리나라 조세체계의 재분배 기능은 취약한 것으로 평가되고 있다. 그 이유는 낮은 세율이 원인일 수도 있고, 조세의 누진성이 취약하기 때문일 수도 있다. OECD 회원국 중 우리나라의 조세부담률이 하위그룹에 속한다는 사실을 고려할 때 낮은 세율이 취약한 재분배 기능의 주요 원인일 수 있지만, 조세체계의 누진성이 재분배에 미치는 효과도 종합적으로 평가되어야 한다.

우리 사회는 저출산·고령화, 양극화, 성장 동력의 약화에 직면하여 점차 재정의 역할이 커지고 있으며, 사회경제적 특성을 고려할 때 GDP 대비 3% 정도의 세수 확충 여력이 있는 것으로 평가되고 있다. 문제는 어떤 세목에 어떻게 과세하는 것이 조세의 공정성이라는 기준에 비추어 바람직한 것인가이다. 직접세와 간접세의 비중을 어떻게 구성할 것인지, 직접세 중에서는 소득세, 법인세, 재산세 등 어떤 세목에 우선적으로 과세해야 하는지, 세율과 과세표준은 어떻게 조정하는 것이 공정과세의 관점에서 바람직한 것인지 등에 대해 질문하고 답을 구해야 한다.

본 연구는 우리나라의 조세체계를 공정과세의 관점에서 평가하고, 세제개편의 합리적 대안을 모색한다. 이를 위해 2절에서는 아담 스미스(Smith, 1776) 이후부터 존 롤스(Rawls, 1971)에 이르기까지 공정과세에 대한 논의를 정리하고, 그 측정 방법을 살펴본다. 3절에서는 우리나라 조세제도를 공정과세의 측면에서 평가한다. 4절에서는 공정과세를 실현하기 위한 정책과제를 모색한다. 5절은 요약과 결론이다.

2. 공정과세의 원칙

공정과세(fair taxation)는 사회구성원들에게 수평적·수직적으로 공평하게 조세를 부과하여 분배적 정의(distributive justice)를 실현하는 것이다.[1]

아담 스미스(Smith, 1776)에 따르면 "모든 국가의 국민은 가급적 각자의 능력에 비례하여, 즉 국가의 보호 아래 각자가 획득하는 수익에 비례하여 정부를 지원해야 한다"고 주장함으로써 조세부담의 기준에 대한 두 가지 견해를 복합적으로 제시하였다. 스미스 이후 각자의 능력에 따른 조세부담의 배분은 능력설(ability-to-pay principle)로, 그리고 국가의 보호 아래 획득한 수익에 근거한 조세부담의 배분은 이익설(benefit principle)로 발전하였다. 능력설은 국가로부터 받는 편익과 관계없이 개인의 담세능력에 따라 조세를 납부해야 하는 것으로 보는 반면, 이익설은 국가로부터 유무형의 편익을 받기 때문에 그에 상응하여 조세가격을 지불해야 한다고 보는 입장이다. 따라서 이익설은 조세부담의 크기를 판단하는 데 조세구조뿐만 아니라 재정지출구조까지 고려하지만, 능력설은 재정지출구조와 무관하게 '공정한 수취'만을 문제시한다. 또한 이익설은 대체로 분배적 정의(distributive justice)에 대해 중립적이지만, 능력설은 분배적 정의를 적극적으로 고려하기 때문에 조세부과 이전의 분배상태가 조세부담의 결정에 중요한 역할을 하게 된다.

한편 능력설에 입각한 공평과세(tax equity)는 수평적 공평과 수직적 공평의 두 차원으로 구분되는데, 전자는 같은 능력을 가진 사람은 같은 금액의 조세를 납부해야 한다는 것이고, 후자는 다른 능력을 가진 사람은 다른 금액의 조세를 부담해야 한다는 것이다. 머스그레이브(Musgrave, 1959)에 따르면 양자

---

[1] 아래에서 전개되는 공정과세와 조세정의는 마스로브(Maslove, 1993)와 강병구(2012)를 참조.

는 동전의 양면에 비유되기도 한다. 그러나 조세부담에서 수직적 공평성이 당위적으로 요구된다고 할지라도 그 정도를 나타내는 누진성(progressivity)의 크기를 결정하는 것은 매우 어려운 문제이다. 왜냐하면 수평적 공평은 보편적으로 받아들일 수 있는 사회의 원칙이지만, 수직적 공평은 바람직한 분배 상태에 대한 가치판단이 요구되기 때문이다.[2]

조세체계의 누진성과 관련해서는 공리주의로부터 롤스(Rawls, 1971)의 정의론에 이르기까지 다양한 논리적 근거가 제시되고 있다.[3] 먼저 공리주의에 따라 소득의 한계효용이 체감한다면 균등희생의 원칙(principle of equal sacrifice)을 적용하여 과세할 경우 동일한 소득을 갖는 사람은 같은 수준의 조세를 부담하고, 소득이 많아질수록 조세부담은 증가해야 한다. 만약 조세납부로 상실되는 효용의 크기가 모든 납세자들에게 동일해지도록 조세체계를 설계한다면, 소득의 한계효용의 소득탄력성(elasticity of marginal income utility with respect to income)이 1보다 크거나, 같거나, 작아짐에 따라 세율구조는 누진적, 비례적, 역진적이 된다. 또한 조세부담으로 인한 모든 납세자의 한계희생이 균등해지도록 조세체계를 설계한다면, 필요한 세수입을 고소득자로부터 우선적으로 징수하기 때문에 조세체계는 매우 강한 누진성을 갖게 된다.[4] 그러나 공리주의의 기본 가정, 즉 소득의 한계효용이 체감하고 모든 납세자가 유사한 효용함수를 갖는다는 엄격한 가정으로 인해 누진과세는 불안정한 것으로 평가되기도 한다.[5] 더욱이 공리주의에 따르면 균등희생의 원칙은 시장에

---

2) 자세한 내용은 Steuerle(2002) 참조.
3) 누진적 조세체계의 이론적 배경에 대해서는 Musgrave(2002) 참조.
4) 균등희생설은 크게 균등절대희생설(Sidgwick, 1883), 균등비례희생설(Mill, 1848), 균등한계희생설(Carver, 1895)로 구분된다. 자세한 내용은 Musgrave(2002) 참조.
5) 공리주의의 누진과세에 대한 비판적 검토에 대해서는 Blum and Kalven(1953) 참조.

서의 분배가 공정하다는 가정에 의존하기 때문에 기본적으로 불평등한 분배 구조를 개선하는 재분배정책을 적극적으로 요구하지 않는다.

다음으로 파레토효율성 기준은 주어진 분배 상태하에서 자원의 효율적 이용 여부를 판단하는 유용한 기준이지만, 그 자체로서 바람직한 분배 상태에 대한 아무런 기준을 제시하지 못한다. 따라서 상이한 분배 상태에 대한 선호도를 나타내는 사회후생함수(social welfare function)가 요구되며, 이것은 곧 사회구성원들이 분배적 정의에 대한 가치판단을 공유하는 사회계약을 체결한다는 것을 의미한다. 반면 롤스(1971)의 공정으로서의 정의(justice as fairness)에 따르면 공리주의의 기본 가정이 충족되지 않더라도 누진적 과세는 보장된다. 왜냐하면 소위 무지의 장막(veil of ignorance)에서 사회구성원 간에 합의된 계약은 최소극대화(maxi-min)의 원칙으로 귀결되고, 그 결과 사회에서 가장 열악한 위치에 있는 사람들에게 가장 큰 혜택이 돌아가도록 조세체계가 설계되어야 하기 때문이다.

한편 조세의 재분배 효과는 수직적 공평성, 수평적 불공평성, 순위변화 효과 등에 의해 결정된다.[6] 아론슨·램버트·트리퍼(Aronson, Lambert and Trippeer, 1999)에 따르면 수직적 공평은 동등한 과세를 통해 발생하는 재분배효과이고, 수평적 불공평은 차별적 과세로 인한 재분배효과의 손실이며, 순위변화 효과는 과세로 인해 계층 간 소득 순위가 바뀜으로써 초래되는 재분배효과의 추가적 손실이다.

조세의 재분배효과와 공평성을 양적으로 측정하는 방법은 다양하다. 먼저 식 (1)에서 RS는 조세의 재분배효과를 측정하는 레이놀즈-스몰렌스키(Reynolds-Smolensky, 1977) 지수이고, 여기서 G(X)와 G(Y)는 각각 세전소득 지니계수와

---

6) 조세의 재분배효과 및 공평성의 측정에 대한 자세한 논의는 권혁진(2010) 참조.

세후소득 지니계수이다. RS지수는 −1과 1 사이의 값을 가지며 0보다 클수록 조세의 소득재분배 효과가 크다. 식 (2)에서 조세의 수직적 공평성(VE)은 세전소득 지니계수 G(X)와 세후소득 집중계수 C(Y)의 차이로 측정되며, 평균세율(g)과 조세누진도(K)가 클수록 커진다. 조세의 누진도는 카크와니(Kakwani, 1977) 지수로 측정한다.[7] 식 (3)에서 세전소득과 세후소득의 순위변화에 따른 재분배효과의 추가적 손실(R)은 세후소득 지니계수 G(Y)와 세후소득 집중계수 C(Y)의 차이로 측정된다.[8] 앳킨슨(Atkinson, 1980)과 플롯닉(Plotnick, 1981)에 따르면 조세의 수평적 불공평성 지수(AP)는 식 (4)와 같이 측정되며, AP지수가 클수록 차별적 과세로 인한 재분배효과의 손실이 큰 것으로 평가된다.

$$(1)\ RS = G(X) - G(Y)$$

$$(2)\ VE = G(X) - C(Y) = \frac{g}{(1-g)}K$$

$$(3)\ R = VE - RS = G(Y) - C(Y)$$

$$(4)\ AP = 0.5 \times \frac{R}{G(Y)}$$

3. 우리나라 조세제도의 평가

1) 조세의 재분배효과

우리나라 조세 및 이전지출의 재분배 기능은 취약한 것으로 평가된다. 〈표

---

7) Kakwani지수가 0보다 크면 누진적, 작으면 역진적이고, 0이면 비례적이다.

8) 수평적 불공평 지수(R)이 0보다 크면, 조세로 인해 세전소득과 세후소득의 순위가 변화한 것으로 재분배효과의 손실을 의미한다.

<표 7-1> 조세·이전지출의 재분배 및 빈곤율 감소 효과(2014년)   (단위: %)

	지니계수			빈곤율(중위소득 50% 기준)		
	시장소득	가처분소득	감소비율(%)	시장소득	가처분소득	감소비율(%)
스칸디나비아	0.446	0.261	41.5	27.1	7.4	72.7
앵글로색슨	0.491	0.341	30.5	28.2	12.3	56.4
서유럽	0.491	0.285	42.0	32.3	8.7	73.1
남유럽	0.536	0.337	37.1	35.7	14.3	59.9
한국	0.341	0.302	11.4	17.1	14.4	15.8
OECD	0.470	0.311	33.8	28.4	11.3	60.2

주: 스칸디나비아 국가(덴마크, 핀란드, 노르웨이, 스웨덴), 앵글로색슨 국가(호주, 캐나다, 아일랜드, 뉴
질랜드, 영국, 미국), 서유럽 국가(오스트리아, 벨기에, 프랑스, 독일, 네덜란드), 남유럽 국가(그리스,
이탈리아, 포르투갈, 스페인)
자료: OECD.Stat, http://stats.oecd.org.

7-1〉에서 보듯이 2014년에 조세 및 이전지출을 통한 불평등 완화 및 빈곤율
감소효과는 각각 11.4%와 15.8%로 OECD 회원국 평균에 비해 크게 낮고, 그
결과 가처분소득을 기준으로 측정한 소득불평등도와 빈곤율은 높은 수준을
기록했다.[9] 이와 같이 재정의 재분배 기능이 취약한 이유는 전반적으로 재정
규모가 작을 뿐만 아니라 조세체계의 누진성도 취약하기 때문이다.[10] 유럽
국가의 경우 조세의 재분배 효과가 연금을 제외한 여타 이전 지출보다 크고,
조세의 누진성과 평균세율이 재분배에 큰 영향을 주는 것으로 평가된다.[11]

---

[9] 가구소득의 불평등도를 측정하는 「가계동향조사」 자료는 상위소득자의 누락과 금융소득
의 과소보고로 인해 지니계수를 과소 추정하는 것으로 평가된다. 김낙년(2013)에 따르면
2010년 시장소득 지니계수는 0.415로 추정된다.

[10] 조세의 소득재분배 효과는 조세의 규모와 누진성에 의해 크기가 결정된다. 대체로 소득세
율이 높은 국가들(벨기에, 덴마크, 스웨덴, 아이슬란드)에서는 누진성이 작고, 미국은 유럽
국가에 비해서 소득세의 누진성이 크다. 한국 일본, 칠레는 조세부담률과 누진성이 모두 낮
은 국가로 분류된다. 다만, OECD가 제공하는 조세 및 이전지출의 재분배효과에는 간접세
와 현물급여의 효과가 반영되어 있지 않다. 자세한 내용은 Joumard, Pisu and Bloch(2012)
참조.

〈표 7-2〉 조세의 재분배 효과

	2011년	2012년	2013년	2014년	2015년	2016년
RS 재분배 지수	0.0094	0.0085	0.0090	0.0099	0.0094	0.0102
수직적 공평성	0.0099	0.0090	0.0094	0.0103	0.0099	0.0106
순위변화	0.0004	0.0004	0.0004	0.0004	0.0005	0.0004
AP지수	0.0006	0.0006	0.0006	0.0005	0.0006	0.0006
세전 지니계수	0.4015	0.3945	0.3905	0.3871	0.3856	0.3861
세후 지니계수	0.3921	0.3859	0.3815	0.3772	0.3762	0.3759
평균 실효세율(%)	4.27	4.20	4.30	4.35	4.28	4.58
Kakwani 누진성지수	0.2214	0.2049	0.2102	0.2255	0.2208	0.2215

주 1) 각종 지수는 균등화 가구소득을 기준으로 산출하고, 가중치를 적용하였음.
   2) 가계부담 세금에는 소득세, 재산세, 자동차세, 주민세 등이 포함되며, 양도소득세, 취득세와 벌금 등
      의 부정기적인 세금은 제외됨.
자료: 통계청, 「가계금융·복지조사」.

한편 우리나라 조세체계의 재분배 효과는 〈표 7-2〉에서 보는 바와 같다.[12]
세전 지니계수와 세후 지니계수의 차이로 측정되는 RS지수는 2011년 0.0094
에서 2016년 0.0102로 개선되었지만, 2016년 조세체계의 불평등도 개선효과
는 2.6%로 여전히 낮은 수준이다. 동등한 과세를 통한 재분배효과를 측정하
는 수직적 공평성 또한 2011년 0.0099에서 2016년 0.0106으로 개선되었지
만, 여전히 낮은 수준이다. 순위변화 효과와 AP지수는 모두 작은 값을 보여
순위변화에 따른 재분배효과의 추가적 손실과 차별적 과세로 인한 재분배효
과의 손실은 크지 않은 것으로 평가된다. 카크와니 지수는 2011년 0.2214에

11) 유럽의 조세 및 이전지출이 재분배에 미치는 효과에 대해서는 Guillaud, Olckers and
    Zemmour(2017) 참조.
12) 〈표 7-2〉에서 제시된 조세의 재분배효과는 가구의 경상소득을 세전소득으로 하고, 가구가
    부담하는 직접세를 제외한 소득을 세후소득으로 간주하여 산출하였다. 일부 부정기적으로
    발생하는 세금과 소비세는 포함되지 않았다. 각종 지수는 Peichl and Kerm(2007)의 통계
    프로그램을 이용해서 구했다.

서 2016년 0.2215로 가계가 부담하는 직접세의 누진성지수는 거의 변화가 없
는 것으로 나타났다.

이와 같은 지표를 통해서 볼 때, 우리나라 가계가 부담하는 직접세의 경우
차별적 과세로 인한 재분배효과의 손실은 크지 않지만, 낮은 수준의 평균 실
효세율과 미약한 누진성으로 인해 수직적 공평성과 조세의 재분배효과가 취
약한 것으로 평가된다.[13]

2) 조세체계의 특징

우리나라의 조세체계는 낮은 조세부담률과 취약한 과세공평성을 특징으로
하고 있다. 〈그림 7-1〉에서 보듯이 2015년 한국의 조세부담률과 국민부담률
은 각각 18.5%와 25.2%로 OECD 평균 25.0%와 34.0%에 비해 크게 낮다.[14]
〈표 7-3〉에서 세수구조를 보면, 한국의 개인소득세, 소비세, 부동산보유세,
사회보장기여금의 비중은 OECD 평균에 비해 낮은 반면 법인세와 금융·자본
거래세의 비중이 높다. 특히 OECD 회원국 평균의 절반에도 미치지 못하는
개인소득세와 일반소비세, 부동산보유세, 고용주의 사회보장기여금 등은 국
가재정을 취약하게 만드는 요인이다.

법인세수의 비중이 높은 이유는 낮은 노동소득분배율, 대기업으로의 경제

---

13) 또한 조세의 공평성은 소득 유형별로 다르다. 강병구(2015)에 따르면 종합소득의 경우 근
   로소득에 비해 불평등도가 더 크지만, 조세의 누진성이 낮아 근로소득에 비해 수직적 공평
   성이 취약하다.
14) 2016년 조세부담률과 국민부담률은 각각 GDP 대비 19.4%와 26.3%이다. 강병구(2016)는
   한국의 사회경제적 특성을 고려할 때 GDP 대비 2.8%의 증세 여력이 있는 것으로 추정했
   다. 김승래(2018)는 향후 복지재원 조달의 필요성이 커질 경우 세출구조조정(40%)과 증세
   (60%)의 비율로 필요 재원을 조달하되, 소득세(30%), 법인세(20%), 부가가치세(50%)의 패
   키지 증세를 제안했다.

<그림 7-1> 조세부담률과 국민부담률의 국제비교(2015년)   (단위: GDP 대비 %)

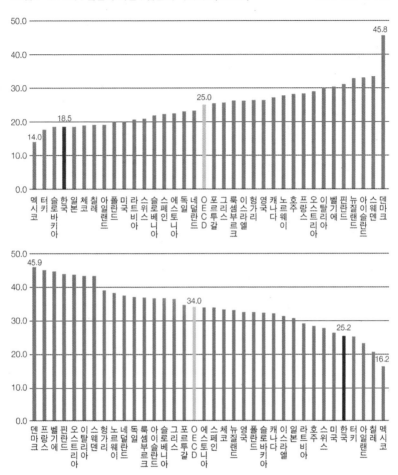

주: 정부지출 비중은 일반정부의 총지출이 GDP에서 차지하는 비중임.
자료: OECD.Stat, http://stats.oecd.org.

력 집중, 법인세율과 소득세율의 차이로 인한 법인의 선호, 제조업의 높은 비
중 등으로 법인세 과세 대상소득이 크기 때문이지 개별 기업에 대한 실효세율
이 높기 때문은 아니다. 또한 소득세수의 비중이 작은 것은 낮은 노동소득분
배율과 저임금을 지원하는 다양한 소득공제제도, 고소득자와 고액자산가에

<표 7-3> 주요 세목의 GDP 대비 세수 비중(2015년)   (단위: %)

	소득과세		재산과세		소비과세		사회보장기여금	
	개인 소득세	법인 소득세	부동산 보유세	금융·자본 거래세	일반 소비세	개별 소비세	종업원	고용주
스칸디나비아	15.5	3.0	0.8	0.3	8.9	3.6	2.3	5.5
앵글로색슨	10.5	3.2	2.2	0.5	5.2	2.5	1.4	2.0
서유럽	9.9	2.4	1.1	0.5	7.0	3.2	5.5	7.7
남유럽	7.8	2.4	1.4	0.6	7.2	3.9	3.6	6.6
한국	4.3	3.3	0.8	2.0	3.8	2.8	2.8	3.1
OECD 평균	8.4	2.8	1.1	0.4	6.9	3.2	3.3	5.2

자료: OECD.Stat, http://stats.oecd.org.

게 제공하는 비과세 감면제도 등으로 과세기반이 취약하고, 자영업자를 중심으로 소득파악율이 낮기 때문이다. 고용주의 사회보장기여금 비중이 낮은 것은 전체 근로소득자 가운데 사회보험의 미가입자 비중이 높고, 고용주에게 적용하는 사회보험료율이 낮기 때문이다.[15]

조세부담률이 OECD 회원국에 비해 낮은 이유는 과세당국에 포착되지 않는 지하경제의 규모가 크고, 낮은 명목세율과 비과세 감면제도 등으로 인해 실효세율이 낮기 때문이다. 〈그림 7-2〉에서 보듯이 한국은 2015년 기준 OECD 국가 평균보다 2.3%p 높은 것으로 나타났다.[16] 한국의 지하경제 규모는 1991년 29.1%를 기록한 이후 1997년 27.0%로 하락했고, 외환위기의 여파로 1998년 30.0%로 증가했지만, 이후 하락 추세를 지속하여 2015년 19.8%로 낮아졌다.[17]

---

15) 자세한 내용은 강병구(2014a)를 참조.
16) Medina and Schneider(2018)는 세계 158개 국가를 대상으로 MIMIC(Multiple Indicators Multiple Causes) 모형을 이용하여 지하경제 규모를 추정했다.

〈그림 7-2〉 지하경제 규모의 국제비교(2015년)   (단위: GDP 대비 %)

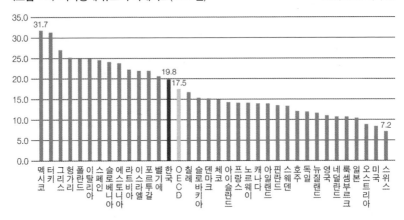

자료: Medina and Schneider, 2018.

〈표 7-4〉 세목별 최고세율의 국제비교   (단위: %)

	개인소득세 (2016년)	법인세 (2017년)	부가가치세 (표준세율) (2018년)	사회보장기여금(2016년)		
				합계	종업원	고용주
스칸디나비아	50.8	22.0	24.8	29.9	7.4	22.5
앵글로색슨	45.8	25.9	14.6	15.5	7.2	8.3
서유럽	52.5	24.8	20.2	44.1	18.8	25.3
남유럽	51.1	27.8	22.5	38.5	10.9	27.6
한국	41.8(46.2)	24.2(27.5)	10.0	18.8	8.4	10.4
OECD	43.3	24.2	19.2	28.8	10.9	17.9

주: 1) 법인세 국세는 지방소득세 공제제도를 적용한 수치.
   2) 사회보장기여금의 경우 단일 요율을 적용하는 국가는 단일요율을 최고요율로 간주하되 사회보장
   기여금을 부과하지 않거나 정액으로 부과하는 호주, 칠레, 덴마크, 뉴질랜드 등은 제외.
   3) 괄호 안의 수치는 2018년 기준 세율.
자료: OECD Tax Database, http://www.oecd.org/tax/tax-policy/tax-database.htm.

17) 안종석·강성훈·오종현(2017)에 따르면 2011년 신고분 기준으로 주요 세목의 조세 갭(tax
    gap)은 25조 8000억 원~26조 8000억 원에 달하는 것으로 추정되며, 세목별로 보면, 상속·
    증여세, 부가가치세, 소득세, 법인세, 개별소비세의 순서로 규모가 큰 것으로 추정된다.
    2013년 이후 박근혜 정부는 '지하경제 양성화' 정책을 추진하였고, 동 기간에 지하경제 규모
    도 GDP 대비 20.8%에서 19.8%로 축소되었기 때문에 조세 갭의 크기는 다소 줄어들었을
    것으로 추정되지만, 여전히 조세 갭은 작지 않은 것으로 판단된다.

<표 7-5> 국세감면액 추이   (단위: 조 원, %)

	2010년	2011년	2012년	2013년	2014년	2015년	2016년	2017년 전망
국세감면액	30.0	29.6	33.4	33.8	34.3	35.9	37.4	38.7
국세수입액	177.7	192.4	203.0	201.9	205.5	217.9	242.6	251.1
국세감면율	14.4	13.3	14.1	14.3	14.3	14.1	13.4	13.3

주: 조세지출예산서는 '조세특례제한법' 및 개별 세법상의 비과세·감면, 소득공제, 세액공제 등의 조세지
원 실적을 3개 연도에 걸쳐 작성한 보고서임.
자료: 기획재정부, 『조세지출보고서』, 『조세지출예산서』 각 년도.

고소득자, 고액자산가, 대기업에 집중된 조세감면과 취약한 누진성도 조세
부담률을 낮추는 요인이다. 〈표 7-4〉에서 보듯이 부가가치세 표준세율과 사
회보험료율이 낮고, 2017년 세법개정으로 소득세와 법인세 최고세율이 각각
46.2%와 27.5%(지방세 포함)로 높아졌지만, 적용 과세표준이 각각 5억 원과 3
천억 원으로 매우 높다. 〈표 7-5〉에서 보듯이 국세감면액은 증가추세에 있으
며, 2017년 38조 7천억 원에 달할 것으로 전망된다. 다만, 「조세지출예산서」
에서는 과세체계상 특별한 정책적 감면만을 조세감면 규모에 포함시키기 때
문에 상당 부분 정상적 감면에 해당하는 본법의 조항들은 조세감면에서 누락
되어 있다. 정상적 감면을 포함할 경우 조세감면액은 큰 폭으로 증가한다.

한편 본 연구에서는 평균율 누진성(average-rate progression) 개념을 이용하
여 임금소득의 누진성지표를 구하고 국가 간 비교를 시도하였다.[18] 〈그림
7-3〉에서 보듯이 두 자녀를 둔 홑벌이 부부 가족의 임금소득에 대한 누진성

---

[18] 평균율 누진성지표는 Musgrave and Musgrave(1989)가 제시한 것으로서 다음과 같이 구한
다. $(T_1/Y_1 - T_0/Y_0)/(Y_1 - Y_0)$ 여기서 Y_0와 Y_1은 크기가 다른 두 수준의 소득이고, T_0와
T_1은 각각의 소득에 대응하는 조세부담액이다. 조세체계가 비례세, 누진세, 역진세일 경우
누진성지표는 각각 0, 양수, 음수의 값을 갖는다. 누진성지표의 값이 커질수록 조세체계는
더욱 누진적이다.

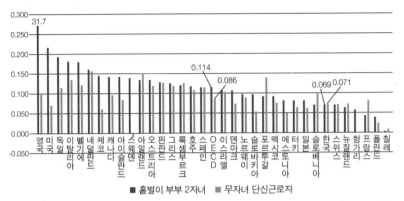

〈그림 7-3〉 임금근로자 근로소득세의 누진성 국제비교(2016년)

주: 누진성지표는 임금근로자가 부담하는 중앙정부와 지방정부의 근로소득세를 기준으로 산출
자료: OECD Taxing Wages.

지표를 보면, 한국은 2016년에 비교되는 34개 OECD 국가 중 하위 7번째를 기록하여 근로소득세의 누진성이 낮은 것으로 평가된다. OECD 국가의 평균 누진성지표는 0.114이지만, 한국은 0.069를 기록했다. 무자녀 단신근로자를 기준으로 할 경우에도 한국은 하위 11번째를 기록하여 누진성이 여전히 낮은 것으로 평가된다.[19] 〈그림 7-4〉에서 보듯이 조세차액(tax wedge)을 기준으로 할 경우 누진성은 OECD 국가 중 하위 2번째로 낮아져서 근로소득세에 비해 사회보험료의 누진성이 더 취약한 것으로 나타났다.

근로소득세의 취약한 누진성은 과표구간과 적용세율의 문제이기도 하지만, 소득구간별 소득공제의 분포에도 영향을 받는다. 〈표 7-6〉에서 보듯이 2015년 근로소득자의 소득공제액은 263.1조 원에 달하며, 이는 당시의 세율

---

19) 박종선·정세은(2017)에 따르면 2008년과 2014년의 기간에 개인소득세의 조세집중도와 누진도는 증가했지만 소득재분배 효과는 감소했다. 그들은 저소득층에 대한 근로소득공제의 축소와 고소득계층에 집중된 소득공제를 소득재분배 효과 감소의 원인으로 제시했다.

〈그림 7-4〉 임금근로자 조세차액의 누진성 국제비교(2016년)

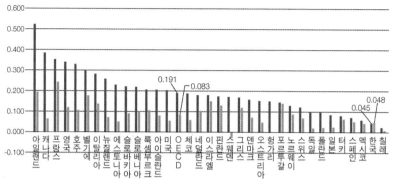

주: 누진성지표는 근로소득세뿐만 아니라 고용주 및 근로자 사회보장기여금, 급여세, 현금급여 등을 모두
포함하여 산출.
자료: OECD Taxing Wages.

〈표 7-6〉 근로소득자 소득공제 및 실효세율 현황(2015년)　　　　(단위: 조 원, %)

	총급여액		소득공제액		추정 감세액		실효세율 1	실효세율 2
	규모	비중	규모	비중	규모	비중		
전체	562.5	100.0	263.1	100.0	43.6	100.0	9.4	5.0
상위 0.1%	11.4	2.0	0.8	0.3	0.32	0.7	32.6	30.2
상위 1%	40.7	7.2	5.9	2.2	2.18	5.0	22.6	26.4
상위 10%	182.3	32.4	51.4	19.5	14.38	33.0	16.4	11.8
상위 20%	102.3	18.2	44.3	16.8	8.69	19.9	7.1	4.0
상위 30%	75.2	13.4	37.0	14.1	5.77	13.2	4.5	2.2
상위 40%	57.7	10.3	31.3	11.9	4.69	10.8	2.4	1.1
상위 50%	45.0	8.0	26.0	9.9	3.71	8.5	1.3	0.5
상위 60%	35.4	6.3	22.4	8.5	2.66	6.1	0.9	0.3
상위 70%	27.7	4.9	19.5	7.4	1.79	4.1	0.4	0.1
상위 80%	20.6	3.7	15.5	5.9	1.00	2.3	0.0	0.0
상위 90%	12.5	2.2	11.0	4.2	0.66	1.5	0.0	0.0
상위 100%	3.7	0.7	3.7	1.4	0.22	0.5	0.0	0.0

주: 1) 2015년 귀속 과세미달자를 포함한 전체 근로자 17,333,394명의 과세자료임.
　　2) 실효세율1=결정세액/과세표준, 실효세율2=결정세액/총급여액 소득공제액=근로소득공제+인적공
제＋연금보험료공제＋특별소득공제＋기타 소득공제-종합한도 초과액.
자료: 국세청「근로소득 1000분위」자료.

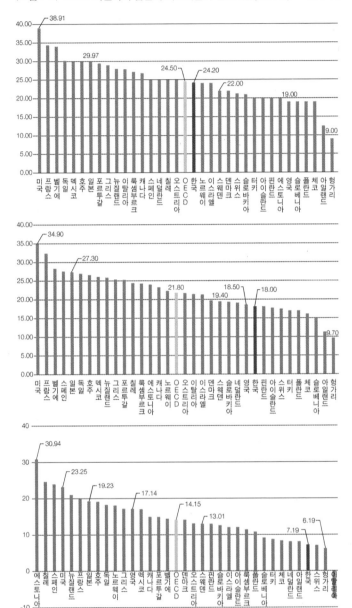

〈그림 7-5〉 OECD 회원국의 법인세 최고세율과 실효세율(2017년)　　(단위: %)

자료: Oxford University Center for Business Taxation.

〈표 7-7〉 법인세 실효세율 변화(사업연도 소득금액 기준) (단위: %)

	2008	2009	2010	2011	2012	2013	2014	2015	2016
1천만 원 이하				6.7	6.7	6.7	7.1	7.0	7.0
5000만 원 이하				7.0	7.0	7.0	7.1	7.1	7.0
1억 원 이하				7.2	7.2	7.2	7.3	7.2	7.2
2억 원 이하				7.4	7.4	7.4	7.4	7.4	7.4
5억 원 이하	12.8	9.8	9.0	9.7	9.8	9.4	9.6	9.5	9.5
10억 원 이하	15.9	14.2	12.1	11.9	12.3	11.5	11.7	11.7	11.9
20억 원 이하	16.3	15.7	13.0	13.1	13.5	12.6	13.0	13.1	13.3
50억 원 이하	16.6	16.4	13.7	13.9	14.3	13.4	13.5	13.7	14.0
100억 원 이하	17.8	17.3	14.3	14.3	14.9	13.9	14.2	14.3	14.6
200억 원 이하	18.3	18.6	14.9	15.0	15.2	13.9	14.2	14.7	14.9
500억 원 이하	19.3	18.4	16.0	15.7	16.2	15.2	15.5	15.9	15.6
1000억 원 이하	18.4	18.9	14.7	16.2	16.0	16.3	16.8	16.2	16.4
5000억 원 이하	19.0	18.8	16.0	16.4	17.3	17.0	16.4	16.5	17.4
5000억 원 초과	19.6	18.6	15.7	15.5	16.7	16.2	14.9	15.6	14.8
전체	18.3	17.4	14.5	14.7	15.4	14.7	14.2	14.5	14.4

자료: 국세청, 「국세통계연보」 각 연도.

을 적용하여 추산할 경우 43.6조 원의 감세액에 해당한다. 상위 10%의 소득 계층은 전체 소득공제액의 19.5%와 감세액의 33.0%를 차지하고, 실효세율 은 각각 16.4%(과세표준 기준)와 11.8%(총급여액 기준)을 기록했다.

한편 〈그림 7-5〉에서 보듯이 옥스퍼드 대학의 기업조세센터에 따르면 2017년 세법상 한국의 법인세 최고세율(지방세 포함)은 24.2%로 OECD 평균 수준이지만, 평균실효세율은 18.0%, 한계실효세율은 7.19%로 크게 낮다.[20]

우리나라 법인세 구조는 누진적이지만, 각사업연도 소득이 1000억 원을 초 과하는 구간부터는 역진적이다. 〈표 7-7〉에서 보듯이 2016년에는 1000억 원 초과 5000억 원 이하의 구간과 5000억 원 초과 구간의 실효세율 차이가 큰 폭

---

20) 실효세율의 계산은 Devereux and Griffith(1998)에 근거하고 있다.

<표 7-8> 법인사업자 공제감면 및 실효세율 현황(2016년)　　　　(단위: 조 원, 억 원, %)

소득금액 기준	소득금액		법인세 공제감면액		실효세율1		실효세율2	
	규모 (조 원)	비중	규모 (억 원)	비중	외납세액 미포함	외납세액 포함	외납세액 미포함	외납세액 포함
전체	304.9	100.0	87,965	100.0	16.6	17.8	14.4	15.4
상위 10대	61.8	20.3	30,539	34.7	16.2	19.4	13.6	16.3
상위 0.1%	170.4	55.9	55,506	63.1	18.1	20.0	15.6	17.3
상위 1%	221.0	72.5	65,843	74.9	18.0	19.6	15.5	16.9
상위 10%	273.6	89.7	81,400	92.5	17.4	18.7	15.1	16.2
상위 20%	13.5	4.4	3,800	4.3	10.7	10.7	9.6	9.6
상위 30%	7.2	2.4	1,305	1.5	8.4	8.4	7.5	7.5
상위 40%	4.4	1.4	699	0.8	8.4	8.4	7.2	7.2
상위 50%	2.7	0.9	386	0.4	8.5	8.5	7.1	7.1
상위 60%	1.7	0.6	207	0.2	8.9	8.9	7.1	7.1
상위 70%	1.0	0.3	104	0.1	9.1	9.1	6.9	6.9
상위 80%	0.5	0.2	47	0.1	9.7	9.7	7.0	7.0
상위 90%	0.2	0.1	14	0.02	10.2	10.2	6.9	6.9
상위 100%	0.02	0.01	0	0.0	27.0	27.0	16.5	16.5

주: 2016년 신고기준 흑자법인 425,550개의 과세자료임. 실효세율1=총부담세액/과세표준. 실효세율2=
총부담세액/각사업연도 소득금액.
자료: 국세청 「흑자법인 소득금액 1000분위 신고현황」 자료.

으로 벌어져 2.6% 포인트를 기록하였다. 전체 흑자법인의 실효세율도 2008
년 18.3%에서 2016년 14.4%로 하락했다. 5000억 원 초과 구간에서 실효세
율이 낮아지는 이유는 대기업에게 법인세 공제·감면 항목이 집중되고, 공제·
감면 항목 중 최저한세의 적용을 받지 않는 부분이 크기 때문이다.[21]

〈표 7-8〉에서 보듯이 2016년 상위 10대 기업의 법인세 공제·감면액은 전
체의 34.7%를 차지하였고, 그 결과 외국납부세액을 포함하지 않을 경우 과세
표준 기준 평균실효세율은 16.2%로 전체 법인기업의 평균실효세율 16.6%보

---

21) 이러한 사실은 이총희·위평량(2017)에 의해서도 확인되었다.

〈표 7-9〉 법인세 공제·감면액(2016년) (단위: 억 원, %)

최저한세		전체		일반법인		중소기업	
		금액	비중	금액	비중	금액	비중
공제감면	적용제외	47,461	54.0	35,017	56.2	12,444	48.4
	적용대상	40,505	46.0	27,256	43.8	13,249	51.6
	합계	87,968	100.0	62,275	100.0	25,693	100.0

자료: 국세청, 「2017년 국세통계연보」.

다 낮다. 외국납부세액을 포함할 경우 상위 10대 기업의 실효세율은 19.4%로 증가하며, 이러한 사실로부터 대기업의 국세기여도가 낮다는 사실을 확인할 수 있다. 또한 〈표 7-9〉에서 보듯이 2016년 중소기업을 제외한 일반법인의 법인세 공제·감면액 중 56.2%가 법인세 최저한세의 적용을 받지 않아 실효세율을 낮추는 요인으로 작용한다.

한편 2016년 개인의 경우 상위 1%와 10%는 각각 부동산자산(주택+토지)의 13.9%와 44.5%(공시가격 기준)를 차지하고 있으며, 법인의 경우 각각 75.6%와 91.7%를 차지하여 부동산자산의 집중도가 큰 것으로 나타났다. 특히 토지의 집중도가 커서 상위 1%의 개인이 토지의 24.8%를 차지했다.[22] 우리나라의 부동산 관련 조세는 재산세, 종합부동산세, 재산세 도시지역분, 지역자원시설세를 포함해서 부가세인 지방교육세(재산세분), 농어촌특별세(종합부동산분) 등이 있다. 보유세인 재산세와 종합부동산세는 부동산세의 근간이지만, GDP 대비 보유세수 비중이 낮다. 반면에 OECD 국가들과 비교할 때 취득세와 등록세 등으로 구성되는 거래세의 비중은 상대적으로 높다. 〈그림 7-6〉에서 보듯이 2015년 총세수에서 보유세가 차지하는 비중은 3.2%로 OECD 평균보다

---

22) 윤호중 의원실에서 제공한 보유부동산 100분위 현황을 참조.

〈그림 7-6〉 총세수 대비 보유세 및 거래세 비중(2015년)   (단위: %)

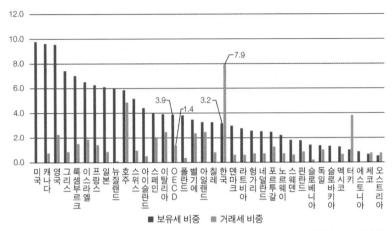

주: 거래세는 OECD Revenue Statistics의 4400, 보유세는 4100, 4200, 4600의 합. 거래세에는 금융거래세
가 포함되어 있음.
자료: OECD.Stat, http://stats.oecd.org.

〈그림 7-7〉 부동산 보유세 실효세율 및 GDP 대비 세수 비중(2014년)   (단위: %)

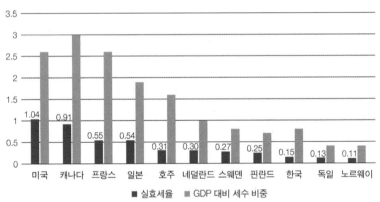

주: 1) 부동산 보유세 실효세율=부동산 보유세액/민간부동산 자산총액.
   2) GDP 대비 세수 비중=4100 Recurrent taxes on immovable property/GDP
자료: 이진수·남기업(2017); OECD Revenue Statistics.

작지만, 거래세 비중은 7.9%로 OECD 평균 1.4%보다 크게 높다. 〈그림 7-7〉

에서 보듯이 2014년 한국의 부동산 실효세율은 0.15%로 추정된다.

〈그림 7-8〉 서울 구별 아파트 공시가격의 실거래가 반영률(2017년)   (단위: 만 원, %)

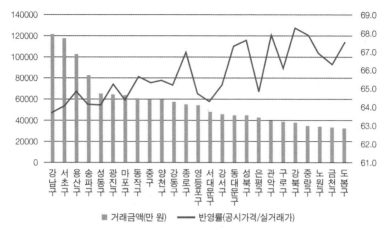

■ 거래금액(만 원)   ── 반영률(공시가격/실거래가)

자료: 참여연대(2018).

이와 같이 부동산 보유세의 실효세율이 낮은 것은 시가를 반영하지 못하는 낮은 수준의 공시가격과 공정시장가액비율, 낮은 보유세율 등이 복합적으로 작용한 결과이다. 재산세와 종합부동산세의 과세표준은 공시가격에 공정시장가액비율을 적용하여 산정되고, 공정시장가액비율은 종합부동산세 80%, 재산세의 경우 주택 60%, 토지 및 건축물 70%를 적용하고 있다. 참여연대 (2018)에 따르면 서울 아파트 가격의 평균 실거래가액은 2013년 4.4억 원에서 2017년 5.9억 원으로 상승했지만, 동 기간에 실거래가 반영률은 72.5%에서 65.6%로 하락했다.[23] 더욱이 지역 간 공시가격의 비평준화는 공평과세에도 부합하지 않는다. 〈그림 7-8〉에서 보듯이 아파트의 거래가액이 클수록 공시가격의 실거래가 반영률이 낮아 부동산 보유세의 누진성을 약화시키고 있다. 2017년 상반기 서울 아파트의 실거래가는 강남구, 서초구, 용산구 순으로 가

---

23) 경제정의실천시민연합(2018)에 따르면 국내 5대 재벌이 보유한 서울시내 35개 빌딩의 시세 대비 공시가격 비율은 38.7%에 불과한 것으로 나타났다.

장 높고, 도봉구, 금천구, 노원구 순으로 가장 낮지만, 공시가격의 실거래가
반영률은 강남구(63.7%), 서초구(64.1%), 용산구(64.9%), 도봉구(67.5%), 금천
구(66.4%), 노원구(66.9%)를 기록했다.

4. 정책과제

1) 조세체계 개편의 방향과 원칙

장기적으로 재정건전성을 유지하면서 복지국가의 발전을 이루기 위해서는
보편적이지만 누진적으로, 조세부담의 공평성을 높이는 방식으로 세수를 확
충해야 한다. 누진적 보편세제는 보편주의와 선별주의 복지제도가 합리적으
로 결합되는 복지체제에 조응하는 조세체계이다. 바람직한 조세체계는 공평
성, 효율성, 경제성 등을 충족해야 하고, 조세체계의 재분배기능은 급여체계
와 통합적으로 평가되어야 한다.[24] 스칸디나비아 복지국가의 경우 역진적인
소비세의 비중이 높지만 누진적인 개인소득세의 비중 또한 높고 보편적 복지
제도를 기반으로 적극적인 재분배정책을 취하기 때문에 조세 및 이전지출의
재분배효과가 큰 것으로 평가된다.[25] 우리의 경우 조세체계의 공평성이 취약
하기 때문에 공정과세의 원칙하에 소득과세 → 사회보장기여금 → 소비과세
확대의 단계적 또는 절충적 접근이 필요하다.[26]

---

24) Mirrlees(2011)에 따르면 소득분배와 경제적 효율성, 공정성과 투명성이라는 조세제도의 평
   가 기준에 비추어 볼 때 단순하고, 중립적이고, 안정적인 조세체계가 바람직하다.

25) 자세한 내용은 Kato(2003) 참조.

26) Magnus(2009)는 고령화의 진전에 따라 소비세로의 전환이 불가피한 측면이 있지만, 사회

〈그림 7-9〉 세제개편의 원칙 및 단계적 방안

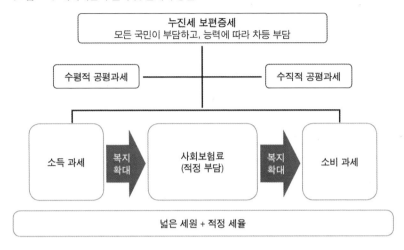

특히 우리나라의 소득 대비 부(wealth)의 비율은 매우 높은 것으로 평가되며, 이는 자본소득분배율을 높여 불평등을 확대시키는 요인으로 작용하고 있다.[27] 자산의 불평등한 분배는 세대를 넘어서 공평한 기회를 제약하고, 인적 자원의 효율적인 사용을 저해하는 요인으로 작용한다. 상속 및 증여 등으로 부의 집중이 심화되고, 거기서 나오는 이자·배당금·임대료 등 불로소득이 생산과 재생산의 기반을 형성하게 되면, 경제의 생산 동력이 떨어지기 때문에 자본주의 시장경제의 역동성을 유지하기 위해서는 오히려 자산에 대한 과세가 필요하다.[28]

가 이러한 전환을 받아들이기 위해서는 부유층, 고소득자, 기업에 대한 높은 세율을 적용해 소비세로의 전환 정책이 공정하다는 것을 알릴 필요가 있음을 주장했다.

27) 주상영(2014)에 따르면 2012년에 한국의 국부 기준 부/소득 비율은 9.5배로 선진국에 비추어 상당히 높은 수준이다. 이는 국민소득에서 토지자산이 차지하는 비중이 선진국보다 높기 때문인 것으로 평가된다.

28) 자세한 내용은 Piketty(2014) 참조.

따라서 조세체계의 공평성과 효율성을 개선하기 위해서는 고소득자, 고액자산가, 대기업에 대한 비과세 감면을 축소하고, 자산과세를 강화하여 세 부담의 수평적·수직적 공평성을 제고하며, 소비세의 확충에 따른 과세공평성의 상실을 최소화할 수 있도록 조세체계를 설계해야 한다. 모든 국민이 부담하되 능력에 따라 차등적으로 배분하여 세 부담의 공평성을 높이고, 확충된 세수를 기반으로 국민의 삶의 질을 개선하면서 점차 소비세의 확충도 모색해야 한다.

최근 OECD는 효율성 기준에서 조세체계를 평가한 요한슨 등(Johansson et al., 2008)의 권고를 넘어 효율성과 공평성을 동시에 고려하는 '포용적 성장(inclusive growth)'의 조세체계를 제안했다. 〈표 7-10〉에서 보듯이 포용적 성장을 위한 세제개편의 4대 원칙은 과세기반의 확충, 재정체계의 누진성 강화, 경제활동과 기회에 대한 긍정적 영향, 조세정책과 과세행정의 개선 등이다. 특히 재정체계의 누진성을 높이기 위해서는 효율적이고 공평한 자본소득과세, 조세체계의 누진성 제고, 조세체계의 수평적·수직적 공평성 제고, 생애주기 차원에서 세 부담과 급여의 연계 강화, 성장 위주의 세제개편으로 인해 손해를 보는 경제주체에 대한 보상체계의 마련 등을 강조하고 있다.

2016년 OECD 보고서에 따르면, 효율성 기준을 적용할 경우 바람직한 증세의 우선순위는 자산과세 〉소비과세 〉노동소득과세 〉자본소득과세이고, 자산과세 중에서는 부동산보유세 〉상속세·증여세 〉부유세(순자산세) 〉자산거래세의 순서로 효율적이지만, 공평성의 기준을 고려할 경우에는 소득 및 자산의 분배 상태 등 개별 국가의 사회경제적 특성에 따라 그 순위가 달라진다. 부동산보유세의 포용성을 높이는 방안으로는 저소득가구에 대한 기초공제의 제공, 노년층에게 과세이연 허용, 완만한 누진세율의 적용, 조세분납, 재산가치의 공정한 평가, 자산소득에 대한 종합과세 등이 제시되었다. 부가가치세

〈표 7-10〉 포용적 성장을 위한 조세정책 설계의 원칙과 정책 수단

과세기반 확충	재정체계의 누진성 제고	경제활동에 대한 긍정적 영향	조세정책과 과세행정 개선
넓은 세원 낮은 세율	효율적이고 공평한 자본소득과세	비공식부문의 공식부문 전환 유인	조세정책 설계시 행정 역량 고려
재분배 목적에 적합하지 않은 조세지출 정비	조세체계 누진성 제고	시장소득과 기회의 공평성 제고	과세행정의 강화
사회보장세 기반 확충	수평적 공평성 수직적 공평성 강화	비용·수익 연계형 세제개편	조세회피와 탈세 방지 조치
	생애주기 차원 세부담과 급여 연계 강화		세대간·성별 형평성 고려
	취약계층 지원		조세 통계 정책지표 개선
			조세정책 평가기법 개선

자료: Brys, Perret, Thomas and O'Reilly(2016).

의 경우 세율 인상 이전에 부유층에게 제공되는 세제 혜택의 축소, 저소득층의 소비세 부담을 완화할 수 있는 조세감면 조치 등의 도입을 권고했다. 개인소득세의 포용성을 높이기 위해서는 저소득 노동자에게 낮은 소득세율의 적용, 사회보험료 적용 대상소득의 확대와 누진적인 사회보험료, 저소득 근로자에 대한 근로장려세제(EITC)의 강화, 고소득자에 대한 조세감면의 축소, 교육투자에 대한 세제 지원 등이 제시되었다. 자본소득과세의 포용성을 높이기

위한 방안으로는 법인세 공제·감면의 축소, 기업의 BEPS(Base Erosion and Profit Shifting) 행위 축소, 근로소득과 개인자본소득의 종합소득과세, 이원적 누진소득과세(Dual Progressive Income Tax) 등이 제시되었다. 기존의 이원적 소득과세(DIT)와 달리 DPIT에서는 자본소득에 대해 면세점을 적용하거나 일정 수준 이하의 자본소득에 대해서만 낮은 세율을 적용한다.[29]

2) 세제개편 방안

첫째, 개인소득세의 경우 낮은 근로소득이 다양한 조세감면으로 보충되고 있기 때문에 고소득계층을 중심으로 비과세 감면을 우선 축소하고, 분배구조의 개선과 함께 점차 중하위소득 집단으로 확대해야 한다. 법인세의 경우 대기업에 집중된 세액공제 및 감면을 우선적으로 축소하고, 법인세 최고세율의 25% 인상에 상응하여 법인세 최저한세율을 상향 조정해야 한다. 또한 간주세 액공제와 공제한도의 산출방식을 조정하여 외국납부세액공제가 과도하게 증가하는 것을 방지할 필요가 있다.[30] 중소기업에 대해서는 공제감면의 정책효과를 평가하여 점진적으로 정리해야 한다.

둘째, 개인소득세와 법인세 최고세율이 적용되는 과세대상소득을 낮추어 조세부담의 누진성을 강화해야 한다.[31] 소득세 최고세율이 적용되기 시작하

---

29) 자세한 내용은 Brys, Perret, Thomas and O'Reilly(2016) 참조.

30) 미국은 외국에서의 조세감면에 대해 보충적 과세권을 행사하고 있다. 간주외국세액공제에 대한 보충적 과세에 대해서는 이창희(2014) 참조.

31) Atkinson(2015)은 소득불평등을 완화하기 위해 영국의 개인소득세에 대해 한계세율을 65%까지 올리면서 과세기반도 함께 넓힐 것을 주장했다. Piketty(2014)는 100만 달러 이상의 연소득에 대해 약 80%의 소득세를 부과할 경우 오히려 경제적으로 유익하지 않은 행위를 합리적으로 제한하면서 성장의 결실을 좀 더 고르게 분배할 것으로 보았다. 그에게서 누진과세는 세습자본주의의 폐단을 막기 위한 수단이기도 하다.

는 과세표준의 평균임금 대비 배율을 보면 한국은 2016년 OECD 국가 중 14번째로 높은 국가이었지만, 2018년 최고세율 적용 과세표준 5억 원을 2016년의 평균임금으로 나눈 배수는 11.4배가 되어 5번째로 높은 수준이다. 또한 법인소득세 최고세율은 개인소득세에 비해 크게 낮을 뿐만 아니라 최고세율이 적용되는 과세표준도 3천억 원으로 매우 높다. 고용주의 사회보장기여금 부담도 OECD 평균에 비교하여 상대적으로 작다. 법인소득세가 개인소득세보다 작고, 주식 양도차익에 대해서 과세를 하지 않을 경우에는 법인소득을 배당하지 않고 사내에 유보하려는 유인이 증가하기 때문에 자원의 효율적 배분이라는 측면에서도 바람직하지 않다.[32]

셋째, 자본소득에 대한 과세를 정상화하여 노동소득분배에 대한 유인을 높여야 한다. 우리나라의 자본소득과세 현황을 보면, 명시적으로 이원적 소득과세를 표방하지는 않지만 자본소득에 대해 낮은 세율을 적용함으로써 실질적인 이원적 과세체계를 적용하고 있으며, 자본소득에 대한 실효세율도 OECD 회원국 평균에 비해 낮은 수준이다.[33] 자본소득에 대한 과세 정상화 차원에서 금융소득을 종합과세하고 상장주식 양도차익 과세 대상을 확대해야 한다. 상장주식 양도차익에 대한 과세 강화는 소득 간 불공평한 세 부담을 시정한다는 측면에서 합당하며, 건전한 주식시장의 형성과 금융거래의 투명성 제고에도 기여할 수 있다.

넷째, 부동산 세제는 보유세－취득세－양도소득세－임대소득세 등 관련 세제를 종합적으로 고려하여 과세공평성을 제고해야 하며, '보유세와 거래세의 적정 조합', '민간임대시장 투명화와 공식화를 통한 임대소득과세의 정상

---

32) Sorensen(2010)은 법인소득세율을 개인소득세율과 비슷한 수준에서 유지하는 것이 바람직하다고 주장했다.
33) 자세한 내용은 강병구(2018) 참조.

화' 등이 요구된다.[34] 특히 부동산보유세는 타 세목에 비해 경제에 미치는 부정적 효과가 작을 뿐만 아니라, 주택가격의 변동폭을 축소하고 주택버블의 문제를 완화하는 경향이 있는 것으로 평가된다.[35] 부동산보유세를 개편함에 있어서는 종합부동산세와 재산세를 구분하여 접근하고, 공정시장가액비율과 공시가격의 실거래가 반영률, 세율 및 과세표준의 조정을 선택적으로 활용해야 한다. 다만, 부동산보유세는 주거목적의 보유와 납세자들의 유동성제약을 고려하여 세제를 개편할 필요가 있다.[36]

다섯째, 일감몰아주기 과세에서 정상거래비율과 한계보유비율을 기본공제율로 적용하는 것은 '소득 있는 곳에 세금 있다'는 원칙에서 그 존치여부를 검토할 필요가 있다. 또한 일감몰아주기 판단기준으로 내부거래 비중뿐만 아니라 내부거래 절대금액도 고려해야 한다. 왜냐하면 기업들은 합병과 분할을 통해 내부거래 비중을 낮추는 방식으로 일감몰아주기 과세를 피해나가려고

---

34) 부동산 세제 개편에 대해서는 김수현(2013), 정세은(2018), 전강수(2018) 참조. 정부는 2017년 8월 2일 「주택시장 안정화 방안」을 발표하여 조정대상지역 내 주택 양도시 양도세 가산세율 적용 및 2주택 이상 다주택자 장기보유특별공제 적용배제, 1세대 1주택 양도세 비과세 요건 강화, 분양권 전매시 양도세율 50% 일괄 적용 등을 도입했다. 또한 2017년 12월 13일 「임대주택 등록 활성화 방안」을 발표하여 임대주택 등록시 지방세 감면 확대, 임대소득세 감면 확대, 8년 이상 임대시 양도세 중과 배제·장기보유특별공제 70% 적용 및 6억 원 이하 주택 종부세 합산 배제, 연 2천만 원 이하 분리과세 대상사업자의 임대의무기간 동안 건보료 인상분 감면(4년 임대 40%, 8년 임대 80% 감면) 등을 도입했다. 2018년 4월 1일부터 등록한 8년 이상 임대주택에 대해서는 종합부동산세 과세 대상 주택 수에서 제외하기로 했다.

35) 보유세의 주택시장 안정화 효과에 대해서는 Van den Noord(2005) 참조. George(1981)에 따르면 생산을 저해하지 않고 정부 수입을 올릴 수 있는 조세로서 가장 중요한 것은 토지가치에 부과되는 조세이다. 한편 Oates and Schwab(1988)에 따르면 부동산 보유세는 응익과세(benefits tax)의 성격을 갖는다.

36) 종합부동산세의 경우 이미 연령과 보유 기간에 따라 최대 70%까지 세액공제를 받을 수 있으며, 납부해야 할 세액이 500만 원을 초과하는 경우에는 그 세액의 일부를 납부기한이 경과한 날부터 2개월 이내에 분납할 수 있다. 또한 과세표준 금액 중 재산세 부과액은 세액공제하고 직전년도 세액의 150%를 초과하지 못하도록 규정하고 있다.

할 것이기 때문이다. 나아가 매출거래뿐만 아니라 매입거래를 통한 일감몰아받기와 회사기회유용을 통한 편법적인 부의 이전행위에 대해서도 과세방안이 마련되어야 한다.[37)]

여섯째, 매출액 3000억 원까지 최대 500억 원을 공제하는 가업상속공제는 재산상속을 통한 부의 세습과 집중을 완화하여 국민의 경제적 균등을 도모한다는 상속 및 증여세 본연의 기능에 부합하지 않다.[38)] 생산성의 측면에서 소유와 경영의 분리가 바람직하다면 반드시 가족에게 경영권을 승계해야 할 근거가 희박하며, 기업경쟁력의 측면에서도 부정적일 수 있다. 독일에서의 제도 도입 취지는 상속인의 상속자산이 기업지분만으로 이루어지고, 기업지분 자체를 매각해야만 상속세를 납부할 수 있는 경우에 가업 유지와 근로자의 일자리 유지를 위해 특별공제를 적용한다는 것이다.[39)] 상속세로 가업의 지속이 어려울 경우에는 과세이연제도를 적용하여 세 부담을 분산시킬 수 있다.

일곱째, 종교인 및 종교법인 수익사업에 대한 과세체계의 정상화가 필요하다. 종교인은 근로소득과 기타소득 중 본인에게 유리한 세목을 선택할 수 있으며, 요건 충족 시 근로장려금을 지원받을 수 있다. 종교인의 소득을 기타소득으로 과세하는 경우 고소득 종교인의 조세부담이 크게 줄어 종교인 간 조세부담의 공평성을 약화시킬 수 있다.[40)] 유럽이나 미국의 모든 국가들에서 성직자의 소득은 소득세로 과세하고 있으며, 우리나라의 세법에 소득세는 모든 근로자의 급여에 대하여 과세하도록 되어 있고, 종교인의 경우도 예외라고 명

---

37) 자세한 내용은 채이배(2013) 참조. 재벌의 변칙적인 상속 및 증여에 대해서는 강병구
    (2014b) 참조.
38) 우리나라 상속 및 증여세의 최고세율은 50%에 달하지만, 실질적인 세 부담은 매우 낮다.
    2016년 기준 상속 및 증여 재산 총액 대비 납세액은 각각 6.2%와 8.9%에 불과하다.
39) 독일의 가업상속공제 제도에 대해서는 심뉴찬(2016) 참조.
40) 종교인 소득의 기타소득 과세에 따른 과세형평성의 문제는 박중영(2015) 참조.

문화 되어 있지 않기 때문에 공정과세의 차원에서 근로소득세로 과세하는 것이 합당하다.[41]

여덟째, (역외)탈세를 방지하여 공평과세와 조세정의의 기반을 구축해야 한다. 조세도피처를 이용한 역외탈세는 조세정의를 훼손할 뿐만 아니라 분배구조를 악화시켜 지속 가능한 경제성장을 저해하는 요인으로도 작용하고 있다. 역외거래로 조성된 비자금은 차명계좌를 통해 자사주 또는 계열사의 주식 매입에 이용됨으로써 기업의 지배구조를 비정상적으로 강화하는 수단이 되어 경제민주화에도 역행한다. 역외탈세를 방지하기 위해서는 해외금융계좌 및 보유 부동산에 대한 성실신고를 유인하는 동시에 부실신고에 대한 벌칙을 강화해 역외에서 이루어지는 금융거래를 정확히 파악해야 한다. 세원잠식과 소득이전(BEPS: Base Erosion and Profit Shifting)을 통한 다국적 기업의 조세회피 행위에 대해서도 적절히 대응해야 한다.

아홉째, 근로빈곤층에 대한 세제지원을 통해 저임금근로자와 영세자영업자의 소득지원과 근로욕구를 증진시키고 사회보험의 사각지대를 축소해야 한다. 최저임금과 근로장려세제의 상호 보완적 특성으로 인해 적정 수준에서 두 제도의 결합은 근로빈곤층에 대한 소득지원 효과를 높일 수 있다.[42]

열 번째, 우리나라의 부가가치세법은 납세의무자와 담세자가 분리된 형식을 채택하고 있기 때문에 부가가치세를 탈루하여 부당하게 이익을 추구할 유인이 존재한다. 부가가치세 탈세를 방지하기 위해 2008년 금지금 및 금제품, 2014년 구리스크랩, 2015년 금스크랩 제품에 대한 매입자납부제도를 도입하였고, 해외에서는 영국, 독일, 오스트리아, 핀란드 등에서 이 제도를 도입하고

---

41) 독일의 사례에 대해서는 김유찬(2016) 참조.
42) 최저임금제도와 근로장려세제의 상호 보완적 역할에 대해서는 강병구(2009) 참조.

있다.43) 부가가치세 매입자납부제도는 매입자가 직접 본인의 소비에 따른 부가가치세를 신고 및 납부하는 제도로 거래징수제도의 허점을 보완할 수 있는 것으로 평가된다. 따라서 현재 시행되고 있는 부가가치세 매입자납부제도의 문제점을 보완하여 적용범위의 확대를 검토할 필요가 있다. 또한 부가가치세 면세 및 간이과세 제도를 개선하여 과세의 효율성과 공평성을 높여야 한다. 개별소비세로서의 에너지세제는 에너지 소비에 따른 사회적 비용을 적절히 반영하고, 에너지원별 과세공평성을 제고하는 방식으로 개편되어야 한다.44)

5. 맺음말

한국 경제는 1990년대 이후 양극화와 불평등한 분배구조로 인해 지속 가능한 성장이 위협을 받고 있다. 성장과 분배의 선순환 구조를 구축하고 성장의 지속 가능성을 높이기 위해서는 시장의 분배구조를 개선하면서 재분배정책으로 양극화와 불평등의 심화를 방지해야 한다.

그럼에도 불구하고 우리나라의 조세체계에는 여전히 개발시대의 정책기조가 강하게 남아 있다. 낮은 수준의 노동소득은 다양한 소득공제로 보충되고 있으며, 노동소득에 비해 자본과 자산소득에 대한 과세가 미약하다. 2016년 근로소득자의 43.6%가 과세미달자로 세금을 내지 않지만, 이들 대부분의 연소득은 2000만 원 이하를 기록하고 있다. 근로소득에는 최대 42%의 세금이 부과되고 있지만, 소액주주가 보유한 상장주식의 양도차익에 대해서는 과세

---

43) 부가가치세 매입자납부제도에 대해서는 김재진·홍성열·이형민(2015) 참조.
44) 김승래(2018)에 따르면 그 동안 에너지세제는 수송용 유류 위주로 과세되어 에너지원별 과세형평성을 심각하게 저해하고 환경문제를 악화시킨 것으로 평가된다.

를 하지 않고, 대주주의 경우도 1년 이상 보유 주식에 대해 최고 25%의 세율이 적용되고 있다. 파생상품에 대해서는 10%의 단일세율이 적용되고 있으며, 금융소득에 대해서는 연간 2000만 원까지 14%의 낮은 세율로 분리과세하고 있다. 2000만 원 이하의 임대소득에 대해서는 2019년부터 14%의 분리과세를 적용할 예정이다. 채권의 양도차익에 대해서는 과세를 하지 않고 있다.

우리나라의 조세체계는 낮은 조세부담률과 취약한 누진성으로 인해 조세와 이전지출의 재분배기능이 미약하다. 조세부담률이 낮은 이유는 OECD 평균을 상회하는 지하경제 규모, 다양한 비과세감면제도, 최고세율이 적용되는 높은 수준의 소득구간 등으로 인해 실효세율이 낮기 때문이다. 조세체계의 수직적 공평성과 누진성이 취약한 이유는 고소득자, 고액자산가, 대기업에 세제 혜택이 집중되어 있기 때문이다. 시가를 반영하지 못하는 부동산 공시가격, 거래세에 비해 낮은 보유세 비중은 토지와 자본의 효율적 이용을 저해하고, 지역 간 공시가격의 비평준화와 시세 반영률의 차이는 공정과세의 원칙에 부합하지 않는다. 현재의 일감몰아주기 과세와 가업상속공제 제도는 '소득 있는 곳에 세금 있다'는 조세의 대원칙에 어긋나고, 기타소득으로 선택할 수 있는 종교인 과세는 공평과세에 부합하지 않으며, 차명계좌 등을 이용한 편법적인 증여와 부가가치세 탈루, 역외탈세 등은 조세정의에도 위배된다.

국민소득 3만 달러 시대에는 선택과 집중이라는 개발시대의 논리를 넘어, 연대와 공존이라는 복지국가의 철학이 필요하고, 공정과세는 조세정책의 중심이 되어야 한다. 공정과세는 사회구성원들에게 수평적·수직적으로 공평하게 조세를 부과하여 분배적 정의를 실현하는 것이다. 조세가 공평하고 정의롭지 않으면, 국민들의 납세협력이 약화되어 과세기반이 취약해지고, 경제의 균형 발전 또한 어려워진다.

우리가 당면하고 있는 저출산·고령화, 양극화, 저성장에 능동적으로 대응하기 위해서는 그 어느 때보다도 재정의 역할이 중시되고 있다. 공정과세는 공평하고 정의로운 과세를 통해 분배정의를 실현하고 사회통합과 국민경제의 건전한 발전을 이룩할 수 있는 효과적인 방안이다. 공평하고 정의로운 조세체계의 구축이 필요하다.

참고문헌

강병구. 2009. 「근로장려세제와 최저임금제도의 고용 및 소득분배 개선효과」. 이병희 외. 『근로 빈곤의 실태와 지원정책』. 한국노동연구원.

_____. 2012. 「경제민주화와 조세개혁」. 『경제민주화를 위한 조건』. 2012년 한국 사회경제학회 가을정기학술대회 자료집.

_____. 2014a. 「복지국가의 대안적 재정체계」. ≪민주사회와 정책연구≫, 통권 26호, 민주사회 정책연구원.

_____. 2014b. 「재벌의 세제혜택과 개혁 과제」. ≪사회경제평론≫, 제44호, 105~134쪽.

_____. 2015. 「자본소득과 노동소득의 공평과세 방안」. 이병희 외. 『경제적 불평등 실태와 정책 대응』. 한국노동연구원.

_____. 2016. 「복지국가의 노력 I : 조세체계의 유형화」. 여유진 외. 『한국형복지모형 구축: 복지레짐 비교를 중심으로』. 한국보건사회연구원.

_____. 2018. 「소득주도성장과 조세정책」. ≪재정정책논집≫, 20(1), 89~113쪽.

경제정의실천시민연합. 2018. 「가진 만큼 공평한 세금을 내자 ② 5대 재벌 소유 서울시내 주요 부동산 과표 실태」. 보도자료 2018.4.25.

권혁진. 2010. 「형평성 분해 방법론의 발전과 실증분석에 대한 응용과 해석」. ≪응용경제≫, 제 12권 제1호, 57~96쪽.

김낙년. 2013. 「한국의 소득분배」. 낙성대 경제연구소. Working Paper, 2013-06.

김수현. 2013. 「부동산 세제의 쟁점과 방향: 부동산 보유세와 거래세의 올바른 개선 방향」. 경실 련 주최. 『공평과세 실현을 위한 세제개편 대토론회 자료집』. 2013.11.5.

김승래. 2018. 「한국의 조세·재정 개혁과제: 주요 소비세제를 중심으로」. 『한국의 조세·재정 개 혁과제』. 2018년도 한국재정학회 춘계 정기학술대회 자료집.

김유찬. 2016. 『왜 조세체계는 정의로워야 하는가?』. 샘앤북스.

김재진·홍성열·이형민. 2015. 『철스크랩 매입자 납부제도 도입 효과 및 문제점 검토』. 한국조 세재정연구원.

박종선·정세은. 2017. 「2008년 이후 근로소득세제 개편의 소득재분배 및 세부담 효과」. ≪사회 보장연구≫, 제33권 제4호, 107~132쪽.

박중영. 2015. 「종교인의 소득에 대한 과세제도 연구」. ≪세무회계연구≫, 제45권, 147~171쪽.

안종석·강성훈·오종현. 2017. 「소득세 Tax Gap 규모와 지하경제 규모 추정」. 『조세·재정 BRIEF』. 한국조세재정연구원.

이진수·남기업. 2017. 「주요국의 부동산 세제 비교 연구 ①: 보유세 실효세율 비교」. ≪토지+ 자유 리포트≫, 2017-3(14호).

이창희. 2014. 「외국납부세액공제 제도의 제 문제」. ≪서울대학교 법학≫, 제55권 제1호, 477~519쪽.

이총희·위평량. 2017. 「법인세 실효세율 산출방법에 대한 논란과 대기업 실효세율 역진성에 대한 검토」. ≪기업지배구조연구≫, Vol. 54, 경제개혁연구소.

전강수. 2018. 「부동산 불평등 해소를 위한 보유세제 개편 방안」. 『땅이 아니 땀이 대우받는 사회를 향하여 토론자료집』. 김종민 의원실.

정세은. 2018. 「소득주도성장을 위한 지대개혁 및 주거정책」. 『지대개혁 토론회 자료집』. 박광온 의원실.

주상영. 2014. 「한국경제의 피케티 비율과 주요 쟁점」. 서울사회경제연구소 2014년 9월 월례토론회 발표자료.

참여연대. 2018. 「실거래가 반영 못하는 공동주택 공시가격」. ≪참여연대 이슈리포트≫, 2018.03.13.

채이배. 2013. 「일감몰아주기에 대한 증여세, 과세실적 분석」. ≪이슈and분석≫, 2013-16호, 경제개혁연구소.

Aronson, J. R., Lambert, P. J. and Trippeer, D. R. 1999. "Estimates of the Changing Equity Characteristics of the U.S. Income Tax with International Conjectures." *Public Finance Review*, Vol. 27, No. 2, pp. 138~159.

Atkinson, A. 1980. "Horizontal Inequity and the Distribution of the Tax Burden." in H. Aaron and M. Boskin(eds.). *The Economics of Taxation*. The Brookings Institution.

Atkinson, A. B. 2015. *Inequality: What Can Be Done?*. Harvard University Press(장경덕 옮김. 2015. 『불평등을 넘어: 정의를 위해 무엇을 할 것인가?』. 글항아리).

Blum, W. and H. J. Kalven Jr. 1953. *The Uneasy Case for Progressive Taxation*. Chicago: University of Chicago Press.

Brys, B., Sarah Perret, Alastair Thomas and Pierce O'Reilly. 2016. "Tax Design for Inclusive Economic Growth." *OECD Taxation Working Papers*, No. 26.

Carver, T. 1895. "The Ethical Basis of Distribution and Its Application to Taxation." *Annals 6*.

Devereux, M. P. and R. Griffith. 1999. "The Taxation of Discrete Investment Choices." *The Institute for Fiscal Studies Working Paper Series*, No. W98/16.

George, Henry. 1981. *Progress and Poverty*. New York: Robert Schalkenbach Foundation (김윤상 옮김. 2017. 『진보와 빈곤』. 비봉출판사).

Guillaud, E., Matthew Olckers and Michael Zemmour. 2017. "Four levers of redistribution: The impact of tax and transfer systems on inequality reduction." *Luxembourg Income*

Studies Working Paper Series, 695.

Johansson, A., Christopher Heady, Jens Arnold, Bert Brys and Laura Vartia. 2008. "Tax and Economic Growth." *OECD Economic Department Working Paper*, No. 620, Paris: OECD Publishing.

Joumard, I., M. Pisu and D. Bloch. 2012. "Less Income Inequality and More Growth: Are They Compatible? Part 3. Income Redistribution via Taxes and Transfers Across OECD Countries." *OECD Economic Department Working Papers*, No. 926, Paris: OECD Publishing.

Kakwani, N. 1977. "Measurement of tax progressivity: an international comparison." *The Economic Journal*, 87(345), pp. 71~80.

Kato, Junko. 2003. *Regressive Taxation and the Welfare State*. Cambridge University Press.

Magnus, G. 2009. *The Age of Aging: How Demographics are Changing the Global Economy and Our World*. John Wiley and Sons(홍지수 옮김. 2010. 『고령화 시대의 경제학: 늙어가는 세계의 거시경제를 전망하다』. 부키).

Maslove, A. M. (ed.). 1993. *Fairness in Taxation: Exploring the Principles*. Toronto: University of Toronto Press.

Medina, L. and F. Schneider. 2018. "Shadow Economies Around the World: What Did We Learn Over the Last 20 Years?." *IMF Working Paper*, 18/17.

Mill, J. S. 1848. *Principles of Political Economy*. London: Penguin.

Mirrlees, J. 2011. *Tax By Design: The Mirrlees Review*. Oxford University Press.

Musgrave, R. A. 1959. *The Theory of Public Finance*. New York: McGraw-Hill.

Musgrave, R. A. and Musgrave, P. B. 1989. *Public Finance in Theory and Practice*. McGraw-Hill Book Company.

Musgrave, R. A. 2002. "Equity and the Case for Progressive Taxation." In J. J. Thorndike and D. J. Ventry Jr.(ed.). *Tax Justice*. Washington, D.C.: The Urban Institute Press.

Oates, W. and R. Schwab. 1988. "Economic Competition among Jurisdictions: Efficiency-enhancing or Distortion-inducing?." *Journal of Public Economics*, 35, pp. 333~354.

Peichl A. and P. van Kerm. 2007. "PROGRES: Stata module to measure distributive effects of an income tax." Statistical Software Components S456867, Boston College Department of Economics.

Piketty, Thomas. 2014. *Capital in the Twenty-First Century*. The Belknap Press of Harvard University Press.

Plotnick, R. 1981. "A Measure of Horizontal Inequity." *Review of Economics and Statistics*,

Vol. 63, pp. 283~288.

Rawls, J. 1971. *A Theory of Justice*. Cambridge, MA: Harvard University Press.

Reynolds, M. and E. Smolensky, 1977. *Public Expenditures, Taxes, and the Distribution of Income: The United States, 1950, 1961, 1970*. New York: Academic Press.

Sidgwick, E. 1883. *Progressive Taxation*. New York: Columbia University Press.

Smith, A. 1776. *An Inquiry Into The Nature and Causes of The Wealth of Nations*(김수행 역. 2007. 『국부론(하)』. 비봉출판사).

Sorensen, P. B. 2010. "Dual Income Taxes: A Nordic Tax System." Chapter 5 in Iris Clause, Norman Gemmell, Michelle Harding and David White(eds.). *Tax Reform in Open Economies*. Edward Elger.

Steuerle, C. E. 2002. "And Equal (Tax) Justice for All?" In J. J. Thorndike and D. J. Ventry Jr. (ed.). *Tax Justice*. Washington, D.C.: The Urban Institute Press.

Van den Noord, P. 2005. "Tax Incentives and House Price Volatility in the Euro Area: Theory and Evidence." *Economie Internationale*, 101.

지은이(수록순)

황선웅

연세대학교 경제학 박사
전 산업연구원 연구위원
현재 부경대학교 경제학부 조교수
주요 연구: "Asymmetric phase shifts in U.S. industrial production cycles"(공저, 2015), 「비
　　　　　정규직 고용의 확대, 소득분배, 경제성장」(2009)

주상영

미국 위스콘신대학교(매디슨) 경제학 박사
전 대외경제정책연구원 연구위원
현재 건국대학교 경제학과 교수
현재 국민경제자문회의 거시경제분과 의장
주요 연구: 「노동소득분배율 변동이 내수에 미치는 영향」(2013), 『우울한 경제학의 귀환』
　　　　　(공저, 2015), 「피케티 이론으로 본 한국의 분배 문제」(2015), 「소득주도성장 패
　　　　　러다임은 여전히 유효한가?」(2018)

박규호

서울대학교 경영학과 졸업, 서울대학교 박사
현재 한신대학교 경영학과 부교수
주요 연구: 「한국기업의 지식생산 및 기술혁신방식에 관한 연구」(2017), 「생태계적 관점에
　　　　　서 본 한국경제의 혁신활성화 여건에 관한 연구」(2017), 「혁신형 기업생태계 구
　　　　　축과 창조적 성장」(2017)

장지상

서울대학교 경제과 졸업, 서울대학교 박사

현재 경북대학교 경제통상학부 교수

주요 연구: 「수직계열화를 통한 내부거래가 총요소생산성에 미치는 영향」(공저, 2017), 『거래네트워크로 본 한국의 산업생태계』(공저, 2016), 「대규모기업집단의 다각화와 대리인문제」(공저, 2016)

정준호

서울대학교 지리학과 졸업, 옥스퍼드대학교 박사.

현재 강원대학교 부동산학과 교수

주요 연구: 『한국의 민주주의와 자본주의: 불화와 공존』(공저, 2016), 『다중격차 2: 역사와 구조』(공저, 2017), 「1990년대 이후 소득불평등 변화요인에 관한 연구」(공저, 2017)

김진방

서울대학교 경제학과 졸업, 듀크(Duke)대학교 박사

현재 인하대학교 경제학과 교수

주요 연구: 『재벌의 소유구조』(2005), 『경제의 교양을 읽는다』(공저, 2009, 2013), "Chaebol Policy for Suppression of Economic Power Concentration"(2013)

이병희

서울대학교 경제학과 졸업, 서울대학교 경제학 박사

현재 한국노동연구원 선임연구위원

주요 연구: 「저임금 노동시장 개혁의 평가와 과제」(2018), 「근로빈곤 특성과 한국형 실업부조 도입 방향」(2018), "Informal work in the Republic of Korea: Non-regulation or non-compliance?"(2017), 「노동소득분배율과 가구소득 불평등 관계」(2016)

전강수

서울대학교 경제학과 졸업, 서울대학교 경제학박사

현재 대구가톨릭대학교 경제통상학부 교수

주요 연구: 『헨리 조지와 지대개혁』(공저, 2018), 『토지의 경제학』(2012), 『부동산 투기의 종말』(2010) 외 다수

강병구

인하대학교 경제학과 졸업, 뉴욕주립대학교 경제학 박사

현재 인하대학교 경제학과 교수

주요 연구: 「소득주도성장과 조세정책」(2018), 「복지국가의 대안적 재정체계」(2014), 「사회지출의 자동안정화기능에 대한 연구」(2011)

한울아카데미 2125

서울사회경제연구소 연구총서 XXXVII

공정한 경제로 가는 길

ⓒ 서울사회경제연구소, 2018

엮은이 ㅣ 서울사회경제연구소
지은이 ㅣ 황선웅·주상영·박규호·장지상·정준호·김진방·이병희·전강수·강병구
펴낸이 ㅣ 김종수
펴낸곳 ㅣ 한울엠플러스(주)
편 집 ㅣ 조수임

초판 1쇄 인쇄 ㅣ 2018년 12월 20일
초판 1쇄 발행 ㅣ 2018년 12월 30일

주소 ㅣ 10881 경기도 파주시 광인사길 153 한울시소빌딩 3층
전화 ㅣ 031-955-0655
팩스 ㅣ 031-955-0656
홈페이지 ㅣ www.hanulmplus.kr
등록번호 ㅣ 제406-2015-000143호

Printed in Korea.
ISBN 978-89-460-7125-4 93320

※ 책값은 겉표지에 표시되어 있습니다.